U0015514

塔木德
精要

The
Essential
Talmud

世界級塔木德權威
Adin Even-Israel Steinsaltz

亞丁・史坦薩茲 拉比——著
朱怡康——譯

作者介紹

亞丁‧史坦薩茲（Adin Even-Israel Steinsaltz）拉比

集教師、哲學家、社會評論家與多產作家於一身，《時代雜誌》譽為「千年難得一見的學者」。他終身奉獻教育、作育英才無數，因而獲頒「以色列獎」（Israel Prize），為該國最高榮譽。

一九三七年生於耶路撒冷的平民家庭，於希伯來大學攻讀物理學與化學。他曾成立多所實驗學校，並以廿四歲之齡成為以色列最年輕的校長。一九六五年，他著手開始生涯鉅作：將巴比倫塔木德由亞蘭文譯為希伯來文，並加以評注，二〇一〇年四十六卷全數竣工。此外，他著有書籍六十餘本、論文數百篇，領域涵蓋動物學、神學、社會評論等，其中《十三瓣玫瑰》（*The Thirteen Petalled Rose*）為卡巴拉的經典之作。

他不懈投入教育工作，於以色列與前蘇聯地區廣設學校與教育機構，既為經師、人師，亦為靈性導師。他曾任普林斯頓高等研究院（Institute for Advanced Studies）駐校學者（愛因斯坦也曾擔任此職）、華盛頓特區的伍卓‧威爾遜國際研究中心（Woodrow Wilson Center for International Studies）駐校學者，並獲書院大學（Yeshiva University）、本‧古里安大學（Ben Gurion University）、巴伊蘭大學（Bar Ilan University）、布蘭戴斯大學（Brandeis University）以及佛羅里達國際大學（Florida International University）等校頒贈榮譽學位。

現居耶路撒冷，與妻子育有子女三名，孫子、孫女眾多。

譯者介紹

朱怡康

專職譯者。譯有《耶穌比宗教大》、《耶穌憑什麼》、《跟教宗方濟各學領導》、《開啟你的靈性力量》、《治癒生命的創傷》、《聖五傷畢奧神父傳》等書，另合譯有《瑜伽之心》、《複製、基因與不朽》，其它歷史、科普譯作散見於《BBC知識》月刊。

目錄

PART 1
歷史背景

PART 2
架構與內容

專文推薦

—————•—————

為世界帶來盼望的是
生命，而非死亡

曾宗盛

　　猶太教的經典眾多，其中最重要的兩部是雙重妥拉：塔納赫（*Tanakh*，亦即希伯來聖經）的妥拉（摩西五經）和塔木德。前者為成文律法，後者是口傳律法，兩者構成猶太文化的根基，同時也成為生命泉源。尤其塔木德是包含兩百五十萬字的經典巨作，內容浩瀚廣博，舉凡宗教、歷史、文學、哲學、法律、飲食、節期與習俗，無所不包，觸及各個生活層面，如包羅萬象的海洋。

　　遺憾的是，近年在坊間發行有關塔木德的華文譯作，若非論及猶太奇聞軼事，就是討論如何經商致富，涉獵的層面相當有限，對於塔木德的整體內容則少有著墨，未能讓讀者一窺其豐富而多樣的全貌。而《塔木德精要》一書的出版，適時給予讀者一個方便入門的機會，可以對塔木德博大精深的內容有整體而基本的認識，由此可見本書的重要性。

　　來自以色列的亞丁・史坦薩茲（Adin Steinsaltz, 1937-）是著述甚豐的拉比、學者和教師，也是舉世聞名的塔木德研究權威。他畢生

的重要學術成就之一是將塔木德的（亞蘭文）內容全數譯成希伯來文出版，後者又被譯成多國語文發行，獲得國際各界讚譽。在眾多作品中，史坦薩茲著作的《塔木德精要》一書，妙筆生花地介紹塔木德的形成歷史、內容架構，以及研究方法。作者融合廣博的知識，將龐雜的塔木德巨著，用平易生動的文字，以故事和實例旁徵博引，深入淺出地說明各段的內容摘要與特色，讓讀者一覽塔木德的精華，同時引導讀者認識猶太人如何看待人與上主、與他者、與這世界的關係，以及他們如何形塑出展現塔木德精神的生活態度。

本書內容概要

　　本書內容分成三個部分：第一部分介紹塔木德形成的歷史（第一章到十二章），將塔木德時代的生活做簡要的歷史回顧。主要時間涵蓋米示拿時期和塔木德時期，亦即公元前第一世紀到公元第六世紀。其中《巴比倫塔木德》較《耶路撒冷塔木德》更受到後代青睞，成為主要版本。史坦薩茲如數家珍般地介紹各代宗師的思想特色與貢獻，並以許多有趣的小故事生動呈現先賢生活的時代，讓人耳目一新。

　　透過歷代宗師承先起後的闡述、傳承與編輯，最終完成百萬言巨著。換言之，塔木德的完成集結了數百年猶太智者嘔心瀝血的智慧結晶。同時，「塔木德未曾完結」，它向未來開放。作者也提到，塔木德在完成之後，以不同抄本流傳歐亞各地，在政經多變的情勢中，歷經一段艱辛曲折的歷史。尤其中世紀以後到近代，塔木德的出版遭受歐洲各地政治與宗教的壓迫、刁難與嚴格審查，甚至被迫刪改，所幸最終免於摧毀而保存下來，流傳後世，造福猶太民族與世界文明。

　　第二部分介紹塔木德的架構與內容（第十三章到廿八章），主要包

含六卷書，分別為〈種子卷〉、〈節日卷〉、〈婦人卷〉、〈損害卷〉、〈神聖事物卷〉和〈潔淨卷〉，共有六十三篇，分段為五百一十七章。史坦薩茲以不同主題貫穿塔木德各卷書的內容大要，帶領讀者穿越迷宮般的書林，逐章介紹宗教禮儀的重要面向、婚姻、女性地位、法律、飲食與風俗，甚至神祕主義。

這些內容不只反映古代猶太人的思想觀念及生活模式，同時也深刻影響後代猶太人的信仰、文化傳統與日常生活，直到今日這傳統仍鮮活地在世界各地開枝散葉，生生不息。例如猶太人的宗教禮儀、飲食傳統、安息日和節日慶典，從古至今仍然隨著四季變化，實行在世界各地的猶太族群中。換言之，透過作者精心鋪陳的內容，讀者不難體會，塔木德從過去到現今深深形塑猶太人的生活，讓歷史傳統、變遷轉化與現代應用交融成活潑生動的生命之河。

最後，本書第三部分介紹塔木德的思考方式，以及解釋這部經典的不同方法（第廿九章到卅七章）。學者們從塔木德研究中整理出不同的解釋方法，在米大示以外，塔木德先賢還以範式為思考工具（避免抽象分析），以實事求是的態度，運用各種不同可能的方式，提出周全的解釋，追求真理。有時先賢投入大量心血討論某些古怪而天馬行空的問題，看似荒誕不經、沒有實用價值，其實這是為了發掘問題的內在價值，顯示認真研究的精神。有趣的是，過去看似無價值的問題探討，千年之後在當代卻成為熱門問題，例如人工受孕。

整體而言，後代興起的研究塔木德方法，可概要分成傾向整體思考的賽法迪傳統和注重窮究細節的阿胥肯納齊傳統，而後者在歷史發展過程中取得優勢。此外，後續不同學派運用交互問答形式或其他方法來探究塔木德，各顯專長，形成百花齊放的特色。在此多元並存的

情況下，最終研究的基本方法仍不離討論與分析塔木德。

本書可帶給讀者哪些啟發？

　　《塔木德精要》一書不只對於宗教信徒（例如猶太教徒、基督徒）有意義，對一般讀者也有極大助益。首先，讀者從本書最大的收穫是認識塔木德的博大精深，了解其基本知識與觀念，激勵讀者更進一步深入探討其他豐富的相關內容。與此相關，它也引導讀者認識塔木德裡影響現代猶太人生活的重要因素，事實上這也牽動著今日世界的脈動，這是猶太文化的魅力之處。

　　換言之，塔木德的重要性不只是律法，而是生命與生活寶藏。讀者透過本書認識猶太人的歷史、宗教與文化，並了解他們如何以生命和熱情來持守信仰傳統，代代相傳，並且實踐於日常生活中。這種堅忍不拔的精神帶給世人許多鼓舞，尤其對於那些在世界強權下喘息的弱小民族，這精神賦予生命的盼望與力量。

　　再者，面對不斷變動的時局，現代社會如何一方面持守美善傳統於不墜，而另一方面也透過調適與改變而繼續生生不息？這過程充滿掙扎，面對內部壓力與外來多方挑戰，需要大無畏勇氣與智慧方法，讓文化在傳統與創新之中繼續傳承下去。讀者可以從這本書闡述的內容得到一些靈感與啟發。

　　第三，本書鼓勵讀者培養深入了解他者與展現敬意的態度。在當今多元而競爭的社會裡，各種觀點與論述百鳥爭鳴，各個意圖尋找可以發聲與生存的空間。而強勢者經常忽略或漠視弱勢聲音，甚至弱肉強食，造成許多壓迫與不幸。因此，要建造一個多元而健康的社會，培養一種對他者及其文化的認識、尊重、甚至是欣賞的態度，創造各

方生存共榮的空間，尤其重要。

　　最後，塔木德繼承妥拉的理念，堅信人具有上帝的形象，人類可以參與世界的創造，投入改造生存環境，將之提升為更美的生活世界（例如參考本書廿八章）。這種積極的精神鼓舞飽受各樣負面現實摧殘的世人，抱持希望，繼續勇敢前進，在死亡的陰影下開創無窮的生機。正如塔木德的歷代賢者一再強調的，能為這世界帶來盼望的是生命，而非死亡。

（本文作者為台灣神學院舊約學副教授、
台灣大學共教中心兼任副教授）

專文推薦

———•———

基督徒也該研讀的經典

雷敦龢 神父

　　天主選尤太 ❶ 民族為祂自己特選的民族，與他們建立永恆的盟約，而聖經（舊約）就是這盟約的紀錄。公元三十年代一批尤太人，藉著當時的一位先知——耶穌——的復活，開放他們的宗教讓非尤太民族進入，此批人被稱為基督徒，以新約書為信仰的經文。雖然羅馬帝國試圖徹底消滅原來宗教的重要核心點——耶路撒冷的聖殿，不過，尤太民族的宗教與文化並未滅亡，尤太人繼續反省自己的信仰及如何按照聖經的規範過日常生活。塔木德經就是紀錄老師們的智語、故事、禮儀、祈禱與規範。

　　若以結構而言，塔木德經類似朱熹編著的論語章句，有古老的原文，加上各代學者的註解及編者的整理；而且，塔木德經的解釋仍繼續著，經過中世紀有名的學者的手（例如邁蒙尼德），至到今日的Steinsalz。因此，塔木德經之於尤太民族有如儒家經典之於中華民族；

---

❶ 編注：一部分現代團體基於尊重，希望能將中文名稱的「猶太人」正名為「尤太人」，理由是中文「猶」字的犬部含有種族歧視的意味。故本文作者以「尤太」代替通俗使用的「猶太」。

不過，塔木德經不僅代表某民族的文化經本，更是上帝與尤太民族建立永久盟約的有效證明。

很可惜，在歷史上，甚至在今日，有些基督徒以為耶穌的來臨與復活以及基督宗教的發展，代表了尤太教的滅亡，因此，基督徒致力於使尤太民族放棄祖先的信仰與經典（特別是塔木德經）而接受耶穌為基督，以及新約聖經。天主教已正式承認此歷史觀點大錯特錯，更承認尤太民族是所有基督徒的哥哥與姊姊，天主不可能取消祂與尤太民族建立的永恆盟約，藉著這個盟約他們依然可以得救，與信不信耶穌無關。

Steinsalz 是近代解釋塔木德經的專家，除了編輯原文、重新出版，他也是解釋塔木德經的好老師。塔木德經的各種小故事非常有趣，從生活的小事談到深奧的道理，及上帝對人的慈愛，相信讀者一定會欣賞並有所啟發。我特別期待基督徒多研究這本書，多認識尤太宗教的美德，因為弟弟一定可以和哥哥學很多的，這就是宗教方面的孝道。

（本文作者為天主教輔仁大學法律學系副教授）

專文推薦

———— • ————

書本的宗教，讀經的民族

蔡彥仁

　　宗教經典（scripture）是一本或一組帶有神聖性和權威性的書，它的來源可能得自天啟，也可能是由一個宗教團體的創建者或菁英分子集體撰寫出來。這部經典的地位崇高，在崇拜的場合，它往往是儀式的腳本，成為人間與超越界溝通的媒介，在現實生活領域，它塑造了信仰者的價值觀，成為群體或個人的最高行事依據，導引他們如何解決問題，渡過各式各樣的生命難關。

　　世界諸大宗教，經常有一本或一組如此性質的神聖經典（canon），我們所熟悉的基督宗教《聖經》、伊斯蘭教《可蘭經》、佛教的《法華經》、《壇經》、《金剛經》、《心經》等，都是極佳的範例。許多地方性的宗教雖然不具備書寫式的經典（written scripture），但總是擁有或短或長的口語經典（oral scripture），透過背誦唸唱，從聲音散發出與書寫經典相同的力量與功能，印度教原始的《吠陀》和各類宗教的咒語皆屬此類。

　　對我而言，猶太教是一個徹底的經典宗教，它因「經典」奠

基而成，也因「經典」獨傲於世，更因「經典」得以延續千百年。這個「經典」的總集名稱，即是猶太教徒們視為生命之寶的《塔木德》（*Talmud*）。

猶太教徒宣稱，他們的經典由民族救星摩西在西乃山上，接受由神親自頒佈的「十誡」開啟，再增衍成《摩西五經》（*Pentateuch*），成為後世此一宗教最根本的核心經典，稱為「律法書」（Torah）。猶太人根據《摩西五經》在古代巴勒斯坦建立一個「神權王國」（約公元前1000～586年），結合以耶路撒冷聖殿為主的神職體系和世俗政權，走過分合動盪的王朝更迭階段。在這四百多年期間（部分延續至王朝滅亡之後），猶太社會興起了一批「先知」族群，自稱從神領受了「異象」（visions）或「神諭」（oracles），以批判的態度指責猶太人背離一神信仰，隨從異族的多神或偶像崇拜，以及在階級差異下強欺弱、眾暴寡的社會失序現象。眾先知的聲音集結成「先知書」（Navi'im），構成猶太教經典的另一重要部分。

另一方面，也是在同一歷史時段，猶太人極為重視諸王朝的興衰成敗，史家因此紀錄各統治者在位期間的家國大事，特別偏重其宗教行誼。在庶民社會領域，耆老所累積的智慧格言，或者民間的宗教聖詠和歌謠俗唱，也受到珍惜而被採擷保留。這些傳承的王朝歷史和民間智慧資料，被併合成「一般書」（Ketuvim），構成猶太經典的第三部分。古典的猶太教經典，就是包含「律法書」、「先知書」、「一般書」三部分，成為廣義的《妥拉》聖經，也是後來基督徒們所稱呼的《舊約》。

猶太人宗教信仰的實踐，以耶路撒冷聖殿為中心，在祭司神職體系的主導下，形成一個井然有序、內聚力極強的社群。可是，猶太人

在公元前 586 年之後，外族入侵、王朝崩解、領土喪失、聖殿殘破、祭司流亡，先前構成神權政治的形制蕩然不存，如果猶太人意欲延續其宗教，必須有新的方式以為對應。就具體的物質層面而論，猶太人在「流散」時期（diaspora），能夠隨身攜帶的宗教文物，最重要者唯《妥拉》聖經莫屬。職是之故，依附在土地與聖殿的信仰活動，轉換成以讀經和解經為重心，領銜的祭司退位，知識菁英的文士族群或後世所稱呼的「拉比」（直譯為「我的老師」）取而代之，其地位驟然提升，成為猶太族群新時代的中心人物。

拉比們的專長固然在抄經、讀經與解經，但是為因應猶太人在流散期間所遭遇的各類問題，也實際負起帶領和輔導人民生活的職責。由此代代傳承與積累結果，形成猶太教極為醒目的新現象：第一，由於缺乏中央統一的機制，各地猶太社群由不同的拉比帶領，形成多元發展的局面。第二，拉比們開班授徒，以其學問和個人魅力吸引學生前來，一方面普及《妥拉》知識，另一方面則造成學派林立，相互競合的社群關係。第三，知名拉比不但受到猶太信眾的尊敬，也受到居住國統治者的認可，被視為猶太社群的代言人或實質領袖。即是在此脈絡下，特定拉比對於《妥拉》的註解，或筆傳或口授，皆受到弟子們的尊崇而加以記載背誦，而其個別的言行舉止，則受一般信眾的擁戴而加以模仿，身教和言教互為加乘，相當程度神聖化了拉比的身份，這也是猶太教「口語經典」因人而貴，地位提升的重要原因。

有關猶太經典如何由《妥拉》增衍至公元 400～500 年期間編定的《塔木德》，讀者需要自行參閱本書作者的詳細解釋。一言以蔽之，中世紀早期猶太經典的編纂集成，皆是在上述猶太人的歷史劇烈變遷下應變的結果。由此觀之，一部或一組經典的產生，必然是信仰社

群、文本（text）、歷史脈絡三者的互動產物。因此，我們如果企圖瞭解《塔木德》，就得先熟悉猶太人中古以前的歷史演變，然後再進入經典本身，探究其中的微言大義。

必須提出的是，拉比們承先啟後，上承以《妥拉》為主的悠久傳統，下欲開展新局面以符應多元世界的挑戰，其衝擊之大、職責之重可想而知，但是也因此種挑戰與回應的過程，藉由不斷的腦力激盪，重新詮釋《妥拉》的宗教知識活動，造就了今日猶太教仍然屹立不搖，生機盎然。

坊間有關猶太教或猶太人的書刊，多以實用為取向，不是浮光掠影，即是刻板扭曲，少能帶領讀者掌握猶太傳統的精義神髓。今朱怡康先生下苦功夫，翻譯此本冷門但極為重要的《塔木德精要》，而啟示出版社願意鼎力出版，也算是為猶太教核心知識領域的開拓，彌補了些許的缺憾，祈祝讀者們能因讀此書而受益無窮。

（本文作者為政治大學宗教研究所專任教授）

專文推薦

如何運用塔木德，從本書開始

卓健誠 牧師

　　《塔木德》是一本猶太的法典，是主流猶太教思想的核心，主要內容集結各年代的生活習俗和文化傳承與改變，經由猶太歷史應證，以及律法的討論和評論，詳實的紀載下來，讓後代的子孫能在實際應用的生命過程中，成為「學習的指令」。

　　由於華人長期與猶太文化（也可稱為舊約聖經文化）脫節，以致在聖經中有許多的不了解，而產生許多解經、釋經上的誤解。猶太法典本身就不容易閱讀，因為一個問題經常由許多不同的角度來切入與探討，更因為希伯來文有許多的意義延伸，有時讀者認為自己已經知道了，其實它還有更深層的另一個意義。

　　本書從三個角度的視覺法及情境法來解讀，讓我們能隨著作者的引導，深入淺出地體會塔木德的思維邏輯，使我們可以更加地認識猶太人及其思想的根源，進而將塔木德的教導運用在我們當今的生活當中，確屬一本不可多得的好書。

　　（本文作者為台灣 Holocaust 和平紀念館、猶太文化推廣中心主任）

專文推薦

———•———

尋找智慧的開端

鄭忠信

　　近年因為台以雙邊文化、教育、信仰、交流需要，常往來台灣與以色列之間，得以鮮活地領略其教育、文化及信仰的風貌，誠如威廉・布雷克（William Blake）的詩寫道：「從一粒沙看世界，從一朵花見天堂。」

　　或許有人滿足於些許片段、哲理、評論、格言和故事所拼湊出得以致富或處世之智慧，但當我細細品味及思索亞丁在其冷靜且精煉的文字中，所傳達猶太民族獨特精神——讓深刻的信仰與批判合而為一，探求真理，不畏任何障礙持續思考，不斷尋找解決現存問題的更佳方案。這一切都熱烈地呼喚著我們，對於人生不再只是某些標準答案，而是「敬畏耶和華是智慧的開端，認識至聖者便是聰明」，並能深深謙卑立足於所處的環境。

　　願你透過此書一窺塔木德之深邃，並驚嘆於猶太人之所以成為神的選民。聖經說「認識耶和華是智慧開端」，認識猶太人生活哲學，你也可以從這本書開始。

（本文作者為基督教論壇基金會執行長）

作者序

————•————

進入塔木德的世界

　　這本書稱不上塔木德 ❶ 的前言，只算是對它的綜覽。多年以來，塔木德不斷被不了解它的人詆毀，因此我們實在需要從多方面介紹、解釋它的基本要點。塔木德是部很難界定的作品。無論從內容到風格，對它的一切界定都有所不足、甚至相互牴觸。塔木德絕對是部獨一無二的作品，世間沒有任何一部書可以與之比擬。它充滿矛盾與弔詭，甚至足以稱作神聖智慧之書。

　　由於塔木德風格獨特、卷帙浩繁、內容複雜，以多元而非一元觀點加以認識，較能稍稍掌握其繁多、矛盾的面向。本書試圖從三個角度切入，盡可能通盤引介塔木德裡的諸多面向。

　　第一個角度是整體歷史背景，介紹塔木德從開始到現代的時空脈絡，正如這部作品自身所述：塔木德與成文律法一同出現，但它從未真正完結。第二個看待塔木德的角度，是描述它的結構及其處理的

---

❶ 編注：妥拉、米示拿、塔木德本身都是有意義的詞，可視作書名，也可指涉相關注釋，因此在本書出現時，都當作專有名詞使用而不加書名號，以增加其靈活性。至於塔木德中的卷或篇章，則分別加書名號或篇名號。

主題，這包括猶太律法的許多領域，例如哲學、生物學、心理學、傳說、箴言與智慧等等。第三個介紹塔木德的角度是探討它的方法學，細加審視它的思維方式。

　　這一版加進了一些初版時沒納入的新資料，相信能讓讀者進一步認識塔木德時代的生活，同時也增加了對塔木德版面的介紹。

　　期盼本書能持續助人了解塔木德的重要性，並引導每一位有興趣的人進入塔木德的世界。

亞丁・史坦薩茲

二〇〇六年三月

於耶路撒冷

PART ONE
歷史背景

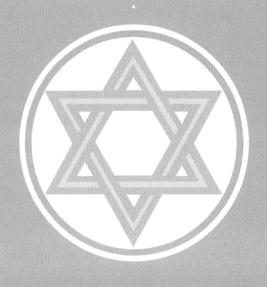

從整體歷史背景角度切入，介紹塔木德從開始到現代的時空脈絡。

CHAPTER 1

——————•——————

何謂塔木德？

What Is the Talmud?

　　如果聖經 ❶ 是猶太教的基礎，塔木德便是中心樑柱，拔地而起，高高聳立，穩穩撐起整座靈性與智性的巍峨大廈。從很多方面來說，塔木德是猶太文化中最重要的一部書，也是猶太創造力與民族生活的骨幹。塔木德對猶太文化的理論與實踐影響甚鉅，不僅形塑了猶太精神生活，也提供了待人處世的準則，在很多面向上，沒有任何一部書的重要性可與塔木德相比。

　　猶太人始終清楚：他們之所以能持續生存與發展，都是依靠研究

❶ 編注：除非特別注明，本書提及聖經之處皆為《希伯來聖經》（即基督宗教習稱之《舊約》）。此外，本書中的聖經章名、人名，在首次出現時，皆採用基督新教、天主教之通用譯名對照的方式，以便教友閱讀。

塔木德；在此同時，仇視猶太教的人也明白這點，所以從中世紀到現代，他們不斷謾罵、汙衊、甚至燒毀這部書。塔木德研究有時還會遭到禁止，因為很明顯的是：一旦停止研讀這部作品，猶太社會必然消亡，而且沒有希望再起。

塔木德的正式定義是：猶太賢士數百年來對口傳律法的研究概要，時間從他們居於巴勒斯坦、巴比倫尼亞（Babylonia，今伊拉克地區）開始，至中世紀結束。塔木德包含兩個部分：一是「米示拿」（Mishna），這是以希伯來文寫成的「哈拉卡」（halakha，律法）；二是對米示拿的評論，即眾所皆知的塔木德，或稱「革馬拉」（Gemara），狹義來說，是討論、解釋米示拿的概要，以亞蘭—希伯來方言（Aramaic-Hebrew jargon）寫成。

這樣的解釋雖然形式上是正確的，但並不精確，也可能造成誤會。因為塔木德不僅是數千年猶太智慧的寶庫，其中也包含與成文律法（即「妥拉」〔Torah〕❷）同樣古老而重要的口傳律法。

塔木德內容龐雜，不僅包括律法、傳說與哲學，也有大量獨特的邏輯論證與精明的生活智慧，還有豐富的歷史、科學、軼聞，筆鋒常帶幽默。它同時也具有諸多矛盾：它的架構合乎邏輯且井井有條，每個字、詞都經過精心編輯，集結工作更花了幾百年才完成；然而內容天馬行空，像是硬把不同的概念捆在一起，風格活像現代意識流小說。此外，雖然它的主要目標是詮釋與評論律法書，卻也納入許多與律法及其適用無關的內容。另外，雖然直至今日，塔木德仍是猶太律法的主要來源，但不能為律法裁定背書。

---

❷ 譯注：即摩西（梅瑟）五經，《希伯來聖經》的頭五卷：〈創世記〉、〈出埃及記〉（出谷紀）、〈利未記〉（肋未紀）、〈民數記〉（戶籍紀）、〈申命記〉。

　　塔木德處理抽象問題的方式，就跟處理日常瑣事的方法一模一樣，但它會避免使用抽象的詞彙。雖然塔木德的根基是代代相傳的傳統原則，但對常規與既存觀點仍熱切質疑、再三檢視，詳加考掘背後的深層原因。塔木德試圖以數學般的精準進行討論與論證，但並不使用數學或邏輯符號。

　　了解塔木德最好的方式，即是分析它的基本主題、作者與編纂者——這幾千名賢士窮畢生之力，在大大小小數百間學校裡不斷辯論、討論，他們的目的究竟是什麼呢？塔木德具現了一個偉大的概念：*mitzvat talmud Torah* ❸——研究妥拉是積極的信仰責任，學習與獲得智慧是一份責任，研究本身即是目的，也是報償。有位塔木德賢士身後只留下了名字與一句格言：「不斷、不斷翻開它，因為一切都含納於妥拉，定睛凝視，與之終老，不離不棄，世上再無更偉大的德行。」

　　研讀妥拉無疑能解決不少實務問題，但這並不是最重要的目標。學問的價值並不依實際作用而定，妥拉的知識當然也不僅止於幫助人們遵守律法，其本身即是目的。這並不是說塔木德不關心其研究資料的價值，相反地，它堅定表示：研究妥拉而不遵守之人，不出生在世倒更好一些。

　　但我想再次強調，這只是塔木德的諸多面向之一而已，對埋首典籍的學子來說，研究除了獲得知識之外再無目的。每一個與妥拉或人生相關的主題，都值得詳加思索、細加分析，盡力考掘資料背後的精神。在研究過程中，不該質問：「這些分析是否實用？」塔木德賢士常對問題進行冗長而熱烈的討論，試圖從各種方向檢視研究方法的結

---

❸ 編注：為了區別英文與其他外語，本書中出現的英文名詞皆以正體字呈現（書名除外），其他外文名詞（主要為希伯來文，少數希臘文及拉丁文）則以斜體字呈現。希伯來文名詞若有英譯，會用斜線分開，以正體字並列於後。

構，最後才審慎小心地導出結論。他們有時明知資料本身已被推翻，不具任何法律意義，但他們還是全力深究，毫不放鬆。這樣的研究態度，也能解釋為什麼他們常在論辯對古人有實際意義、對現代人卻不太可能再次出現的議題。

當然，有些他們討論的問題在當時並不實際，後來卻發揮了重要的實際功能。在純學術領域中，這種現象並不少見。但塔木德學子並不會太在乎這樣的發展，因為如前所述，學習的唯一目的是解決理論問題、追求真理。

塔木德的文字採取法律短論的形式，因此很多人誤以為它本質上是部律法。事實上，塔木德是以看待自然現象或客觀現實的方式，來處理基本律法、聖經經文，或是賢士相傳的傳統。探究自然的人不能說某個東西沒意義或不值得深究，就討論的議題來說，各種事物的重要性當然有別，但就它們本身而言，它們都存在，也都值得被仔細研究，並無高下之分。

當塔木德賢士檢視古老傳統時，他是將這項課題視為現實本身，無論與他自己是否切身相關，它都是他的世界裡不可或缺的一部分。當學者們討論已被推翻的概念或資料時，他們的態度就像是研究絕種動物的科學家，費盡心血也想找出牠被淘汰的原因。就常人眼光來看，這個動物就是「失敗了」、消失了，沒什麼好說的，可是對科學家來說不是如此，絕種與否不會影響他研究這種動物的興趣。

塔木德最大的歷史爭議之一，是沙買（Shammai）與希列（Hillel）兩學派的方法之爭，爭議延續了一個多世紀，最後一槌定音：「兩者皆是活生生的上主的話語，但裁決依希列之說而行。」也就是說，雖然其中一種方式較受認可，但不代表另一種方式是錯的，因為它也在傳

達「活生生的上主的話語」，也發揮了創造力。要是某位賢士膽敢說他不喜歡某個理論，他一定大受同儕撻伐，因為對妥拉指指點點「這裡好，那裡不好」，這行為本身就大錯特錯。就像身為科學家，不可以說某種生物在他看來「沒什麼意義」。這並不是說科學家不能有喜好或評價，而是要強調：即使科學家對某種生物或理論有所評價，他也必須明確認知：從純客觀角度來看，沒有人有權利判定某個事物缺乏美感。

自然界與妥拉的類比源遠流長，歷代賢士亦推而廣之，提出種種詮釋。最早的版本之一是：正如建築師依照設計圖蓋房子，蒙福至聖唯一上主創造世界時也看著祂的妥拉。從這個角度來看，世界與妥拉之間一定有關連，妥拉是自然界本質的一部分，不只是對自然的外在思索而已。這種觀點帶出了另一個概念：世上沒有怪異、遙遠到不足以研究的事物。

塔木德的涵蓋範圍之所以如此廣泛，是因為它不是由單一作者編纂，內容同質性也不高。如果合寫一本書的只有幾個人，他們可以商討主旨，擬定作品的風格與方向。但塔木德洪納百川，收錄漫長歲月中眾多學者的思考與格言，而且他們研究、討論之時，根本沒想到後人會將自己的意見集結成書，所以塔木德內容龐雜並不足為怪。賢士們的心得起於生活經驗，在思索問題時逐漸成熟，並在與其他賢士（或其弟子）的對話中深化。因此，我們無法在塔木德裡辨識出清楚的主軸或特定議題。每一場論辯在很大程度上是相互獨立的，每個議題也都是討論進行時的關注焦點。

然而在此同時，塔木德也有其明顯強烈的特色，非個人、編輯之風，但整體反應了猶太民族在特定時期的特質。塔木德收錄了成千上萬個佚名觀點，但即使是在作者或支持者身分可以確定的條目中，

彼此之間的差異也非南轅北轍，反而是相通的精神自然湧現。無論兩位賢士之間的分歧多大，讀者仍舊能看出他們的共同點與相似處。因此，塔木德的讀者一定能找到它超越差異的整體性。

由於塔木德處理多種議題、概念與問題，數百年來也衍生出一種特殊的傳統：無論引用誰的觀點，都是用現在式，「院長如是說」、「拉巴（Rabba）說」❹等等。這種書寫習慣反映的信念是：塔木德不只是古代賢士佳言錄，不該以歷史標準加以評判。當然，塔木德賢士的個人特色與時代背景各有不同（釐清這個問題也是整體學習的一部分），但後人只有在與討論問題密切相關時，才能特別點出各賢士的特點與時代脈絡，而且說明的目的絕不該是評斷高下、也不可模糊討論焦點。

對賢士們來說，時間不是無止息的河流，任現代不斷淹沒過去；相反地，他們認為時間的本質是有機的、活生生的、不斷發展的，不論現在或未來，都會浮現於活生生的過去之上。在這宏大的過程中，某些要素的形式較為穩定，而另一些與當下密切相關的要素，可能更具彈性、也更容易改變。他們之所以會這樣看待這個過程，是因為相信每個要素都具有生命力，即使古老，但絕不可能過時，在這永無終止、不斷更新的創作過程中，其重要性千年不易。[4]

更新的過程與質問在塔木德論辯中的核心地位密切相關。從某方面來說，整部塔木德的架構就是提問與回答，即使問答的形式並不明顯，在每段論述和詮釋背後，仍然縈繞著細微但不絕於耳的提問之聲。研究塔木德最古老的方法之一，是將論述視為答覆，再據此重建問題。塔木德中出現大量提問並非偶然，提問目的也不一而足，有的只是想滿足好奇心，有的提問則是在削弱對手的論點。塔木德也會區

❹譯注：關於拉巴，請參考第七章。

分問題，有的被視為原則、根本性的問題，有些則被視為邊緣也較不根本的問題。

在塔木德中，提問不僅正當，也是學習的精髓。從某種程度上說，提問越多越好，任何問題都能提出，而且提問是受鼓勵的。只要問題與討論有關，也能推進相關思考，就絕不會被斥為偏頗或錯誤。此外，不僅塔木德本身對提問的態度如此，提問也被視為研究、精讀塔木德的重要步驟。塔木德的學子在吸收基本內容之後，老師會期待他們對自己和他人提出問題，並勇於表達自己的質疑與保留之處。就這點來說，塔木德或許是唯一一部容許、甚至鼓勵學生質疑的聖典，在全球文化中獨一無二。

這樣的特色也突顯了塔木德編纂與研究的另一個面向：我們無法獲得這部作品的外部知識——由於塔木德性質獨特，對其討論主題或研究方法的任何描述，必然膚淺而失焦。只有透過靈性交融（spiritual communion）方可獲得真正的知識，學子們於理、於情，都應浸潤在塔木德的論辯中，並在某種程度上讓自己也成為創作者。

CHAPTER 2

———•———

塔木德時代的生活

Life in the Talmudic Period

　　塔木德處理的議題大多數是抽象的，這些議題的重要性與關懷並不僅限於一時一地。即使如此，塔木德仍然與現實生活息息相關，因為其中的議題討論與律法論辯，常常是因為發生於日常生活中的特殊問題而起。

　　塔木德通常會提到當時的歷史事件與發展，為相關討論、人物關係、甚至律法論辯提供背景。以下各小節，分別從政治背景、內部行政、文化及語言、經濟、教育與研究、會堂與經學院、法庭、學術等層面，希望能介紹與塔木德直接相關的幾個時代面向。

一、政治背景

以色列地區

綜觀米示拿與塔木德時期（約公元前卅年到公元後五百年），以色列地區的實權都掌握在羅馬人手中（雖然名義上偶爾並非如此）。簡言之，這段時期的整體政治背景是羅馬統治，羅馬政府及其代理人則間或為猶太族群帶來特殊問題。

從政治史的角度來看，米示拿時期（公元前卅年到公元後兩百年）與塔木德時期（公元兩百到五百年），也正好對應了羅馬統治的兩個階段，因此能清楚劃分為兩個時期。在米示拿時期，羅馬帝國權力達到顛峰，羅馬皇帝積極而有效地行使權力，權威遍及帝國各處。此外，不僅內部公共秩序十分穩定，羅馬帝國也有效維持國際秩序——即所謂「羅馬太平」（Pax Romana）。

大部分米示拿時期，以色列地區的猶太人與羅馬人關係惡劣，但在幾段為時不長的平靜時期裡，猶太族群中還是發生了幾件大事，例如希律王（Herod，即黑落德王）大力裝修聖殿，其孫阿格里帕（Aggripa）深獲民心，耶胡達・哈納西（Yehuda HaNasi）拉比主持編纂米示拿等等。不過，猶太人這段時期與羅馬政權及其代表衝突不少，希律王室與猶大總督的關係持續緊張，甚至引爆猶太起義，然而短短幾年便遭撲滅，第二聖殿亦於公元七十年被毀。聖殿被毀之後，猶太人仍有零星起事（羅馬史所謂奎圖斯〔Quietus〕與圖拉真〔Trajan〕「平亂」），最後在巴爾・科赫巴（Bar Kokhba）領導下進行大反撲，可惜功敗垂成，羅馬鐵騎踏平猶太地區。猶太生活與文化的中心北移至加利利（Galilee）。

　　然而，到了塔木德時期（約公元兩百到五百年），羅馬國力式微，權威撼動，帝國中央政府瓦解，群雄並起競逐王位，戰爭不斷，甚至間或陷入無政府狀態，國家經濟崩潰。在此同時，基督宗教勢力崛起，四世紀末更進而成為國教。國際情勢的變化，導致以色列猶太人的壓力與日俱增。政府為維繫權力而課徵鉅額人口稅，結果反而進一步削弱經濟基礎（某些資料指出：學者開始准許民眾在安息年不休耕，多少補貼稅務負擔），地方治安也持續惡化。

　　到了塔木德時期末期，連在以色列當地仍是少數的基督徒也對猶太人施壓，而且不僅止於詆毀、恐嚇，甚至是有系統地壓抑猶太生活。猶太人的自治權逐漸減少，由於許多人外移到羅馬帝國中心或波斯帝國，猶太族群的規模也慢慢萎縮。這些變化讓以色列地區的妥拉研究由盛轉衰，《耶路撒冷塔木德》的編纂不得不倉促進行，但終未完成。留居當地的猶太族群因政治壓力與迫害元氣大傷，在缺乏領導與方向的情況下，他們將創造力轉而發揮在「亞卡達」（*aggada*）❶和「皮尤丁」（*piyyutim*，儀式用詩）上。

巴比倫尼亞

　　巴比倫尼亞的詮者時期（amoraic period）❷，正好也開始於兩個政治階段的交替。詮者時期之前，波斯由帕提亞人（Parthians）統治，他們建立了準封建政權，將權力大幅下放給地方統治者，中央政府極少插手境內各族事務，文化上則深受希臘化（Hellenistic）文化影響。

---

❶ 譯注：猶太民間故事、傳說與軼聞，主要以《希伯來聖經》為本。
❷ 譯注：*amora*是在「革馬拉」中被引述過的賢士（複數為*amoraim*），詮者時期為公元二三○年到五百年，約與塔木德時期重疊（公元兩百年到公元五百年），詳見第七、八章。

公元二二六年，帕提亞王朝滅於薩珊（Sassanids），帝國政策因而丕變。薩珊王朝集權中央，大力推行祆教（Zoroastrian），提高祆教祭司（希伯來文稱 Mgoshim 或 Amgoshim，即〈馬太〔瑪竇〕福音〉中提到的「星象家」〔magi，即賢士〕）的地位。

　　波斯與羅馬帝國之爭一度在帕提亞王朝末期平息，薩珊王朝掌權後干戈再起，邊境衝突不斷，人口中心因此東移。剛開始時，薩珊王朝對猶太人深具敵意，但兩者關係隨時間而好轉，猶太領袖與波斯政府後來甚至建立起深厚交情。結果隨著政治權力日益集中，猶太流亡領袖（exilarch，希伯來文稱 Resh Galuta，意為「猶太社群之首」）的地位也水漲船高。

　　波斯帝國相對穩定的政經環境，不僅讓當地猶太族群日益茁壯，也吸引其他地區的猶太人移民（大多來自以色列地區）。除了與波斯祭司（habbarim）偶爾有些摩擦，這裡的猶太人幾乎沒有受到干擾。

　　到了亞西拉孚（Rav Ashi）❸的時代（四世紀末），猶太領袖與波斯政府關係極佳，學者們因此得以進行一項巨大工程——《巴比倫塔木德》的基本編纂。然而到了下個世代，猶太人不再受到如此禮遇。耶斯德格二世（Jezdegerd II）與裴洛茲（Peroz）統治期間（公元四三八至四八四年，後者在猶太文獻中被直接稱為「惡人」），對猶太人的限制越來越多（主要是宗教限制）。在祆教改革者馬茲達（Mazdak）受重用時（五、六世紀之交），對猶太人的壓迫達到高峰。於是在六世紀初，猶太人終於在流亡領袖馬爾·蘇特拉（Mar Zutra）領導下揭竿而起。這段時期的最後歲月，巴比倫尼亞猶太人的靈性創造力亦大幅降低，只完成塔木德的最後編輯。要到波斯帝王放鬆宗教管制之

❸譯注：「拉孚」是巴比倫尼亞對卓越學者的敬稱。詳第七章。

後，巴比倫尼亞猶太人才重獲安定，並在智者時期（the period of the geonim）❹宗教復興。

二、內部行政

以色列地區

　　無論是羅馬皇帝，或是他們在以色列的傀儡希律王朝，通常都不太過問猶太人的內部事務。對於羅馬人在第二聖殿期（the Second Temple period）❺多不關心猶太自治與地方事務，這一點後來的「傳道」（tannaim，如約瑟拉比〔Rabbi Yose〕）❻有鮮活的描繪。然而早自哈斯摩尼時代（Hasmonean times，公元前一四〇年至公元前卅七年），這幅圖像已經失準。哈斯摩尼晚期，諸王即已開始削弱猶太議會（Sanhedrin）權威，希律王朝與羅馬總督更變本加厲，猶太議會決定民族事務的權力大部分被剝奪，最後也失去了死刑裁判權。

　　《塔木德》〈外邦崇拜篇〉（Avoda Zara）8b 記載：「聖殿被毀四十年前，猶太議會被逐出聖殿，於市場議事。」事實上，這是猶太議會自我放逐，自願放棄死刑裁判權，因為它已失去執行死刑的權力。不過，拉比法庭（Rabbinical Courts）與學者仍可裁決宗教與儀典事宜，也有權處理財務爭議與地方事務。

　　由於大多數猶太人傾向群居，時常形成猶太人村鎮，因此他們在

---

❹ 譯注：geonim為gaon之複數型，原意為「榮光」，引伸為「才智超群之人」。智者時期為公元五八九至一〇三八年。

❺ 譯注：起自聖殿重建（約公元前五一六年），終於公元七十年聖殿再次被毀。

❻ 譯注：tannaim為tanna之複數型，原意為「重述」、「學習」，此指在米示拿中被引述的賢士。「傳道時期」約為公元十年至二二〇年。詳見第五章。

某些地方仍能維持猶太管理方式。村鎮居民通常自行選出委員會（sbah tovi hair，「城內七長老」，直譯為「城內菁英」），由他們負責處理地方事務，重要決定則公開投票，「城裡每個男人都要出席」（《塔木德》〈卷軸篇〉〔Megilla〕26a）。地方拉比法庭由猶太議會領袖「納西」（nasi）授權三名法官組成，儀典相關問題都由他們決定。學者也常受命為當地居民提供知識與宗教諮詢。

聖殿被毀後，原本兼具議事、司法功能的猶太議會被削弱權力，無法繼續發揮猶太高等法院的功能，開始被普遍稱做「大議會」（beit hoad hgdol），也成為公認的猶太生活中心。

大議會的領袖一定由希列長老（Hillel the Elder）的後嗣擔任，同時被猶太人和羅馬政府視為以色列猶太人的領袖，猶太人稱其為「納西」，羅馬人稱之為「民族領袖」（Ethnarch）。學者和議會領袖有權調整每個新月份的日期（從而決定節日時間），增加潤日、潤月，也有權任命拉比（smicht zkinim）。只有以色列地區學者的聖職任命獲得承認，而且依據古代協議，只有納西有權任命拉比。由於納西的這些權力太過重要，因此他不僅被視為以色列猶太人的領袖，也被奉為全體猶太人的精神導師。

然而，隨著以色列猶太人的政治壓力增加，納西的地位多次受到挑戰，他與巴比倫尼亞猶太族群的關係也遭到干涉。公元三五八年，議會領袖希列二世一次訂定永久猶太曆，等於放棄了納西的調整曆法權，也減低了自己在全體猶太人間的權威。納西一職，更在五世紀初（公元四二九年）遭到廢除。於是在較大的城鎮裡，猶太事務改由官方機構「布列」（Boule，希臘文之「議會」）管理，在某段時間裡，布列成為每個村鎮的決策中心。

在耶胡達‧哈納西拉比擔任領袖時（約公元兩百年前後），猶太內部組織發生重大轉折。納西原本身兼宗教、教育、行政之責，但耶胡達‧哈納西主動將職權一分為二：他的子孫依舊保有「納西」頭銜及政治權威，直到納西時代（the period of the Nesi'im）告終；但在他死後，議會轉由其他家族的學者領導。結果是經學院領袖的宗教、文化權力大增，從行政的角度來看，此後大多數納西只是名義上的領袖，只有耶胡達‧內西亞一世（Yehuda Nesi'a I）和希列二世等人算是例外。此外，由於族群領袖、布列成員的賦稅日益增加，還常常被要求「樂捐」、「奉獻」，大家漸漸對這些職位敬而遠之，它們的重要性也越來越低。

地方上的管理責任，後來似乎由拉比法庭和會堂領袖（希臘文謂之 archisynagogos）負起。這些機制在聖殿期即已有之，但在猶太族群中的領導地位是慢慢增加的。由於猶太族群中央權威式微，某些領袖雖然未獲推舉，還是不得不承擔責任，代表猶太人與官方交涉。舉例來說，凱撒利亞（Caesarea）的阿巴胡（Abbahu）拉比在世時深具政治影響力，但他從未被正式授權。

簡言之，隨著以色列猶太社群衰落，猶太中央管理機構與猶太議會的權力也逐漸式微。

巴比倫尼亞

巴比倫尼亞的猶太族群雖寄人籬下，實際上卻保持內部獨立數百年之久。帕提亞王國政治權力不集中，統治者也無意介入內部問題，讓當地猶太人幾乎享有獨立地位。此外，由於巴比倫尼亞的猶太人大多集中於特定地區，有些城市多數居民是猶太人，某些地方的行政機

構甚至掌握於猶太人之手。

流亡領袖的特殊地位何時獲得官方承認，如今已不可考。流亡領袖為大衛（達味）王族之後（實際上是約雅斤王〔耶苛尼雅王〕之後），被猶太人視為「猶大王權」❼的繼承者，擁有廣大政治權力。流亡領袖的地位，似乎在薩珊王朝時已相當穩固，被視為波斯王國境內的猶太領袖，代表猶太人與官方往來，甚至被政府視為王族成員。

簡言之，猶太流亡領袖在波斯王朝身分極高，某些時候還被視為王族中第三號人物。他得負責為政府徵收大量稅金，也能任命官員、法官，而這些法官不僅有權判處身體刑 ❽，有時還可以判處死刑。流亡領袖有權在住所附近設立特別拉比法庭，主要處理金錢或財務糾紛；他似乎也有某些全國性任命的權力，但大多數任命需諮詢經學院領袖。流亡領袖堅定信從妥拉，在塔木德中，他們的名字前後會加上「閣下」（מר）榮銜。有些流亡領袖也確實才學出眾，本身就是很重要的學者。

流亡領袖家族人才輩出，代代都有傑出學者。在傳道時期，巴比倫人拿單（Natan the Babylonian）拉比是流亡領袖之子；詮者時期，知名詮者拉巴・巴爾・阿夫哈（Rabba bar Avuha）也出身流亡領袖家族。拉巴納・尼希米（Rabbana Nehemia）是流亡領袖家族成員，也是重要學者阿巴・阿瑞哈（Abba' Arikha）之孫；納賀曼・巴爾・雅各（Nahman bar Ya'akov）拉比則是流亡領袖的女婿。不過，流亡領袖與當代頂尖學者也時有摩擦，因為後者未必承認流亡領袖的權威。但在摩擦之餘，學者與流亡領袖間也漸漸建立穩定關係，兩者間的平

---

❼ 譯注：參〈創世記〉四十九章十節。

❽ 編注：又稱肉刑，以摧殘受刑人的肉體來達到處罰目的之刑罰總稱，鞭刑即是其中之一。

衡在智者時期發展完成：流亡領袖的政治權威全面獲得認可，也因身為大衛王族後裔而享有宗教尊崇；在此同時，城鎮的領導權由地方學者掌握，而他們主要是由經學院領袖任命。

　　猶太社群中的公職，部分由流亡領袖及其拉比法庭任命，部分由地方學者任命，工作內容多半與地方政務有關，例如市場督察、河川引水、監督灌溉系統等等。與以色列地區不同的是，巴比倫尼亞似乎沒有「城內七長老」這種機制，城市管理一般只由一個人負責，有時是平民領袖，有時是最傑出的地方學者，稱為「本地大師」（master of the place）。如果負責地方管理的是平民領袖，他會將律法問題送交拉比裁決，只處理一般行政事務。

　　拉比法庭似乎完全享有猶太人事務裁決權。除非與非猶太人發生糾紛，否則猶太族群會盡可能避免在世俗法庭興訟。一般來說，政府官員相當尊重猶太學者的意見，有些波斯帝王也與猶太學者建立深厚情誼。

三、文化及語言

以色列地區

　　整段塔木德時期，以色列地區的語言和文化都深受希臘影響，甚至連羅馬直接統治都未能改變這種情況。雖然哈斯摩尼戰爭是為對抗希臘化而起，但似乎並未阻絕希臘化的影響。在第二聖殿期與塔木德時期，埃及猶太人在各個面向上都深受希臘文化影響，至於以色列猶太人對希臘文化的態度，除了積極同化者之外似乎並不明確。

　　整體而言，以色列猶太人彷彿有意避免與希臘文化接觸，而且拉

比禁止猶太人研究「希臘智慧」。不過，這項禁令並不是毫無轉寰餘地，例如納西家族這種需與統治者密切往來的猶太人，便獲准研讀希臘哲學。另一方面，禁止猶太人研究希臘思想的目的何在？至今仍難論定。有些現代學者認為：其實以色列學者代代熟稔希臘哲學與文化，只是他們不願聲張，但這項推斷既難證明，亦難推翻。但能確定的是：猶太生活的某些領域並未受到希臘影響，而雖然缺乏文字記錄與參考資料，兩種文明在其他面向上確實有不少相似的地方。

雖然從最廣泛的意義上說，希臘文化對以色列猶太人的影響並不確定，但希臘文無疑是當時的強勢語言。在米示拿時期、甚至塔木德時期的許多地方，常民語言可能是希伯來文，而且不但能說也能寫。然而，希伯來文逐漸被亞蘭文（以色列人稱之「敍利亞文」〔suersit〕）取代，亞蘭文亦成為以色列猶太人與非猶太人的共通語言。耶胡達·哈納西拉比曾大力抵制亞蘭文，說：「為什麼在以色列說敍利亞文？說希伯來文或希臘文！」（《塔木德》〈第一道門〉〔Bava Kamma〕82b–83a）

不過，猶太生活中心北移到加利利後，說希伯來文的人似乎大幅減少，講亞蘭文的人轉而增加。當然，包括一般民眾在內，大家還是懂得一些聖經或其他資料的希伯來文，拉比學者更不用說，一定精通希伯來文。在猶太人特別集中的地區，說希伯來文的習慣可能延續了很多年，甚至到穆斯林統治時期都是如此。

但是，無論猶太人說的是哪種語言，都受希臘文的影響很大。許多單字、概念、定義、度量單位與技術用語，都出自於希臘文。這些借來的詞彙，有些到現在都還保留在希伯來文裡，例如：對角線（אֲלַכְסוֹן，diagonal）、走廊（פְּרוֹזְדוֹר，corridor）、檔板（סִינָר，apron）、頭

巾（סוּדָר，scarf）、油燈（פָּנָס，lamp）等等。這些借自希臘文的詞彙，頻頻出現在《耶路撒冷塔木德》中，也屢屢浮現於以色列的「亞卡達米大示」（aggadic midrashim）❾裡，長達數百年。

　　相反地，從拉丁文借的字很少，借來的拉丁文也多半不是拉丁文中原有的字，而是希臘文的變體。此外值得注意的是，將妥拉翻譯為希臘文的過程，也強化了希臘文與猶太教世界的關係，無論是《七十士譯本》（Septuagint）❿的誕生，或是後來亞居拉（Aquila）、西馬克（Symmachus）等人的翻譯工作，都發揮了同樣的效果。在米示拿時代，已經有學者獲准使用希臘文聖經經卷，而以色列拉比對此的評論是：不同語言適合不同目的──希伯來文適合演說，亞蘭文適合哀悼，希臘文適合詩歌，拉丁文宜作檄文。

巴比倫尼亞

　　波斯帝國境內大多數猶太人住在巴比倫尼亞，亦即底格里斯河與幼發拉底河之間，因此，他們文化、語言的交流對象主要是巴比倫尼亞的住民，與波斯人反而接觸有限。巴比倫尼亞通行一種亞蘭文方言，與猶太人使用的亞蘭文相當接近，兩者雖然在腔調、用詞上有些微差異，但基本上是同一種亞蘭文。

　　在巴比倫尼亞，只有學者會希伯來文，一般民眾並不懂。至於波斯方面的影響，猶太人和波斯人的文化、語言接觸似乎十分粗淺。某些資料顯示，大部分猶太人根本不懂波斯文，即使幾百年相處下來吸

---

❾譯注：本於聖經故事、隱喻與倫理的格言、講道與典故。「米大示」原意為「詮釋」、「闡述」，為講解聖經的佈道集。

❿譯注：《七十士譯本》為希伯來聖經之希臘文譯本（並加入次經），約公元前三到二世紀成書。

收了幾個波斯詞彙，應該也不常使用。值得留意的是，波斯人本身也以亞蘭文書寫，所以他們受亞蘭文的影響，恐怕比亞蘭文受波斯文的影響更深。

此外，巴比倫尼亞的波斯官員也傾向以封建、遠距的方式來統治，所以他們和當地人的接觸其實並不多。簡言之，猶太人與巴比倫文化的互動相當有限，雖然在天文、占星、偏方、迷信等處可以發現巴比倫文化的影響，但一般說來，猶太學者似乎盡可能避免與巴比倫賢士往來。不過例外還是存在，例如許木埃爾（Shmuel）就有個好朋友是巴比倫賢士，名叫阿布拉特（Ablat）。

拉比們通常避免和波斯人討論宗教，在極少數相關資料中，拉比們批判波斯二元論及其對物質的看法。雖然波斯祭司三不五時會來干涉猶太人的生活，但除了幾次宗教迫害之外，這些騷擾十分有限，也無足輕重。猶太學者對巴比倫和波斯風俗興趣缺缺，對巴比倫尼亞阿拉伯部落的信仰與習俗亦態度漠然，無論從哪方面來看，阿拉伯部落都未曾影響猶太人。

四、經濟

在米示拿時期與塔木德時期，以色列和巴比倫尼亞的猶太人主要都以農業為生。生產者以農民為主，包括地主、佃戶，以及其他農作工人。富有的猶太人多半是大地主，財富依於土地，在巴比倫尼亞如此，在以色列更是如此。就律法來說，土地也是唯一的實質財產。

當然，有些猶太人是以手工技術為業，很多學者也是一邊研究、一邊營生，當木匠、皮匠、鐵匠、陶工或是裁縫。舉例來說，約哈

納‧哈山德拉爾（Yohanan HaSandlar）拉比是皮匠，伊茲哈克‧納法哈（Yitzhak Nafaha）拉比是鐵匠。雖然因為某些原因，織工被當成低下的工作，但也有不少猶太人當織工，或是製革工人、建築工、建築師、金匠、銀匠、寶石加工匠、醫生、「見血人」（bloodletters，即外科醫師），以及勘測員。此外，無論以色列內外都有猶太人以打獵、捕魚為生，或是養驢、養駱駝當車伕，當水手的也有。

某些猶太人的工作側重於智性或靈性的層面，例如教師（其中大部分也是文士〔scribes〕）。在巴比倫尼亞，我們也曾發現製作隨身經文匣（tefillin）與經文盒（mezuzot）的「工廠」。拉比法庭裡的文士也負責執筆官方文書。其他猶太人則受雇於會堂聽差，或是擔任官員或神職人員。

猶太人參與的貿易大多規模不大，僅限地方交易。村裡有不少小販出售寶石或香料，每個猶太聚落也一定會有雜貨商，出售麵粉、油、酒等日常用品。較大的城鎮還有麵包師傅和禮定屠師（shehitta/ritual slaughter），後者負責儀式裡的宰牲工作。⓫大多數城鎮都可兌換錢幣。

雖然從很早以前開始，就有猶太商人進行遠距貿易，但完全以貿易為業者少之又少。猶太人似乎和亞洲、非洲等遙遠國家維持廣泛貿易接觸，與中國的國際絲綢貿易也有猶太巨商參與，巴比倫尼亞猶太人顯然也定期與印度交易，買賣香料、水果、鐵製品。許多巴比倫尼亞學者涉足商業活動，我們也發現一些學者在遠處有生意或合夥。在美和撒（Mehoza）鎮，參與鉅額貿易的猶太富商亦為數眾多。不過，直到智者時期，大多數猶太人的謀生方式仍是農業或小型貿易，即使

⓫譯注：詳見第廿四章。

在巴比倫尼亞也是如此。要到更晚的年代，猶太族群才普遍投身商業活動。

五、教育與研究

據塔木德〈最後之門〉（*Bava Batra*）21a 記載：在第二聖殿期，猶太人好幾代都沒有組織性的教育系統。雖然大多數人應該都懂得讀和寫，但切合不同程度的教育機構不是四處都有。但另一方面，塔木德也記載：在第二聖殿被毀的前一代，大祭司耶何書亞·本·嘎瑪拉（Yehoshua ben Gamla）建立了完整教育體系。這個教育體系後來延續了好幾百年，學校主要設立在人口集中區。不過，每個猶太社群的領導階層，都會確保鎮上至少有一名教學先生（schoolteacher），為同胞們提供最基本的教育。

付教學先生薪水的顯然是父母，並非由全社群共同分攤，而且實際上誰想教書都可以教。然而教學先生還是要受拉比法庭和社群學者監督，無論是他們的年齡、教學能力或是學生數量，都會受到考核。塔木德裡多的是教學先生被撤職的故事，原因從教學錯誤到過度體罰不一而足。

孩子們有時會在老師家裡上課，但通常是在會堂裡特別隔出的教室上課。只有男生能去上學，但有些地方，某些女孩家裡會聘請私人老師，讓她們接受基礎教育。一個班通常是二十五名學生，如果人數超過，教學先生可以多一位助手（或稱「講台管理人」），直到班級人數達四十人。年滿五到六歲即可入學，但年紀更小的孩子也會被送去消磨時間，多少吸收一點內容。

　　聖經是初級教育的基本讀物，孩子們學習閱讀、理解、背誦聖經的章節（主要是摩西五經──妥拉），通常一天要背下一節（在塔木德〈宴會篇〉〔Hagiga〕15a，拉比叫學生「把今天的經節背給我聽！」）。除了聖經之外，學校也教書寫、祝福和禱詞。雖然不是每個學生都會繼續求學，但在這樣的基礎教育下，每個猶太男人都有讀和寫的能力。塔木德說：不會寫字的猶太人是「被外族人綁走的孩子」。聖經知識普及，至少每個人都該懂得怎麼讀。猶太人有句挖苦的話說：「去拉比家裡讀讀書吧！」指的就是每個猶太男人都該懂的、最基本的常識。基礎教育的時間大約五年，之後大多數孩子似乎不會繼續求學。但重點在於，家長會確保每個孩子都受到最基本的教育。

　　據塔木德〈父長篇〉（Avot），基礎教育後的下一個階段是研讀米示拿。不是每個人都能接受這樣的教育，能繼續求學的只有天資聰穎被特意栽培的學生，或是家長對教育特別有心的孩子。研讀米示拿的入門功，是背誦全部或部分六卷本米示拿，這階段的教育差不多也是五年。年紀大約十五歲的男生，若資賦優異或向學之心強烈，可以在經學院（Academy）繼續求學，也可以到不同書院（yeshivot）⓬聽拉比講學。

　　讀完米示拿後，進一步精研革馬拉的人並不多，有心求學到這個階段的人，部分能成為學者的入門弟子，以學習研究為終生志業；有些人持續求學到結婚、成家；另一些人則邊工作邊繼續求知，終生不輟。每個學習階段的人數比例是多少呢？有句話是這樣說的：「閱聖經者千，讀米示拿者百，習革馬拉者十，成傳道者一。」由此可見，能學業有成、為人師表的人，一千人裡只有一個。

⓬譯注：Yeshivot是猶太宗教教育機構之一，以拉比講學、學生結伴學習為特色。

六、猶太會堂

在第二聖殿期，無論是以色列境內或境外，有猶太族群的地方就有會堂，在猶太人人口特別多的城市，甚至會有好幾座會堂。有些會堂是特定職業的人去的，有些會堂是祖籍相同的人參加。某些會堂雖然名義上是私產，卻是由當地猶太人共同出資興建、修繕、維護，並共同持有。

會堂不只是共同祈禱的地方，也是討論社群事務的議事廳，孩子們的上課地點通常在這裡，會堂偶爾也會提供成人教育。許多會堂剛好建在小鎮的鎮界外，也許是為了鼓勵附近村落的人共同維護。有些會堂還會為雜役（hazan）準備房間。這些離城鎮較遠的會堂，通常不會將聖約櫃（aron hakodesh/holy ark）固定，但會保留一個可以上鎖的房間放妥拉卷軸，要誦讀妥拉時，再將聖約櫃從房裡取出。

在會堂裡誦讀妥拉，不只具有儀式意義，也能發揮實際教育功能。每週誦讀妥拉都有特定進度，有長達數百年的時間，讀經人一邊高聲朗讀妥拉，翻譯者一邊逐節譯為亞蘭文。翻譯者通常會使用大家耳熟能詳的亞蘭文譯本，例如昂克洛斯（Onkelos）譯本。詮者時期即將結束時，以色列的譯者在翻譯之外，也會補充相關傳說故事，予以解釋，這為妥拉的《耶路撒冷塔古姆》（Jerusalem Targum，Targum 意為「翻譯」）奠下基礎。值得留意的是，這個譯本常被誤稱為《塔古姆約拿單》（Targum Yonatan）。

會堂會請學者定期講道，有些學者選在週五晚上講道，但一般來說，講道的時間是安息日 ⑬ 下午，全體會眾（含女性）都要來會堂聽

⑬ 譯注：猶太人以日落為一天的開始，故安息日為週五日落至週六日落。

講。每週的定期講道稱為「西德拉」（sidra），內容涵蓋多項主題。有些拉比會讓年輕學者開場，說一些相關的故事與典故（即「亞卡達」），等到全體會眾到齊，鎮上拉比才登台進入重點。

西德拉的主要內容是律法，拉比們會講解得十分仔細。為了引起會眾興趣，拉比常會以與當週妥拉段落相關的小故事作為開場。他們講道時所介紹、講述的小故事，就是後來編纂亞卡達米大示的資料來源。西德拉的律法主題層面極廣，學者可以自行選擇。不過依照慣例，在三大朝聖節（Pilgrim Festivals）和至聖節期（High Holy Days）⓮ 前約一個月，學者會特別講述這些節日的意義，並提醒會眾相關特殊律法。

西德拉的形式通常如下：學者坐在較高的檯子上，小聲將自己想講的內容告訴譯者（即 amora——「詮者」）。譯者接著大聲重述學者的話，並以會眾能懂的方式延伸多講一些。如果會眾人數很多，有時會安排一名以上的譯者。

巴比倫尼亞的節慶講道類似西德拉，但規模大得多，叫做皮爾卡（pirka），意思是「定期大會」（the periodic session）。皮爾卡在大型公開典禮中進行，通常由流亡領袖與最有名望的學者主講，講道殊榮有時也會授予流亡領袖家族的學者。講道的基本主題由當代重要學者決定。

西德拉和皮爾卡都是公開的，學者會挑選明確、沒有爭議的律法來談。但在這些已有共識的律法之外，還有一些「不以治眾的律法」（halakha, but we do not rule this way〔publicly〕），學者之間有時會討論它們是否適合處理個人問題。一般說來，在公開講道時提問、

⓮ 譯注：即猶太新年與贖罪日，約為陽曆九或十月。

打斷演說相當失禮，如果學者對講道內容有批評指教之處，通常會等講道結束後再私下提出。

七、妥拉經學院

　　如前所述，猶太會堂是共同祈禱、議事之處，但共同祈禱也會在妥拉經學院進行。妥拉經學院（*Beit Midrash*）⓯的成立目標，主要是為研究妥拉（尤其是塔木德）提供固定場所，有時也稱為「學者之家」，學者們在此結伴進行研究，偶爾也有學者獨自鑽研學問。不過，學者的私人研究並不屬於正式學程，妥拉經學院裡的正式學程更有制度，也更一板一眼。而且不論是在以色列或巴比倫尼亞，教學方式都數百年不變。

　　剛開始時，以色列妥拉經學院的學程比巴比倫尼亞的更正式。由於經學院的律法研究成果，最後很可能會規範到每一個人（大議會等重大決策機構的決議更是如此），所以大型經學院不只是學術重鎮，在課程安排上也會貼近日常生活中的律法。巴比倫尼亞經學院的地位後來也更為正式。關於巴比倫尼亞經學院在智者時期的課程規劃，我們現在還能找到一些資料，透過這些資料，我們也能大致認識前幾代經學院的運作情形。

　　書院院長的座位在大廳前方，坐的是椅子或軟墊，學生則面對他排排坐。每個人通常都有固定的座位，前排是資深學者及院長的高足，這些學生之後也可能成為學者，成為經學院裡的老師。學識尚淺

⓯譯注：直譯為「研究所」。*Beit*為「家」（house），*midrash*則為「詮釋」、「闡述」之意。

的學生坐在後排，待學業進步之後，就能坐得離院長越來越近。

標準教學流程是：每個人先預習特定篇章。課程開始時，書院院長有時會親自講解米示拿，有時會指定一或多名優秀弟子講米示拿，自己只在必要時做些補充。如有需要，再請熟稔「巴萊塔」（baraitot）⓰的「傳道」（tannaim）列席，補充說明與討論主題相關的巴萊塔，然後再由書院院長做些解釋或評論。

不過，雖然教學流程理論上該是如此，課程實際上似乎很少這樣進行。在人到齊之前，學生往往會提出一連串問題，關於詮釋、律法、不同典籍的爭議、邏輯分析……不一而足。書院院長會一一回答這些問題，但每位學生也都有權參與討論，依自己的能力提出異議或解答。他們會一直討論到問題釐清，若在場學者判斷現有資訊不足以解決問題，也會宣告暫停。這樣的難題會在書院之間流傳、討論，有時甚至從巴比倫尼亞傳到以色列，後來又傳回來。

經學院的主要目的是討論、解決學生的問題，並不是學者深究特定問題的機構。一心鑽研特定主題的人，或許會離開經學院獨自探索一陣子，再回來與其他學者切磋討論。

經學院整年的教學模式大致都是如此，可是能全年參與的學生相當有限。除了書院老師以外，能全心求學的人若非家有恆產，便是有父母支持。久而久之，經學院也漸漸產生一個慣例：在農閒時期安排密集課程，因為這段期間能出席的學生最多（巴比倫尼亞經學院的相關措施尤其周密）。每年有兩段農閒時期，分別是冬季的亞達月（Adar）和夏季的以祿月（Elul）⓱，也稱為「大會之月」（yarhei kalla/the

⓰ 譯注：未收入米示拿的口傳律法或教導，詳見第七章。
⓱ 譯注：分別在陽曆二至三月、八至九月。

months of the general assembly）。學生們在大會之月到學校時，學者們也會群集各大書院，一起研讀、討論前六個月預習的篇章。

大會之月期間，書院的重頭戲是院長講座，他們會從米示拿開始講解全章，解釋內容、發表評論，並與到場學者、來賓討論幾個主要議題。這種講座往往相當密集，所以學生們得先好好預習，到時才能跟上進度。講座結束之後，學生們還會在院長助教輔導下複習演講內容，這些助教被稱為 resh kalla 或 rosh benei kalla──「大會領袖」（the head〔s〕of the assembly）。

在大型書院裡，助教由院內學者擔任，人數依學生多寡而定。助教的工作是詳細解釋指定篇章，但氣氛不像院長講課那麼正式。他們更像程度較高的學長，而非望之儼然的學者，他們提供的是輔導，而非精深獨特的妥拉解釋。助教通常是年輕男子，也常在院長死後繼任。「大會期」（the days of the assembly）接近尾聲時，院長會宣布下次要讀哪個部分，並向學生們「提示篇章」（reveal the tractate），亦即提點這個篇章的主軸與重點。大會之月結束後，大部分學生返家工作，依院長「提示」的重點自修或共讀。

除了教學方式固定之外，經學院的課程、討論都十分開放──塔木德本身也是如此。每個人都能發問或提出異議，但書院院長也有權懲戒弟子，並在問題脫節時立刻制止。此外，學生對經學院裡的討論也有守密責任，嚴禁公開任何內容，因為討論激烈時難免擦槍走火、用詞尖銳，而且有時涉及個人、家庭或政治問題。在此同時，正因為經學院裡的討論內容不得外洩，學生們也更勇於表達意見、暢所欲言。違反守密責任的後果多嚴重呢？有個故事是這樣說的：某個學生講出了經學院廿二年前的討論內容，從此終生不得參與任何討論。

上述教學形式主要是大書院裡的情形，師生人數不多的小書院沒那麼正式，教學型態跟大會之月時更類似。

八、拉比法庭

妥拉學者通常也是當地社群的法官。法官能裁決民事案件，調解私人糾紛，也被視為儀典相關律法的權威。遇上難以裁決的問題時，法官可以轉請經學院審議，由後者討論、裁定。

在以色列地區，拉比法庭由三名、廿三名或七十一名法官組成，後兩種法庭即「小議會」（the Small Sanhedrin）和「大議會」（the Great Sanhedrin），另有特殊程序規範。大、小議會成員座位呈半圓形，主席（納西）或其副手（*Av beit din*，意為「法庭長」）居中，其他法官圍繞他坐，座次固定。法官之間的位階後來益發明確，某些成員還在信中以座次署名（如「第四」、「第五」等）。學者們的兒子在法庭前方坐成一排，面對聽審席，座次安排與學術成就無關，純屬榮譽。面對法官席是三排各廿三人的座位，依序分配給學者，如果其中一位缺席，後面的學者馬上遞補。議會和拉比法庭的座次都是固定的，在巴比倫尼亞亦然。

法庭審理過程公開，學生都會去旁聽法官討論，如果覺得有必要發言或提問，他們有權利、甚至有責任表達意見。參與審判是學習妥拉最重要的方式之一，在學者和學生討論起案件中的律法問題時，法庭也變得像是小型經學院。

文士的位子在法庭側面。在小議會裡，他們的正式任務是記錄學者意見；在其他拉比法庭中，他們要撰寫文件、記錄法庭判決。拉比

▲拉比法庭圖，參與的成員座位呈半圓形。

法庭亦有執行判決的小吏，負責執行判決中的身體刑。阿巴・阿瑞哈某次開庭之前，半開玩笑地對學生們說：「把我營生的傢伙拿來：枴杖、鞭子（按：打罪犯）、草鞋（按：儀式用）⑱，還有羊角號。」（〈議會篇〉7b）

　　除了學者組成的正式拉比法庭之外，也有常民組成的仲裁小組，後者不依前述規則運作。但無論是拉比法庭或仲裁小組，參與裁決的人都不支薪。只有極少數個案會支付法官出席費，補償他特地停工來開庭。唯有聖殿和亞夫內大議會（Great Council in Yavneh）的法官

⑱譯注：此指哈力扎（halitza）儀式，halitza 的原意為「脫下」。依〈申命記〉廿五章五至九節，男性死者若無子嗣，兄弟有義務娶其遺孀為之留後，若堅決不從，寡婦可當眾脫其鞋吐口水羞辱之。這項儀式後來演變為相互免除義務，不必被迫成婚。

支薪，因為他們全職專任。不過這些都是例外，在米示拿和塔木德時期，拉比解釋律法與裁決的工作均屬志願性質。

九、學者與門生

在米示拿和塔木德時期，學者屬於上層社會菁英，有權對人生各領域事務做重要決定。雖然只要有真才實學，都可進入知識菁英階層，但這個圈子偶爾還是會流露出排外性，例如有句俗話說：「學者當娶學者之女，才稱得上門當戶對。」不過，有才學的人的確能自憑本事晉身菁英階級，家世背景絕不構成障礙；另一方面，出身書香世家確實有利，我們常看到父子皆是知名學者的例子，有時甚至一門三代人才輩出。但持平而論，他們之所以鶴立雞群、風雲一時，還是因為自己有真才實學，不是因為家世。

學者的身分與平民百姓不同，巴比倫尼亞的學者還有特別的衣著。學者和學生享有許多福利，例如可以免除部分賦稅。但整體來說，他們的生活與常民無異。大多數學者無法以妥拉學問為生，必須和其他人一樣自食其力，有的耕田，有的當工匠，有的做生意。某些學者家財萬貫（如出身納西家族的艾拉薩爾・本・阿扎爾亞〔Elazar ben Azarya〕拉比），但大多數學者生活普通，有些還很窮。學者們大多只能在工作之餘研讀妥拉，只有家產雄厚、收入優渥或有家長資助的年輕學生，才有餘裕把大筆時間投入妥拉研究。

剛邁入研究階段時，年輕人就教於一位學養豐富的學者，學習米示拿的口傳傳統「革馬拉」，以及對這些傳統的解析與評論「瑟瓦拉」（sevara）。在以色列地區，學生通常會長年投身同一位學者門下，

從他那裡接受大部分的妥拉教育。師生情誼十分深厚，無論是實際上或從律法的觀點來看，弟子都應對老師抱持敬重之心與孺慕之情，師生關係甚至被認為比父子關係更深、也更重要。然而在巴比倫尼亞，師生關係通常不會如此緊密，學生們更常四處尋師問道，也會和其他學生結伴研讀妥拉。即使是與老師關係深厚的學生，大多也認為只要有機會，就應定期向其他學者求教。不過，剛入門的學生還是應該專心師從一名學者，有心精進邏輯論證與分析能力的學生，最好要有一定程度再四處問學。

在巴比倫尼亞，已求學數年的學生被稱為「學界新秀」（a young man among the scholars），他們會受鎮民敬重，但很少獲得官方任命或永久性職務。在這個階段，有些學生會求教於其他學者，吸收新看法或新理論，不過，他們必須學習的有時「並不是老師的論理分析能力，而是老師的口傳傳統知識」（見〈議會篇〉36b）。年輕學者被稱為「學界新秀」一段時間之後，才會被正式當成拉比的同儕，被稱為「拉比一員」或「拉比」。

學子通常都離家求學，訪問學生與學者多半貸屋而居，只有少數學校提供學生或訪問者住宿。大部分房東會收租金，但也會盡量提供他們資源。一般說來，地方民眾都願意資助學生，對貧困學生尤其如此，書院院長有時也會自掏腰包幫助學生，或者親自出面請當地人提供協助。

制度完善的大型書院不僅有經學院專舍，也有資助學生的慈善基金，有時基金總額還十分可觀。大型書院比較能提供這些支援，因為它們多半是主要妥拉研究中心，捐款金額相當龐大，不僅能聘僱專任教師——「會眾之長」（heads of the assembly），也能好好禮遇書院院

長，讓他的生活水準合乎其身分。在巴比倫尼亞，大書院在某些領域具有特殊影響力，不僅自有稅收，向猶太人徵收的地方稅也會轉交給它們。這種風氣在智者時期尤盛，但出現時間顯然還更早。

書院的修業時間長達數年。在巴比倫尼亞，學生們通常是先成婚再研究妥拉；以色列猶太人因為晚婚，往往是先好好求學再結婚。

在以色列地區，只有少數學者能被任命為拉比，詮者時期尤其如此。但某些特殊情況下，書院院長能頒授拉比頭銜給才學兼備的門生。傳道時期，每個書院的拉比都有權任命門生為拉比，但他得和另外兩名學者一起選擇適當人選。詮者時期，學者們為了提高並鞏固納西家族地位，決定將拉比任命權統歸納西獨有。結果是有資格擔任拉比的學者，往往得等上好一段時間才能獲得任命。重要學者獲得任命顯然是大事，在現有資料中甚至能找到相關頌詩。

詮者時期的以色列，未獲任命的學者只能稱為「參學」（associate），獲得任命之後才能稱為「學者」（scholar）。巴比倫尼亞沒有正式的任命機制，才學出眾的學者獲得「夫子」（Teacher）之銜，似乎並沒有在特定時間舉行特別儀式。也許是他們對此並不在意，所以處理得也不正式。

在以色列地區，因為拉比任命與議會運作有關連，任命機制較為複雜。有些學者在獲得任命的同時，也成為議會特定層級的一員。議會裡最高的層級是決定閏日、閏月的「七人法庭」（the *beit din* of seven），只有最優秀的學者才能加入。希列家族的納西仍是議會領袖時，他的副手是「法庭長」（*av beit din*），名列第三的是「賢者之徒」（*hakham*）。在納西職權分割，保留政治功能、淡出律法角色之後，法庭長成為議會或大議會的領袖，「賢者之徒」一職出缺。

　　所有正式任命之中，書院院長的地位最高，無論在以色列或巴比倫尼亞皆然。書院院長通常由納西或巴比倫尼亞流亡領袖任命，即使人選不是由他們主動提出，至少也要取得他們同意。書院院長的任命之所以如此鄭重，是因為這個職位相當重要，在塔木德時期，當上書院院長甚至被說成「登基為王」。為不同年代的學者分期時，也常以各書院院長「治下」為時間軸。塔木德〈離婚篇〉（*Gittin*）62a 有句話是這樣說的：誰掌王權？學者也。

CHAPTER 3

—•—

口傳律法：初期賢士

The Oral Law - The First Generations

　　猶太人自古遵循摩西律法。他們雖然也有很長一段時間不嚴守律法（士師〔民長〕時期與第一聖殿期尤然，時間約在公元前九五〇至公元前五八六年），卻也沒有嚴重到拋棄律法，另立新法取而代之。雖然人們一再僭越律法，以致先知嚴厲譴責邪行罪惡，但猶太民族始終相信他們與天啟律法關係緊密，連結永存。這項信念解釋了為何在最混亂、最悲慘的年代，猶太人還是研讀、遵守妥拉，不敢懈怠。幾乎從一開始，口傳律法（*Torah shebe'al peh*）與成文律法（*Torah shebikhtav*）即相伴相生。

　　由於第一聖殿期文化與宗教的相關資料十分稀少，我們對口傳律

法的起源與初期發展所知有限。不過聖經依然提供了一些線索，讓我們能推斷口傳律法如何詮釋、補充了成文律法。原則上，每條成文律法都一定有相應的口傳傳統，口傳傳統則是自然地在轉述中形成，保存在語言之中。成文法的一字一句都代代相傳，灌輸給每一代的年輕人。對於其中簡單、常見的詞彙，他們能像學習語言一樣自然吸收，但那些罕見、艱澀的詞語，則必須經過解釋才能了解。

此外，即使在最保守、封閉的社會，語言還是會隨時間而有所改變，所以此時此地寫下的文件，可能對另一個世代來說意義難解。簡言之，雖然只要猶太人繼續說、寫聖經希伯來文，成文律法便能輕易傳承，但字句意義還是得依賴傳統——口傳律法——才能保存。簡單、基本的詞彙幾百年都不會引起爭議或誤解，但專有名詞如物品、植物、動物之名，若無口傳傳統輔助則未必能解。

在相對尚早的時期，猶太學者已不得不承認他們不知道妥拉裡某些詞的意義（例如某個詞彙到底是指哪種動物）。要是某位長老知道某個詞的意義，卻忘了跟學生解釋，很可能沒過多久它也成了無解之詞。因此，口傳律法的基本任務就是傳遞詞義。有些詞很容易懂，另一些詞則否。舉例來說，〈利未記〉廿三章四十節提到「茂密的樹枝」，就字面來說可以指很多種樹，所以父母或老師就得告訴孩子那指的是香桃木。再舉個例子：妥拉裡提到 totafot 時，老師必須告訴學生那就是經文匣，只不過後來都叫 tefillin。諸如此類的解釋代代相傳，逐漸成為口傳律法的一部分，不僅對了解妥拉相當重要，甚至也關乎民族存亡。

除了這種簡單的「轉譯」之外，口傳傳統也得界定妥拉中出現的字詞與概念。價值觀與風俗的改變無可避免，新問題也一定會出現，

因此特定詞彙必須精確定義。舉例來說，十誡裡提到：「第七天是分別歸我的安息日。這一天你不可工作。」（出埃及記 20:10）幾乎每個世代都會提出一個相當實際的問題：「工作」的定義是什麼呢？什麼是「工作」？什麼又不是「工作」？雖然妥拉明確點出了幾項安息日禁止的工作，例如犁田、收割、點火與烹飪，但每個時代都會出現過往未曾出現的工作，安息日哪些能做、哪些又不能做，就有賴口傳傳統的界定。

再舉一個例子：〈利未記〉廿三章四十二節說：「所有以色列人都要在棚子裏住七天。」此處「棚子」的定義是什麼呢？字詞的意義在某段時期可能是常識，因為當時生活穩定，新一代人也都照著前人的方式過活，但即使如此，每一代人還是會發現新的問題，也都有重新詮釋律法的需要。字詞的界定未必會形諸文字、促成立法，但對不同情境的應對之道將被納入口傳傳統，由每一代的賢士歸納、綜合為更明確的準則。

口傳律法的另一個功能是輔助成文律法，補充聖經並未明文規定、但眾所皆知的一般慣例。例如妥拉在提及宰牲時說：「如果上主所選定那敬拜的場所離你們很遠，就可以依照我所說的，在你們定居的地方宰殺牛羊，吃牛羊的肉。」（利未記 12:21）「依照我所說的」一句，點出了口傳傳統將補充成文律法，進一步說明可在何處宰殺牛羊。此外，妥拉提到離婚時男方要給女方休書（*sefer kritut*），但並未言明休書內容，顯示當時已有種種離婚證明，離婚時寫休書也是常態。這些處理方式都屬於「口傳律法」，猶太社群需代代相傳、默記於心，以切實奉行成文律法。

去古愈遠，愈需建立傳承口傳律法的正式機制。摩西領受天啟律

法後的幾個世代，猶太社群還很清楚誡命的意義與目的，不需刻意傳布相關知識。但時間一久，律法光靠父子相承已有所不足，需要配合正式而周密的教育與研究，才能順利於當下遵循傳統。於是，除了家庭教育之外，年輕人還得向長老、老師學習律法基礎，吸收他們對於律法的詮釋與心得，熟悉如何化理論為實用。

換言之，摩西律法就像其他法典一樣，需要建立適法決疑的機制，成為與時俱進的活傳統，在此同時，也要有一批精通口傳、成文律法的學者負起傳承之責。妥拉本身也有提到，要是將來出現翻遍經文也難以解決的問題，應該送交具有專才的人決斷：「有些案件也許是地方上的審判官所難以判斷的，例如財產的糾紛、傷害的案件、辨別謀殺或誤殺的案件。如果有這類的案件，你們必須提到上主——你們的上帝所選定的敬拜場所，交給值班的利未祭司和審判官判斷。」（利未記 17:8–9）.

在所有詮釋、教導妥拉的賢士中，第一位留下姓名的是兼具祭司與文士身分的以斯拉（厄斯德拉）。據說他是「一個飽學之士，精通上主——以色列上帝頒給摩西的法律」（以斯拉記 7:6），他一生認真投入的工作，後來成為每位教師的使命——「專心研究並實行上主的法律，又把一切法律條例教導以色列人民」（以斯拉記 7:10）。他開啟了佚名文士的時代，在猶太史上，這個時代被稱為大會（*Knesset Gedola*/the Great Assembly）時期。

大會時期約莫與波斯統治巴勒斯坦時期（公元前五三九至公元前三三二年）重疊，但未完全切合。我們對「大會」了解有限，它可能是兼具立法、行政功能的常設機構，也可能是對那段時期的學者的統稱。其實除了少數例外，那段時期的賢士大哲多未留名。不過，無論

從文化或靈性層面來說，這段時間都是猶太民族的關鍵時期。猶太教的靈性框架與獨特風貌都在此時確立，往後雖有調整變動，但在聖地及其他猶太散居地（Diaspora），這種基本樣貌維持了好幾百年。

「大會」的成就與當時賢士們的活動息息相關：這些賢士被統稱為「文士」（sofrim），據塔木德解釋，他們之所以被這樣稱呼，是「因為他們數算妥拉裡的每個字母」（sofer 一字在希伯來文中兼有「寫作者」與「算數者」之意），但千萬不要以字面解讀，窄化了這句話的意義，因為大會賢士的工作其實是收集聖典、決定哪些經卷要納為聖經正典、該挑出哪卷書的哪幾個章節，並確立聖經的整體形式與風格。完成聖經編纂是「大會」最偉大的成就之一，而這項成就也標示著口傳律法開始盛行。

聖經正典化的工作完成後，聖經成為猶太人生活的核心準則，整理口傳律法的任務也立刻落在文士肩上。可想而知，數百年來累積的資料相當龐大，而且形式多元、內容龐雜，未必方便閱讀。文士們最主要的成果，就是將這些包括詮釋、習俗、判例的口傳資料，全都與特定成文律法連結。這群文士建立起基本律法釋經學（midrash halakha/halakhic exegesis），亦即：從聖經文本中歸納、演繹律法，化解文本中的明顯矛盾，解釋疑難陳述，並透過精讀文本分析、解決問題。他們也試圖將口傳資料分門別類，重新建立起一套秩序，以便能更有系統地傳承這些知識。

此外，「大會」也主動形塑猶太社群，為呼應需求而創設新規範。第二聖殿期開始之時，猶太地區（Judea）的猶太社群人口組成複雜，有的是從巴比倫歸來的猶太移民，有的是當地土生土長的猶太人，背景殊異，習慣分歧，風貌與第一聖殿期的猶太社群大不相同。雖然古

代支族分野仍在，但已不具重大意義。身分、土地早已不照舊時安排，祭司與利未人也不再定居於曾屬於他們的城鎮。

即使是新的聖殿，也不完全依照第一聖殿而建，裡頭也少了好幾樣物品（最大的損失莫過於約櫃）。連政體都完全變了：第一聖殿期的猶太人採君主制，如今權力核心從王公貴族轉移到大祭司與賢士會議（Council of Sages），後者後來逐漸發展為議會（Sanhedrin）。於是，「大會」必須創設數百條規則，才能因應上述變化，重新規範文化與宗教生活。

新生活規範不但要符合摩西律法，也要切合環境變化。猶太人集體簽定的「大約」（Great Covenant）❶，可視為世界上第一部憲法，它不僅宣示遵從一切妥拉律法的義務，也同時接受了許多其他規定與習俗。「大會」賢士們肩負的任務，正是為許多以往留待個人判斷的事項，重新立下固定的行為準則。許多風俗、祝禱，以及至今仍為猶太教核心禱詞的〈十八祝禱〉（*Shemoneh Esreh*/eighteen benedictions），基本上都是「大會」賢士們的心血。

「大會」賢士也留意到教理問題。從古代到第一聖殿期，一般認為猶太人對教理著墨不多，信仰原則被視為傳統的一部分代代相傳，但並沒有被特別強調。在此同時，先知及其弟子（「先知之子」〔sons of the prophets〕）顯然是精研妥拉、捍衛教理的重要人物。可是到了「大會」時期，先知已不再出現，於是「大會」也接下了維持信仰完整的擔子，負起傳承先知靈性遺產的責任。

文士們將教理融入規儀與禱詞，也在注釋成文律法時加進相關評述。至於靈性傳統的密契主義（mysticism）部分，則在維持一定隱密

❶編注：參見〈尼希米記〉（乃赫米雅）第九章。

的前提下獨立傳授。後來卡巴拉（Kabbala）中的〈創世錄〉（*Ma'aseh Bereshit*/Act of Creation）與〈至聖座車〉（*Ma'aseh Merkava*/Divine Chariot）❷，也承繼、發展了這套秘傳體系。

簡言之，第二聖殿期奠定了猶太律法的基礎，也形塑了猶太民族往後的精神面貌。這段時期的賢士之所以多半無名，可能代表他們共識充足、目標一致，無論當時的最高宗教權威是「大會」本身，還是七十長老會議（Council of Seventy Elders），他們都希望能達成最高宗教權威認可的結論。

雖然這段時期也有其波折，但整體來說相當平靜，不僅立穩根基也有所進展，為猶太世界即將面臨的巨變做好了準備。

❷ 譯注：關於猶太教密契主義，詳見廿八章。

CHAPTER 4

———— • ————

口傳律法：雙賢時期

The Oral Law - The Era of the Zugot(Pairs)

雙賢（*zugot*/pairs）時期大約是希臘統治巴勒斯坦時期（公元前三三二至公元前一四〇年），加上緊隨其後的哈斯摩尼王朝時代（公元前一四〇年至公元前卅七年）。從文化層面來說，這是個充滿衝突的時代，猶太人對外必須抵抗希臘塞琉古（Seleucid）王朝（後者有意以政治力量壓抑猶太教）、抗拒希臘化文化強勢影響，對內則要應付不斷出現的異端教派。

雙賢時期早期最著名的領導者，是傳奇人物大祭司「義人西蒙（息孟）」（Shimon HaTzaddik），但我們其實並不清楚「義人西蒙」的確切事蹟與生存年代，因為有祖孫二人都獲此榮銜，這份榮銜也可能同屬

波斯、希臘政權交替時期的眾多大祭司，紀念他們在亂世中對猶太民族的貢獻。

猶太人脫離波斯統治時可謂欣喜若狂，與希臘新統治者也維持了一段蜜月期，和埃及托勒密（Ptolemy）王室尤其友好。〈本西拉書〉（*Book of Ben Sira*）❶結尾盛讚西蒙領導有方、心靈聖潔，幾乎到了吹捧的地步；塔木德則說他是「大會遺老」。關於義人西蒙的傳說不少，無論內容如何，都點出他意識到猶太歷史的一個時代即將終結，在此同時，他也開啟了新的時代：賢士們不再無名，不但教理詮釋與領導風格各有特色，有些人的格言與改革更流傳至今。

雖然早在亞歷山大大帝征服波斯帝國之前，東方已深受希臘影響，但巴勒斯坦生活與文化的希臘化程度並不深。即使在亞歷山卓（Alexandria）成為希臘化文化中心之後，也只有埃及的猶太人受衝擊較深，對巴勒斯坦猶太人來說，希臘化文化不過是雜揉地中海東岸文化、近東文化與希臘文化的產物。由於「大會」旨在維護猶太信仰純粹性，希臘化文化又看似雷同波斯、敘利亞文化與宗教，猶太教在那段時間並未融入希臘化文化。

不過，無論是此時或接下來的幾個世代，這種保持距離、不相融合的做法，並不被視為希臘哲學與猶太教存在「衝突」。某種程度來說，雖然猶太、希臘文化的外貌大不相同，但兩者接觸之時仍相互敬重，希臘文明的外顯表現甚至吸引了不少猶太人。在此同時，希臘政權也不斷威脅利誘，千方百計要將猶太地區併入版圖。事實上，猶太地區的殷實之家確實嚮往宗教融合。

---

❶譯注：即天主教舊約聖經之〈德訓篇〉（*Ecclesiasticus*）。由於本卷屬「次經」（apocrypha），新教聖經並未收入。

不過，一個猶太宗派的崛起壓抑了宗教融合的可能，在猶太─希臘文獻中，這個宗派被稱為哈西德（*Hasidim*，意為虔敬者），它的精神領袖是「大會」賢士的門生與傳人。這段時期，塞琉古政權不斷增加政治壓力，讓猶太教第一次面臨生死存亡的威脅，於是猶太人民與領導階級同時予以反擊。在猶太人民方面，殘酷的迫害點燃殉道之風，他們堅守「寧可就戮不可犯罪」（*yehareg ve'al ya'avor*）的精神，願意為遵循妥拉而受難、甚至受死，這樣的例子在塔木德和〈馬加比記〉（瑪加伯）中比比皆是。在猶太領導階級方面，他們嚴令禁止猶太人與非猶太人交好。雖然猶太人民對這些命令並未照單全收，但它們還是漸漸成為律法，成為猶太文化傳統的一部分。

這段時期的苦難也催化律法創發，信眾為宗教犧牲的決心，鞭策猶太領導階層加速填補相應規範，例如准許在安息日防禦性作戰（至少在〈馬加比記〉裡有提到這項特許，提出者是哈斯摩尼王朝之父、首位起兵反抗塞琉古王朝的瑪塔提雅〔Mattathias〕）。戰時和危急之時可以不守安息日的特許，就這樣漸漸形成律法，並以聖經經文佐證。往後每遇亂局，也會在必要時補充、增添相關規定。

哈斯摩尼起義原是哈西德領導的宗教抗爭，起義成功後，猶太與巴勒斯坦地區獲得實質獨立，不受外族勢力干涉。由於哈斯摩尼王朝系出祭司家族，領導者自動取得大祭司身分，所以在某段時間裡，行政、政治權力由哈斯摩尼王室行使，內部事務則由賢士及其法庭依慣例處理（哈斯摩尼錢幣上所鑄之 *Hever HaYehudim*，指的可能就是法庭）。但這種權力運作方式並未持續太久，因為哈斯摩尼王室出於政治及其他目的而重用撒都該人（撒杜塞人，*Tzedokim*/Sadducees），國家再次陷入紛爭。

關於撒都該人的起源，我們所知十分有限。他們人數並不多，但因為不少成員是祭司、富豪，所以社會影響力很大。從形式上看，撒都該人鼓吹的是宗教保守主義，他們否定口傳律法傳統及其正當性，呼籲回歸成文律法，也唯獨遵守成文律法。

然而，他們就像後來的卡拉派（Karaites）一樣，在摒棄口傳傳統的同時，也不得不自行建立新的口傳傳統，因為少了口傳傳統很難適用成文律法。撒都該人試圖將摩西律法的適用範圍縮限於應用層次，以便加速吸收希臘文明。他們也拒斥當時猶太人相信的一些教理，例如靈魂不朽、天國和死者復活。

雖然撒都該人呼籲回歸古代信仰與生活模式，他們實際上是建立了新的宗派。大多數人還是照著熟悉的老方式生活，聽從法利賽人指導（法利賽人〔Perushim〕的原意是「分離主義者」〔separatists〕，但這顯然是其他人給他們冠上的名稱），即使不特別傾向哈西德的人也是如此。哈斯摩尼家族則不顧議會法利賽領袖的反對，自行登基稱王 ❷，並逐步擴張政治權力。對哈斯摩尼家族來說，撒都該人的主張顯然比法利賽人的諍諫更具吸引力，於是宮廷與議會領袖的嫌隙日益擴大。在亞歷山大‧楊內（Alexander Yannai）任內，雙方關係終於破裂，哈西德與亞歷山大‧楊內的傭兵武裝衝突，期間甚至有外國勢力介入。 ❸

關於這段時期的領導者資料很少。最高宗教權威仍是議會，由兩名賢士（zugot/pairs of sages）領導，一名賢士擔任納西（主席），另一名賢士擔任法庭長（同時也是納西的副手）。兩名賢士顯然代表不同律法學派，但我們無法確定兩者的職權分別。他們的意見通常

❷ 譯注：依猶太政治傳統，王位應與祭司權分離，並由大衛家族後裔出任。因此就法利賽人看來，出身祭司的哈斯摩尼家族毫無稱王的合法性。
❸ 譯注：詳見第十八章。

相當一致，所以除了幾位留下經典格言或判例的賢士之外，我們對大多數人都不了解。雙賢時期最著名的賢士，應該就是西蒙‧本‧謝塔（Shimon ben Shetah）納西——他是亞歷山大‧楊內治下的議會主席。

西蒙是亞歷山大妻子的兄弟，地位相對穩定，也較能抵擋王室壓力。他極力反對撒都該人，因此與亞歷山大時有摩擦。他曾試圖迫使亞歷山大接受議會權威，但逼宮失敗，人民之間的對立也達至高峰。怎料亞歷山大駕崩、遺孀莎樂美（Salome/Shlomtziyon）主政，情勢也迅速緩和，塔木德甚至讚揚在她治下出現短暫「黃金時期」。莎樂美恢復哈斯摩尼立朝初期舊制，將內部宗教事務交還議會管轄，她的兄弟西蒙因此得以大展身手，推動大型改革。

西蒙從激烈的意識型態之爭著手，透過各種方式將撒都該領袖及其支持者逐出議會，此後議會完全由法利賽人掌握。他也以嚴刑峻法根除偶像崇拜與巫術，成功讓猶太民眾接受「妥拉之治」（the rule of Torah），亦即整個民族的行事作為，都要依妥拉律法與上主意旨而行。然而，他堅持嚴守律法也導致悲劇臨門：為維護審判原則，他不得不判被控誣告的兒子死刑（這也成為後來被遵循多年的判例）。西蒙‧本‧謝塔引入許多規則，其中最著名的是修訂婚契（ketuba），此舉不僅擴充了女性權益，也讓家庭生活更加穩定。

「雙賢」們的作為與口傳律法的系統性傳播，讓學界領袖逐漸成為民族領袖，即使學者不具政治實權也不是大祭司，如今也有能力與君王、祭司分庭抗禮。舉例來說，在西蒙‧本‧謝塔之後的那個世代，議會是由謝瑪雅（Shemaya）與雅夫塔隆（Avtalyon）領導，他們都出身改教者家庭，原本社會地位不高，可是他們還是被公認為真正的領

袖，受擁戴的程度遠遠超過大祭司。如今全猶太民族都同意塔木德的
看法：妥拉的智慧「比珍珠可貴」——甚至比能進入至聖所的大祭司
還可貴。

CHAPTER 5

——— • ———

傳道
The Tannaim

　　傳道（*tannaim*）時期由希律王統治早期的希列與沙買二人開啟。*tanna* 指的是研讀典籍、師事學者、傳承所學之人。口傳律法傳統在這個階段發展成熟，依主題或好記的方式系統歸類。「傳道」之名實為過謙，因為這些學者不僅在許多方面極具創意，也革新了律法傳承的形式與內容。

　　猶太民族在這個階段遭遇不少內憂外患：就外在壓迫來說，聖殿於公元七十年毀於羅馬人之手，猶太宗教生活因此必須緊急重整；從內部分歧來看，異端（*minim*/heretics）與基督宗教紛紛興起，宗教凝聚力受到嚴重威脅。然而儘管紛擾不斷，猶太文化依舊逆勢前行，蓬

勃發展。

這段時期的特色是新研究方法出現，從現代學者的眼光來看，猶太思想史也在此時進入能精確編年的時代：傳道時期之前的學者多半沒能留下姓名，個人主張往往被集體共識淹沒，名姓可稽者屈指可數，但進入傳道時期之後，我們對個別學者的身分與見解卻毫不陌生。他們性格各異，個人色彩躍然紙上，不僅研究與教學方法獨特，有時也因為脾性與外貌讓人印象深刻。

約哈納・本・札凱（Yohanan ben Zakkai）是這段時期最偉大的學者之一，他曾一一簡述幾名優秀門生的特色，說：「艾立澤爾・本・西爾卡努斯拉比（R. Eliezer ben Hyrcanus）為學鉅細靡遺，滴水不漏；耶何書亞・本・哈納尼亞拉比（R. Yehoshua ben Hanania）——生育他的婦人真有福氣！約瑟・哈可罕拉比（R. Yose HaKohen）是位虔敬的人；西蒙・本・納塔內爾拉比（R. Shimon ben Natanel）對罪惡戒慎恐懼；艾立澤爾・本・艾瑞可拉比（R. Eliezer ben Erekh）乃不竭之泉。」

許多關於傳道的軼事，都生動地勾勒出他們的特色與性格，讀來鮮活親切，如沐春風，彷彿親睹其人。「拉比」這個頭銜也產生於此時，專指獲得正式任命的學者，沒有得到任命（semikha/ordination）的學者僅稱其名。這項變革不只讓學者數目大增，也提高了他們的地位。

希列與沙買則開宗立派，為猶太律法詮釋開啟新頁，他們的門生各自發展出以祖師為名的律法學派：希列家（Beit Hillel）與沙買家（Beit Shammai）。兩者之間雖有爭執，但分歧仍在公認的猶太傳統之內。他們的律法論辯延續了好幾個世代，最後由希列家的觀點取得優勢。

　　兩個學派的歧異，某種程度上也反映了各自祖師的個性。希列是議會納西，出身巴比倫尼亞富裕家庭，後來前往耶路撒冷求學，自甘貧困、簞食瓢飲，婉拒親人一切財物支援。意外成為納西之後，雖身居高位，他仍謙虛自持、儉樸度日，與一般常民無異。他簡潔有力的格言，忠實反映了他的慷慨、虔敬，以及對人類的愛。沙買則是工程師，為人剛正不阿，行事嚴厲決絕。

　　沙買敏感易怒，嚴以律己亦嚴以律人，與個性溫厚的希列恰成強烈對比。沙買的弟子也多有祖師之風，機智敏銳，語多尖刻，釋法斷疑從嚴。沙買門生人數雖少，卻能與作風自由的希列家鼎足而立，兩者之間時有激烈爭執，甚至導致暴力衝突。有個著名的傳說是這樣的：某個外邦人來找希列，堅持要在能單腳站立的時間內學完整部妥拉，於是希列用一句話總結了律法——也就是他那句最有名的格言：「己所不欲，勿施於人，此即妥拉，餘皆論評。爾速去，精進勤學。」

　　希列門生溫文謙遜，廣受賢士愛戴，納西一職由希列後裔出任超過四百年，直到議會消失。希列後人被授與「拉邦」（rabban）榮銜（意為「我輩夫子」），被視為學者之首，同時也是猶太人的真正領袖，地位不僅為猶太民眾公認，也受政府官方承認。

　　於是，猶太族群大多數時間皆以希列家族馬首是瞻，僅有少數時期例外。約哈納‧本‧札凱拉邦即是例外時期的領袖之一，他是最偉大的傳道之一，可能也是有史以來最傑出的猶太學者之一。他是希列最年輕的門生之一，相當高壽（據說一百二十歲），在第二聖殿於公元七十年被毀之後，重塑猶太生活的重責大任由他一肩扛起。

　　由於認為反抗羅馬勝算不高且後果嚴重，約哈納拉邦並不贊同興兵起事。他在耶路撒冷淪陷前逃出，取得後來成為皇帝的維斯帕

先（Vespasian）許可，在亞夫內（Yavneh）建立宗教中心，延續希列家傳承。聖殿被毀之後，他接下為人民重塑重心的挑戰，幫助他們適應沒有聖殿的新環境，並將宗教情感投注在其他地方。

約哈納・本・札凱頒佈十項迫切需要的重要規定，讓猶太生活與律法得以適應全新的環境，並讓重建聖殿的盼望深植人心。此後兩千年，猶太人之所以能持續傳承、發展民族與文化特色，很大部分得歸功他的努力。

約哈納拉邦的下個世代由三位學者主導，他們也各有過人之處。議會領袖是迦瑪列拉邦（通常被稱為亞夫內的迦瑪列拉邦，以與其祖父 ❶ 區別），他大刀闊斧重整議會，一心將其轉型為猶太人立法、司法最高權威。不過，雖然他的學識有目共睹，強硬態度也是勢所必然，他的鐵腕作風還是引起同儕不滿，甚至一度被革除主席之職。

迦瑪列拉邦的妹夫是艾立澤爾・本・西爾卡努斯拉比，也被稱為艾立澤爾大拉比（Rabbi Eliezer the Great）。他出身富裕家庭，年紀稍長才投身研究，但他才氣出眾、博聞強記，而且為人親和，很快便被公認為第一流學者。他的老師曾說：如果把以色列所有賢士放在天平一端，把艾立澤爾拉比放在另一端，艾立澤爾拉比一個人就能抵過所有賢士。

不過，雖然他正式拜入約哈納・本・札凱拉邦門下，他的立場卻更接近沙買家，律法裁定傾向保守主義。有一次他堅拒接受多數意見，其他賢士不得不將他逐出議會。據說在這場激烈的爭執中，艾立澤爾拉比呼求上主與天地之力伸出援手，而與他亦敵亦友的耶何書亞

---

❶ 譯注：亞夫內的迦瑪列之祖父，即〈使徒行傳〉（宗徒大事錄）五章卅四節中出現的迦瑪列（加瑪里耳），後者為希列之孫，使徒保羅（保祿）之師。

拉比，就在此時道出了他的名言：妥拉如今不再高居天上，而交由世間賢士多數判斷。❷ 不過，縱然發生了這些衝突，艾立澤爾拉比還是深受同儕敬重，他的裁決也是米示拿口傳律法的重要基礎。

耶何書亞·本·哈納尼亞拉比與艾立澤爾拉比截然不同。他是生活貧困的鐵匠，但無疑也是當時最傑出的學者之一。據說他雖容貌醜陋，智慧卻令眾人折服，無論是學者、常民、猶太人或羅馬人，個個對他愛戴不已，他也曾代表猶太人訪問羅馬。他是個聰慧、溫厚的人，每個人都喜愛他、敬重他。

這三位賢士皆屬「亞夫內葡萄園」學者俊彥，他們的學術成果和律法論辯也都是米示拿的重要部分。他們的行誼、討論甚至自成米示拿專章——〈見證篇〉（*Eduyot*/Testimonies），篇中包含不同學者對他們的描繪與引述，以及他們在各次會議中所做的律法裁決，全篇幾乎沒有經過編輯。「亞夫內葡萄園」學者影響甚鉅，不僅多名長老活躍於聖殿被毀之前，年輕一輩的學者亦承先啟後，風雲一時，後來在米示拿成書過程中扮演重要角色。

這群學者包括可敬的賢士多撒·本·哈爾及納斯（Dosa ben Harkinas）拉比；聰穎過人的年輕拉比艾拉薩爾·本·阿扎爾亞（他才十八歲時，便因各方折衝的關係被推為納西）；思路清晰、溫和持中的以實邁爾·本·以利沙（Ishmael ben Elisha）拉比；以及風趣的祭司塔爾豐（Tarfon）拉比——他慷慨大度、謙和有禮、個性幽默，時常挖苦自己。這群學者之中也包括阿奇瓦·本·約瑟夫（Akiva ben Yosef）拉比，他是引領下一個世代的明日之星。

阿奇瓦拉比才德兼備，「名滿天下」，成就非凡，一生充滿浪漫色

❷ 譯注：詳見第廿八章。

彩，出色的人格讓同輩人遠遠瞠乎其後。他出身一般家庭，父親（也可能是祖父）是改教者。阿奇瓦是牧羊人，信仰相當虔誠，但沒受過教育、也不識字。他的妻子拉結（Rachel）是耶路撒冷首富之女，獨具慧眼看出他的潛力，也深深愛上他，執意要嫁給家徒四壁、目不識丁的阿奇瓦。拉結婉拒父親的資助，夫妻一同安貧度日，阿奇瓦也直到四十歲才開始習字。由於他年紀稍長才成為學者，人生經驗豐富，往往能另闢蹊徑看待問題，提出深邃而別具一格的回答。

在妻子拉結的建議與鼓勵下，阿奇瓦離家求學多年，師從當時最偉大的學者耶何書亞拉比與艾立澤爾拉比。在這段時間，拉結甚至貧困到得剪頭髮變賣才能買食物。阿奇瓦學成之後，終於在大批弟子簇擁下返家，望夫心切的拉結一身襤褸、怯生生地出來迎接多年未見的丈夫，這時，阿奇瓦轉頭對弟子們說：「我和你們的一切學問，都屬於她！」他也告訴他們：唯有「所作所為配得上妻子付出的男人」，才算是富有的男人。

雖然阿奇瓦一開始是亞夫內學者群的學生，但他的學識與人品很快受到肯定，被迎入學者群中平等相待，並數次入選政治宣達團前往羅馬。由於阿奇瓦很長壽（據說一百二十歲），他也被新一代賢士尊為領袖。

公元一三二年，巴爾・科赫巴起兵對抗羅馬政權，當時的賢士多半不認同武裝抗爭，但阿奇瓦拉比不僅熱烈支持，甚至宣稱巴爾・科赫巴即是彌賽亞（默西亞，救世主之意），「巴爾・科赫巴」的名號顯然也是阿奇瓦所贈（意為「明星之子」，典出〈民數記〉廿四章十七節：「有一顆明星要從雅各出來。」）。起義之前，阿奇瓦更親身走訪各地猶太社群，踏遍巴比倫尼亞、埃及、北非、高盧，為興兵起事籌募資

金、推動政治結盟，他甚至可能涉入一場在羅馬的叛亂。回到巴勒斯坦後，他讓數千名弟子投入巴爾‧科赫巴麾下。

然而，羅馬軍團強力弭平起義，並採焦土政策蹂躪猶太地區。據說這場戰爭造成一百萬人死亡，阿奇瓦整整一代的弟子全數罹難。羅馬帝國粉碎起義之後，哈德良（Hadrian）皇帝嚴厲整肅倖存的猶太人，甚至下令禁止妥拉教學。但阿奇瓦無視危險繼續傳授妥拉，因為他相信學問是猶太生活的根基。當朋友勸告他這很危險時，他回以一則著名的寓言：「有隻狐狸看到魚群好不容易從網裡掙脫，勸他們不如搬到地上來住。不料那群魚對他說：『狐狸啊，看來你不但不聰明，還挺愚蠢的。要是我們連活在水裡都會恐懼，跑到必死無疑的陸地上，又會怕成什麼樣子呢？』」

阿奇瓦拉比作育英才有方，培養了新一批年輕學者，他們也不負所託，成為下一代猶太人的領袖。阿奇瓦拉比最後還是遭到羅馬當局逮捕，重刑凌虐，壯烈成仁，臨終時依舊口誦〈聽啊，以色列！〉禱詞（Shema Yisrael）❸。他的教學方式和律法思想由弟子傳承，為口傳律法傳統的延續奠定基礎，他對密契主義的探索，也為數百年後的相關研究立下根基。

我們對阿奇瓦門生的認識遠超過其他世代的傳道。這一代的傳道包括：耶胡達‧本‧以拉伊拉比，他是力主與羅馬妥協的溫和派，依照老師的理路編輯〈利未記〉評注——〈祭司概述〉（Torat Kohanim）；聰明絕頂也命運多舛的邁爾（Meir）拉比，他出身與羅馬皇室有關連的改教者家庭，博學機智人人稱羨，論述高妙以致「時人不解其意」。

❸ 譯注：出自〈申命記〉六章四至九節：「以色列人哪，你們要留心聽！……」此為猶太教最重要的禱詞之一，晨起、睡前皆須誦讀。

他是政府雇員，娶奇女子蓓露雅（Berurya）❹為妻。邁爾精通解經，文筆出色，為米示拿的撰寫奠定基礎。

與邁爾拉比同時的西蒙‧巴爾‧約海（Shimon bar Yohai）拉比，則是位神秘而充滿魅力的謎樣人物，他和阿奇瓦一樣積極反抗羅馬當局，因此被迫與其子艾拉薩爾拉比藏身山洞多年。西蒙拉比和阿奇瓦拉比一樣，詮釋聖經自成一格，〈出埃及記〉、〈民數記〉、〈申命記〉的米大示皆出於他的書院。後世也將卡巴拉經典《佐哈》（Book of Zohar）歸功於他，書中主角正是西蒙拉比。

此外，約瑟‧巴爾‧哈拉夫塔（Yose bar Halafta）拉比沉默寡言，個性溫和，廣受敬愛，他的律法解釋邏輯嚴謹，公認最為可靠；西蒙‧本‧迦瑪列二世（Shimon ben Gamliel the Second）拉邦出身希列家族，循例繼承議會納西一職，雖然他認為自己學識不如同儕，只是「獅群中的狐狸」，但他為同胞重建生活方式與紀律不遺餘力，後世十分推崇他的立法成就，他的每項裁定幾乎都被接受。

西蒙‧本‧迦瑪列拉邦的納西職位，後來由其子耶胡達‧哈納西繼承，他是那時最偉大的學者，無論當時或後世都備受敬重。他在世時就被敬稱為「我們聖潔的拉比」（rabbeinu hakadosh/our sainted rabbi），後來還被直接簡稱為「拉比」。耶胡達拉比「集妥拉與偉大於一身」，精通妥拉、長於領導，既是傑出學者，也是卓越的政治家。雖然他自奉儉約，卻始終維持豪華排場，像是住在奢華王宮裡的苦行者。他的大筆家產以及與羅馬統治者的緊密關係，進一步強化了他的特殊地位。有不少故事提到他和「安東尼努斯（Antoninus）皇帝」的

---

❹譯注：蓓露雅為哈納尼亞拉比之女，亦為飽學之士。某次邁爾拉比受人構陷，憤而以死相咒，蓓露雅面斥丈夫失言。

友誼，由於馬庫斯・奧理略（Marcus Aurelius）和亞歷山大・賽弗勒斯（Alexander Severus）都叫安東尼努斯，兩者都有可能是故事裡的皇帝。

　　雖然耶胡達・哈納西的年代局勢穩定，他和羅馬當局也關係良好，但他敏感地意識到平靜的日子不會太久，應該及早擬訂計畫、做好安排，才能讓妥拉的教學與研究永續不絕。由於他十分憂心年歲日久，妥拉終將被人遺忘，於是他大膽決定以破為立，拋棄長久以來口傳律法不得筆錄的禁忌，將口傳律法的重點編輯成書。他成功實現了這個構想，創造出重要性與神聖性僅次於妥拉的作品──米示拿。

CHAPTER 6

———— • ————

米示拿的彙編
The Compilation of the Mishna

　　數百年來，口傳律法皆以師徒口授代代相傳，由於相關內容越來越龐大，光靠複誦、勤學已很難牢記，整理與編輯口傳內容的需求與日俱增。在早期，口傳律法與成文律法緊密相連，學生很容易藉由成文律法記起相關口傳律法。也就是說，聖經經文不僅是口傳律法的法源及邏輯基礎，也是幫助記憶的工具。

　　在塔木德和猶太文獻中，聖經經文的這三種運用比比皆是。這促成了一種稱為「旁徵」（*asmakhta*/ support）的記憶法，亦即：引用一句與當前律法並不直接相關、但能透過釋經方式串起現有律法的經文，以幫助記憶。由於「旁徵」被廣泛使用，後來要分辨哪則是真正

的評論、哪則又只是「旁徵」，反而變得難如登天。但以經文為「旁徵」的方式，也只適合那些相關經文很多、評論相對較少的律法。

不過，口傳律法在很多領域的發展，都已遠遠超過「旁徵」經文的範圍，相關細節必須再次分類，重新納入適當範疇。剛開始時方法十分簡單，目的也單純是方便記憶與學習。某些主題以數字整理分類，例如「四大傷害訴訟」、「卅九種安息日禁止的工作」等等。學者的任務除了在細節定義之上設置更寬闊的律法分類框架，也必須綜合律法、找出共通原則，以進一步幫助記憶、掌握細節。然而，這些基本原則與其說是法學概念或理論，毋寧更像摘要，亦即以特定方式組織資料細節，並找出許多律法孤例的共通點。

實際上，很多律法就是這樣產生的，某些相當古老的律法也不例外。這種創法方式有時是為了綜合細節，例如「安息日重要規則」、「十一稅重要規則」等；另一些如此產生的律法則說得更精確，例如「涉及時間的一切積極規範，女性一律豁免」。這些規則有時也不採律法形式，反而更像是基本案例，讓人可以從中推導出許多原則。

這些方法的目的顯然是幫助學習，在生活、文化變動不大的時期確實也效果不錯。但時間一久，隨著環境發生變動，新課題也必然一一浮現，這時便需進一步分析、求索基本資料，研擬新的因應之道，調整和修改規則有時也是必要的。在與撒都該人的爭辯中，法利賽賢士刻意強調律法的某些面向；隨著外邦人在猶太生活圈的活動日益頻繁，律法也必須延伸出新的規範；此外，由於和撒瑪利亞人的政治、宗教關係不穩，對他們的律法態度也時有變化。

在猶太宗教與司法體制維持一定階層性的時代，一切立法、裁判皆由上而下統一處理，遇有爭議，則交由聖殿的大議會最終裁決。可

想而知，長年累積的大量、龐雜的口傳資料，適用於這套一條鞭式的體系必然產生疑義。在哈斯摩尼王朝時期，統一的表象之下已有裂痕出現；希列與沙買擔任領袖時，爭議更一舉爆發，兩個學派的分歧頓時檯面化。

由於初等教育普及，大祭司耶何書亞・本・嘎瑪拉調整、推廣全民族教育，希列也敞開書院之門，歡迎大眾前來聽講，學生與老師數量大增，很多老師也自立門戶，建立規模或大或小的書院。聖殿被毀之後，由於猶太中央權威幾不復存，這股求學風氣有增無減。其實，如果能齊聚所有賢士，讓同一組人持續學術工作，應該就能維持統一傳統。但這時老師人數膨脹，獨立學堂大增，無意間造成百家爭鳴的結果。每位老師都依自己的方式釋經、決疑，留下自己的口傳判例。他們之間的不同有時只是表面分歧，但某些差異涉及更根本的歧異，只是區別十分幽微，以致彼此也渾然不覺。

總之，賢士們現在要討論問題，無法再像過去一樣訴諸範圍有限的共同傳統，而必須認識、比較自己和其他學者師承的傳統。光是融通一家之言已不足以對話，學生們現在必須熟悉不同學者對相同議題的看法，也必須涉獵不同傳統的詮釋方式。簡言之，由於「知識爆炸」，學生們如今不得不記下更大量的資訊。

這些發展在第二聖殿期就已困擾了好幾個世代，學者們之所以有意設定框架、編纂塔木德，顯然有此遠因可循。他們以好記的短語來分類、講述律法，雖然有些短語因為過短而難以涵蓋細節，顯得意義不清，但它們確實提示了不同議題的重點，讓這些已有明確判例的問題綱舉目張。這樣的律法在第二聖殿期即已存在，最早還能追溯到哈斯摩尼王朝初起之時，某些獨立的律法則無疑起於更古老的年代。塔

木德說某些律法成於尼希米時代，也就是第二聖殿期初期。

　　將整體律法系統性分為明確單元的人，顯然是阿奇瓦拉比。當時的人說他的工作無異於跑去曠野，把看到的東西都隨手放進籃子裡，然後回家幫每個東西分類。阿奇瓦研究過不少毫無組織的主題，也別具巧思將它們歸入不同範疇，他的弟子似乎也學成了這套方法，各依阿奇瓦建立的原則將律法分類，其中又以邁爾拉比最為擅長，他的分類系統也為耶胡達・哈納西拉比的律法彙編奠下了基礎。

　　耶胡達拉比由大分類著手，將大部分律法議題歸入六大範疇，即「米示拿六卷」（Six Orders of the Mishna），每卷（sedarim/orders）收入一系列相關主題。有幾卷的主題同質性很高，其他幾卷則相對鬆散，但盡可能將光譜內的相關議題全收進來。

　　「卷」之下細分為「篇」（books），蒐羅「祝禱」、「安息日」等更專門的主題。「篇」又稱為「論」（asekhet/tractate），字源顯然是 masekha（織布機）。「篇」之下分「章」（chapters），「章」之下再分「條目」（mishnayot），即「米示拿」（mishna）一字的複數，每則條目處理更專門的律法及相關主題。

　　分類的大工程顯然已進行了一段時間，耶胡達拉比的主要成就是概括口傳律法，將它們放入更精確、也更嚴格的框架之中。他的優勢在於：他書院裡的學者皆為一時之選，學生也來自各個學派。耶胡達先蒐集廣為接受的資料，同時設定寫作格式。由於他的目標是編輯一部能沿用數代的基本教材，精準記述便極其重要，務求每一句話都能切中要點，風格簡潔，全篇無一閒筆。之所以特別重視簡潔，是因為耶胡達拉比認為研究方法短期內不會有劇烈變化（他這樣想確實有道理），米示拿口授教學也依舊會是進階研究的基礎。因此，書中的一字

一句，其實都濃縮了他書院裡的討論與爭辯。

　　許多古老的律法與條目都以原貌收入，有時附上後來的解釋，有時一字不改，完整保留古代對話過程（在塔木德時期，條目內容不僅要反映釋經方法，還要重現耶路撒冷或猶太地區居民的用語）。廣為接受的律法以能保存精髓的方式記錄下來，但還是要摘錄釋經方法以及歷代賢士的爭論。如前所述，耶胡達拉比是以邁爾拉比的成果為基礎進行彙編，但他也做了一些調整，例如修訂、摘要、納入不同方法，或收錄一說而排除他說。於是，這部彙編收入了龐大資訊，尤其是那些已獲前輩學者解決的爭議。不過，米示拿仍保留了一些有爭議、未獲接受的律法主張，因為它們對理解爭議十分重要，也具有比較、研究的價值。

　　在大多數議題上，耶胡達拉比會盡可能在記錄中反映最大共識，但他如果認為自己寫下的是律法的基本精神，則會略去來源、作者、傳述者等資訊，直接歸為「理所當然的米示拿」（*stam mishna*/plain mishna）。大多數條目都有結論，但學者未能論定律法意義的也不少，遇到這種條目，耶胡達會點出這則條目的主要論點，並指出各論點最重要的支持者是誰。有時一則條目充滿衝突意見，有時耶胡達拉比會聲明最基本的意義是什麼，再補充一些其他賢士的看法。當然，某些古老問題已公認獲得解決，但米示拿的爭議亦不斷增加，到耶胡達拉比時仍未稍歇。總之，米示拿是極為龐大的記錄，不僅收錄耶胡達拉比前一代賢士的看法，也詳細記載他那一代的爭議，有時他自己的不同意見也被列入，作為與多數意見比較的獨立觀點。

　　資料顯示，耶胡達拉比不僅主持米示拿的編輯，也運用它來幫助自己與同儕的研究。他有時會改變對特定議題的想法，並在米示拿中

添上修訂。有時因為前人的裁定已獲接受，他無法再將自己的新看法納入其中；而當與他意見相反的新觀點出現時，他也會忠實地記錄下來。同樣地，雖然有些新解釋遠比舊的更好，但既然有「米示拿條目不得移除」的規矩，新舊解釋都會保留。

　　這些事實說明：耶胡達拉比在世時，米示拿始終維持一貫與穩定；而耶胡達拉比死後，米示拿也只有微幅調整與補充，整體樣貌沒有改變。簡言之，耶胡達拉比不僅成功完成米示拿，也賦予了它固定的形式與風格，圓滿結束了傳道時期。一套精心編輯的作品就此問世，從此以後，學習口傳律法的學生不再需要遍訪群師，背下數百則律法及相關討論。由於缺乏明確證據，我們無法判斷米示拿是筆錄成書廣為傳播（一個學派主張如此），亦或以口頭講授（其他多數學派採此說），❶ 但無論如何，這部神聖性僅次於聖經的宗教鉅作終於誕生。

---

❶ 譯注：經信件詢問，史坦薩茲拉比解釋：彙編米示拿固然是為方便傳播，但當時的學者長於背誦，仍習於口頭講授。某些學者認為米示拿雖有筆錄，但教學仍以口傳為主，文本僅供參考。

CHAPTER 7

———•———

巴比倫尼亞詮者

The Amoraim in Babylonia

　　米示拿的彙編與耶胡達拉比的離世，宣告了新時代開始──「詮者時期」（詮者〔*amoraim*〕的字源是動詞 *amar*，講說或詮釋之意），亦即米示拿詮釋者時期。有些學者在耶胡達拉比晚年親受提點，在他過世之後又活了近一個世代，成為連結傳道時期與詮者時期的中堅。

　　身為耶胡達拉比的年輕同儕或弟子，他們認為自己不僅有義務致力研究、詮釋米示拿，也必須延續耶胡達拉比的志業，持續收集、編輯前人留下的口傳資料，畢竟各世代、各學派留下的智慧遺產甚豐，耶胡達拉比收錄的其實只有一小部分而已。雖然大家公認耶胡達拉比彙編的作品最為重要，但也普遍同意：為深化比較研究，必須收集、

保存其他編外資料（extraneous material）。

耶胡達拉比的高足希亞（Hiya）拉比與歐沙亞（Oshaya）拉比，都投入收集編外口傳律法的工作，其中一份後來獨立成冊，流傳至今——《補述》（*Tosefta*，意為「增添」）。雖然《補述》也是記錄、摘要口傳律法，但採用的不是耶胡達拉比的方法，而是阿奇瓦弟子尼希米拉比的進路。解釋與強化成文律法與口傳律法連結的「米大示哈拉卡」（*midrashei halakha*，律法釋經集），大多數都是在這段時期收集、彙編的。另一方面，雖然學者們持續記錄傳道時期的資料，但留下的很少。這方面的資料有多豐富，可以從〈雅歌〉六章八節的譬喻看出：「六十王后——六十（米示拿）論著；八十妃嬪——《補述》；無數童女——律法。」米示拿編外的獨立律法與傳道評注彙編稱為「巴萊塔」（*baraitot*，其他教誨），即編外資料。

保存與彙編口傳律法的浩大工程延續了好幾個世代，但隨著妥拉學術重心轉移，這項工程的重要性也漸漸衰退。博聞強記大量巴萊塔的學者仍被稱為「傳道」，但傳道一詞如今有了新的意義，指的不再是口傳律法的創造者，而是記憶力極佳、但未必了解記誦內容的人。後來很多世代的書院都會聘請這樣的人，他們就像是活生生的資料庫，讓學者在釐清問題、鑽研米示拿時可以「參考」。

往後數百年（約公元兩百到五百年）的賢士被稱為「詮者」。在傳道時期，「詮者」原本指的是為學者翻譯的人。依據傳統，學者應以希伯來文向百姓宣講律法與傳說（*aggada*），但因為希伯來文並非人人能解，所以學者的弟子會再以亞蘭文複述（亞蘭文是傳道時期的主要方言）。詮者在公開朗誦妥拉時亦身負重任，因為他們必須立刻逐句口譯為亞蘭文，讓所有的人都能聽懂。簡單來說，詮者就是學者講授律法

的翻譯者，有時也負責讓律法知識普及化。米示拿時代結束後，賢士們將自己定位為米示拿的詮者，述而不作，只向百姓解釋、宣講米示拿的內容，不再創造新律法。雖然詮者的角色因時而易，逐漸成為民眾的導師，也不時修訂、革新律法內容，但出於謙虛，他們還是自稱為詮者。

米示拿時代結束後的另一個重要發展是：巴比倫尼亞出現獨立的學術重鎮。雖然巴比倫尼亞代代人才輩出，也出過幾位偉大的傳道（如希列），但整體來說，巴比倫尼亞的猶太文化發展不如巴勒斯坦，更無法獨立培養宗教人才。然而耶胡達拉比過世後，似乎再沒有人夠格擔任政教領袖，巴勒斯坦的權威因此動搖。此外，巴勒斯坦的政、經狀況也在耶胡達拉比過世後走下坡，人口紛紛外移的結果，是讓猶太散居地的學術品質大為提高。

巴勒斯坦的核心地位消失後，應時而起的是偉大的詮者阿巴·本·依波（Abba ben Ibo）拉孚（也被稱為阿巴·阿瑞哈〔Abba Arikha〕，意為「高個子阿巴」），他在巴比倫尼亞建立宗教學術重鎮，影響力後來甚至超越巴勒斯坦的研究中心。阿巴拉孚年輕時，便與既為叔父亦為老師的希亞拉比一同前往巴勒斯坦（後者是耶胡達拉比的弟子）。阿巴拉孚在耶胡達拉比門下完成大部分學業，後來也成為議會的一員。他在巴勒斯坦生活了很多年（期間也有回巴比倫尼亞幾次），最後因為個人因素返回家鄉。他發現巴比倫尼亞也有不少優秀的學者，但學術機構組織不佳，整體水準也低於巴勒斯坦。

阿巴拉孚原被公認為巴勒斯坦最傑出的學者之一，也被耶胡達拉比親自任命為拉比，他曾協助編輯米示拿條目，也同時精通巴勒斯坦與巴比倫尼亞兩地傳統。為避免冒犯巴比倫尼亞既存學術社群，阿巴

拉孚返鄉後刻意避開幾個學術大城，在蘇拉（Sura）小鎮安頓下來、建立學校。但沒過多久，巴比倫尼亞的學者便慕名而來，數千名學生也蜂擁而至。由於阿巴拉孚對巴比倫尼亞學界影響龐大，他也被人直接敬稱為「拉孚」，直到今天仍是如此。蘇拉在巴比倫尼亞猶太人間的權威地位迅速確立，學校也以不同形式延續了七百年。

拉孚是位既虔敬又高尚的人，他樹立典範、慷慨付出、鼓舞士氣，成功提升巴比倫尼亞的學術水準。與他同時但年紀較輕的巴比倫尼亞賢士許木埃爾（Shmuel），則在內哈爾德雅（Nehardea）建立第二大學術中心。這間學校後來雖然遷往別處，但在巴比倫尼亞妥拉研究的全盛時期，它一直與蘇拉並駕齊驅，維持友好的競爭關係。

拉孚和許木埃爾是巴比倫尼亞的第一代詮者，他們為這裡的妥拉研究打下良好基礎，影響了好幾代的巴比倫尼亞學者。他們兩人私交甚篤，但背景十分不同：拉孚為大衛王家族後裔，與巴比倫尼亞猶太流亡領袖也有姻親關係。他精通巴勒斯坦研究傳統，也編寫了幾則米示拿條目。著名的《利未記評論集》（*Sifra Debei Rav*）為他的學院所編，幾則猶太新年禱詞據說也出於他之手。許木埃爾則無論是外貌或職業，都與拉孚大不相同：拉孚是國際貿易巨賈，許木埃爾則是傑出的醫生、天文學家，同時也是流亡領袖法庭之長。

拉孚與許木埃爾兩學派的相同之處，是援引編外相關條目（*mishnayot*）以詮釋米示拿，試圖從各種面向分析之。由於根據律法，巴勒斯坦之外的學者無法被正式任命為拉比，所以巴比倫尼亞賢士並沒有「拉比」頭銜，只能以不具律法效力的「拉孚」（*rav*）敬稱。也因為如此，巴比倫尼亞沒有類似於議會的機關，賢士們研究妥拉的目的也未必是解決律法爭議。這項先天限制形塑了巴比倫尼亞詮者們的

研究方向，讓他們能不囿於現實，放手處理理論性問題，影響所及，連巴勒斯坦詮者的學風亦為之一變。

雖然拉孚與許木埃爾的治學方式有相通之處，但他們對米示拿的分析與詮釋大相逕庭，往後幾代學者的分歧亦不出兩者框架。後來的共識是：民事問題以許木埃爾的裁決為準，其他領域則依拉孚的判斷。兩學派亦不存門戶之見，彼此門生可以相互切磋，同時兼習兩者之長。

接下來幾個世代，雖然還是有很多巴比倫尼亞學子去巴勒斯坦求學，也在異鄉闖出一番事業，但巴比倫尼亞學界已今非昔比。學院不僅規模龐大，而且教學品質良好，更發展出獨立的研究方法與學派。拉孚的蘇拉學院後來由弟子胡納（Huna）拉孚繼承，許木埃爾則由耶胡達（Yehuda）拉孚繼承衣缽。耶胡達拉孚亦曾師事拉孚，接掌許木埃爾學派後將學院由內哈爾德雅遷往龐倍迪塔（Pumbedita），並從此生根。這個階段的代表性學者包括：高壽的希斯達（Hisda）拉孚；失明的謝歇特（Sheshet）拉孚，他是當時最博學的人之一，見解犀利、口才辨給、立場堅定，有「堅勝鐵石」之稱；流亡領袖的女婿納賀曼（Nahman）拉孚，他精通許木埃爾傳統，是極為出色的法官。

巴比倫尼亞第三代詮者出了兩位才子：一位是聰穎過人、年紀輕輕便當上學院院長的拉巴（Rabba，「拉巴」為「拉孚阿巴」〔Rav Abba〕的簡稱），時人譽其「才高學深勝山河」；另一位是妥拉大師約瑟夫（Yosef）拉孚。約瑟夫拉孚年老時失明，但仍思路清晰，也始終關懷弟子，後來接掌老友拉巴的院長之職。拉巴與約瑟夫間的辯論，之後也成為學院裡固定討論的教材。

在這段時期，有不少學者會將巴勒斯坦的研究成果帶回巴比倫

尼亞，頻繁的接觸與新資訊的流通，造就了被視為巴比倫尼亞學術支柱的兩位賢士：阿巴耶（Abbaye）與拉瓦（Rava）。阿巴耶原名納賀馬尼・本・凱利爾（Nahmani ben Kaylil），是拉巴的姪子，因為他以祖父為名，所以被拉巴暱稱為「阿巴耶」，意為「小爸」。阿巴耶是孤兒，由叔叔拉巴帶大。叔姪生活清貧，以農為業，只在夜晚和農閒時讀書研究。阿巴耶是約瑟夫拉孚的得意門生，但他不徇私情，嚴格批判老師的主張，他也同時吸收叔叔拉巴的學問，兼融兩者之長，後來接替約瑟夫拉孚執掌學院。

另一位賢士拉瓦的全名是阿巴・本・拉孚・罕瑪（Abba ben Rav Hamma），師承納賀曼拉孚與希斯達拉孚。拉瓦是事業有成的富商，與波斯宮廷過往甚密，住在繁華的商業中心美和撒。拉瓦較阿巴耶年輕，彼此觀點也有歧異，但他們還是成為忘年之交。《巴比倫塔木德》收錄了阿巴耶和拉瓦的數百場辯論，他們和門生的討論也是《巴比倫塔木德》的經典案例。阿巴耶和拉瓦都理路清晰、思想深刻，阿巴耶略有形式主義傾向，偏好簡潔的解決方案，但結論也較為保留；拉瓦的觀點通常更切合實際、更明確，但他的律法方法較為複雜。不過，他們對大多數議題的看法相當一致，很多重要的律法解釋也是他們的共同成果。

由於阿巴耶和拉瓦學術成就豐碩，不僅數量龐大，內容也相當深刻，下一代的學者大多埋首鑽研他們的思路，並從中導出結論，這些的學者包括帕帕（Pappa）拉孚、納賀曼・巴爾・以撒（Nahman bar Isaac）拉孚，以及胡納・本・拉孚・耶何書亞（Huna ben Rav Yehoshua）拉孚。阿巴耶和拉瓦的時代後來被公認為妥拉研究的轉折點：在此之前，學術重心是師徒相承，延續傳統；阿巴耶和拉瓦之

後，學界關注點轉向批判性分析、獨立研究與新研究方法的開創。於是從律法的角度來看，由於晚近的律法結論得經過更多檢驗與淘汰，重要性反而更高。

巴比倫尼亞詮者到了第六代，又出了一位震古鑠今的人物——主持編纂《巴比倫塔木德》的亞西（Ashi）拉孚。他是蘇拉學院院長，將這裡打造成妥拉研究重鎮。雖然亞西拉孚影響深遠，但他的出身、家庭背景資料不多。我們只知道他相當富有、與波斯當局關係良好，同時也是巴比倫尼亞猶太人的政治菁英，權威甚至超過流亡領袖。此外，亞西拉孚也被公認為當時最偉大的學者，和耶胡達・哈納西拉比一樣精通妥拉、長於領導，「集妥拉與偉大於一身」。

有感於口傳傳統數量龐大而毫無組織，長此以往很可能受到遺忘，亞西拉孚毅然擔起編纂《巴比倫塔木德》的重任。他擔任院長近一甲子，大多數時間都投入規劃《巴比倫塔木德》的架構。這項工作極為龐大，規模遠遠超過編纂米示拿，需要全新的組織與編輯方法。雖然塔木德裡提及亞西拉孚的次數不如其他賢士，但裡頭沒有記錄姓名的資料，咸信大多都出於亞西拉孚。

由於規模浩大，《巴比倫塔木德》無法在一個世代內完成，亞西拉孚制訂藍圖、奠定基礎後，這項工作由他的弟子、同儕與傳人拉維納（Ravina）接手。這兩位學者被視為「最後宗師」，也結束了詮者時期。亞西拉孚的門生與再傳弟子不斷延續彙編工作，最後版本中提及的賢士，年代甚至廣及亞西拉孚身後一百年。不過，《巴比倫塔木德》的主要工程其實已由兩位宗師完成，後人的貢獻僅止於增添或編輯。

此後將近兩百年，學者們研究塔木德，間或微幅修訂或增添，他們被稱為「注疏者」（savora'im/expositors）。是他們確定了《巴比倫塔

木德》的最終樣貌，但大多數人只有留下姓名，生平與成就不詳，也沒有任何一位學者被點名公認正式完成了塔木德的編纂（這一點與米示拿相反），因此有了那句名言：「塔木德未曾完結。」以塔木德為基礎的學術活動從未停止，在往後的世代中，它也持續不斷地產生新形式。

CHAPTER 8

——— • ———

巴勒斯坦詮者

The Amoraim in Palestine

　　雖然米示拿時期隨耶胡達・哈納西拉比之死結束，米示拿學術工作繼續進行了一個世代，架起傳道與詮者的橋樑，無論從歷史或思想發展來說都是如此。這個時代的學者致力研究、詮釋米示拿，同時也編輯了不少編外條目。這段時期的學術成果之所以相對有限，主要原因可能是耶胡達拉比的地位太難取代，學界頓失所依。

　　耶胡達拉比任命長子迦瑪列・本・拉比（Gamliel ben Rabbi）拉邦繼任議會主席，然而，迦瑪列雖然德行高潔，在學問上卻難稱超群，於是學院院長一職，耶胡達拉比託付給他的得意門生哈尼納（Hanina）拉比。猶太領導架構從此產生變化：議會主席雖然位高

權重、具政治實力，但學術地位不再自動獲得認可；在此同時，學院領袖也不再具有政治或社會權威。簡言之，希列家傳的納西一職，不再兼為學術、政治領袖。促成這種發展的因素其實相當複雜，耶胡達拉比門下人才輩出可能也是原因之一，他的弟子希亞拉比、歐沙亞拉比、楊內（Yannai）拉比、利未（Levi）拉比皆為一時之選，不僅自成一家建立學院，也各自埋首編纂巴萊塔。

　　總之在巴勒斯坦，較為突出的詮者要到第二代才出現（但耶胡達拉比的某些弟子當時其實還在世），如希亞拉比的兩個孩子耶胡達、赫西賈（Hezekia），以及以聖潔聞名的耶何書亞‧本‧利未（Yehoshua ben Levi）拉比。納西住所與議會所在地雖在提伯利亞（Tiberias，當時稱為「大議會廳」〔Beit Vaad Gadol/the Great Meeting Place〕），但學術重鎮絕非僅此一處，猶太地區的利達（Lydda）和下加利利的凱撒利亞都是重要學術中心，加利利的奇伯利（Zippori）更能與提伯利亞分庭抗禮。

　　塔木德在巴勒斯坦的興盛，得深深歸功於一位巴勒斯坦代表性學者 —— 約哈納（Yohanan）拉比（又被稱為巴爾‧納法哈〔Bar Nafaha〕，意為「鐵匠之子」）。約哈納拉比為高壽之人，年輕時曾親炙耶胡達‧哈納西拉比風采，是後者最年輕的弟子之一，但他主要是在楊內拉比與赫西賈拉比門下完成學業。約哈納拉比的人生十分戲劇化，充滿波折、悲劇與犧牲。他出身殷實之家，但為了鑽研妥拉散盡家產，為了求學幾乎貧無立錐之地。更不幸的是，他的十個兒子都先他而去（雖然根據一則傳說，其中一個兒子有為他送終。這個孩子還到了巴比倫尼亞，成為第四代詮者中的佼佼者）。

　　巴勒斯坦學界大放異彩的時期，就是從約哈納拉比就任提伯利亞

學院院長開始的。當時的納西是耶胡達拉比的孫子，也名耶胡達，為區分祖孫，人稱內西亞（nesia，亞蘭文之「主席」）。由於他學術成就也很高，所以在某些資料中也被直接敬稱為「拉比」，和他祖父一樣。他不僅敬重、支持約哈納拉比，本身也曾擔任學院院長多年，發展出獨特的巴勒斯坦研究方法。

雖然約哈納拉比就學於巴比倫尼亞賢士，也十分敬重拉孚和許木埃爾（他在信中稱他們是「我們在巴比倫尼亞的恩師」），但他不畫地自限，還是走出自己的路。一般說來，巴勒斯坦釐清問題的方法比巴比倫尼亞簡單扼要，巴勒斯坦學者自信有權決斷基本律法問題，不必以複雜、曲折的方法於米示拿中求解。約哈納拉比的律法斷疑原則清晰明確，他也試圖找出解讀不同條目的一貫方法。他博學多聞，精通米示拿文獻與傳統，也思路清晰，具備優異邏輯分析能力。由於他才學兼備、望重士林，連巴比倫尼亞的學者也接受他的權威，將他視為一代宗師。為了求教於他，許多巴比倫尼亞重要詮者遷往巴勒斯坦。巴比倫尼亞偉大詮者拉巴的弟兄也曾寫信對他說：「你在巴勒斯坦有人可以為師——約哈納拉比。」事實上，約哈納拉比的許多高足都來自巴比倫尼亞，他們對巴勒斯坦的研究方法深深著迷，最後也決定定居在此。

舉例來說，這樣的巴比倫尼亞學者有：與拉孚亦徒亦友的卡哈納（Kahana）拉比；曾就學於拉孚與許木埃爾、後來成為約哈納拉比得意門生的艾拉薩爾‧本‧裴達特（Elazar ben Pedat）拉比；著名祭司阿米（Ami）拉比與阿西（Assi）拉比；熱切求道的奇拉（Zira）拉比，他不僅才學過人，正直與虔敬更人人稱道；法官阿巴（Abba）拉比；以及治學認真、後來成為律法權威的希亞‧巴爾‧阿巴（Hiya bar

Abba）拉比。巴勒斯坦的學者都自視為約哈納拉比的門生，其中最重要的是貴族出身的凱撒利亞的約瑟‧巴爾‧哈尼納（Yose bar Hanina of Caesarea）拉比。他是位既博學又幽默的人，咸信塔木德裡那句「這在巴勒斯坦會被嘲笑」與他有關。此外，還有英俊出名，學問、人品俱佳的阿巴胡（Abahu）拉比，他是極為富有的國際貿易商，與凱撒利亞的官方代表關係良好，在外邦人與異端宗派間十分活躍。

　　說到與約哈納拉比最親近的同儕與辯論伙伴，莫過於他的妹婿瑞西‧拉吉許（Resh Lakish），即西蒙‧本‧拉吉許（Shimon ben Lakish）拉比。瑞西‧拉吉許年輕時有心向學，但迫於貧困不得不賣身為角鬥士，幸好身強力壯全身而退。與約哈納拉比的戲劇化相遇改變了他的人生：據說約哈納拉比在約旦河洗澡時，正好看見瑞西‧拉吉許跳進水裡，他不禁讚嘆說：「你的力量真該獻給妥拉！」瑞西‧拉吉許回頭一望，也對約哈納拉比的結實健壯惺惺相惜，說：「你的俊美真該獻給女人！」約哈納拉比遂許諾瑞西‧拉吉許：如果他願意投身學術，便將自己同樣美貌的妹妹嫁給他。

　　結果，瑞西‧拉吉許不但重拾學業，還成了當時最偉大的學者之一，連大舅子約哈納拉比都很敬重他。瑞西‧拉吉許後來成了苦行者，不苟言笑，更不公開與品行可能有問題的人說話（據說和他在市場裡說過話的人，借貸不再需要保人）。約哈納拉比和瑞西‧拉吉許留下了數百則討論，約哈納拉比也認為與他切磋是增長學問的最好方式，甚至說要是瑞西‧拉吉許不在，自己孤掌難鳴。瑞西‧拉吉許過世後，約哈納拉比認為自己得為他的死負責，自責甚深，悲痛逾恆，不久之後也離開人世。

　　約哈納拉比讓提伯利亞成為最頂尖的口傳律法中心，學院院長在

律法和傳說（*aggada*/legend）上的權威獲得公認。雖然約哈納拉比脾氣暴躁，但他對弟子呵護備至，親如父子。塔木德這樣形容約哈納拉比：「若以純絲為杯，撒入紅石榴子，杯上飾以玫瑰，對著陽光看，庶幾近乎約哈納拉比之美。」他讓巴勒斯坦的學術水準更上一層樓，很多巴比倫尼亞爭議不休的問題，只要「巴勒斯坦來封信」便迎刃而解。由於約哈納拉比非常受到敬重，即使他的律法裁決與拉孚、許木埃爾相左，往往也會被接受。

　　這個時期也出現了「下行者」（*nehutei*/those who go down）這種工作，目的在維持巴勒斯坦與巴比倫尼亞的學術交流。下行者的任務是從巴勒斯坦到巴比倫尼亞，報告提伯利亞學院律法研究的最新發展。有些下行者是商人，趁經商之便傳遞訊息，但大多是由巴勒斯坦學院派員前往，專負交流之責，偶爾也為巴勒斯坦一些難以維繫的學校募款。最重要的幾位下行者有學者烏拉（Ulla，巴勒斯坦多稱其為烏拉‧巴爾‧以實邁爾〔Ulla bar Ishmael〕）、拉巴‧巴爾‧巴爾‧哈納（Raba Bar bar Hana，他以富有想像力的政治、宗教寓言故事聞名），以及底米（Dimi）拉孚和拉賓（Rabin），前兩者與巴比倫尼亞第三代賢士同時，後兩者約在第四代。《巴比倫塔木德》中有不少資料源於巴勒斯坦，亦可證明巴勒斯坦的學術成果確實傳到了巴比倫尼亞，並在當地繼續受到研究、發展。

　　由於約哈納拉比既享高壽又地位崇隆，幾個世代之後，有不少人認為巴勒斯坦學術出於他一人之手。這當然言過其實，但巴勒斯坦的學術成果，確實有一大部分要歸功於他和他的門生。

　　巴勒斯坦下一代學者亦表現亮眼。約哈納拉比的弟子人才輩出，也都受鼓勵多方嘗試、成一家之言，所以約哈納拉比過世之後，雖然

提伯利亞不再一枝獨秀，但也並未出現學術危機，弟子們繼續學術耕耘，巴比倫尼亞學者也依舊紛至沓來，其中最著名的或許是以爾米亞胡（Yirmiyahu）拉孚。以爾米亞胡拉孚提問方向特殊，長於釐清邊緣性律法問題，但因為巴勒斯坦老師不習慣他的提問方式，所以偶爾也會被他激怒。以爾米亞胡拉孚雖然出身巴比倫尼亞，但他自認是巴勒斯坦人，有一次還當面數落一群巴比倫尼亞學者是「蠢才」，「長在落後地方，無怪乎腦袋也落後」。但這群巴比倫尼亞學者倒是挺有風度地承認：「他們一個抵得上我們兩個。」

三世紀以降，巴勒斯坦猶太人受政治風波影響，壓力大增，精神與物質生活邁入下坡。隨著塞維魯（Severan）王朝覆滅，羅馬帝國中央權威衰弱，群雄並起，競逐王位，苛捐雜稅大增，最終侵蝕帝國整體經濟基礎。巴勒斯坦猶太人因多數務農，財產、生計牢牢掌握於官吏之手，政治動盪受害尤深。在此同時，原受迫害的少數基督徒卻逆勢成長，官方出於實際考量，於四世紀初宣布弛禁基督宗教。對猶太人的迫害重傷巴勒斯坦社群，以致人口大量外移至羅馬、歐洲、巴比倫尼亞等地，巴勒斯坦學院也被迫縮小規模，學生人數大減。於是到第四代詮者時，由於頻受迫害、經濟窘迫，大眾對律法研究熱情不再，興趣轉向簡單易懂、也更能提供安慰的傳說故事。

因外在環境急遽惡化，巴勒斯坦學者不得不加速編纂口傳律法。他們產出一部相當於《巴比倫塔木德》的作品，稱為《耶路撒冷塔木德》。精確點說，這部作品其實不是在耶路撒冷完成的，因為當時的耶路撒冷已經被毀，原址重建艾利亞·卡匹托利納（Aelia Capitolina），成了異教之城，猶太人不得進入。但多年以來，「耶路撒冷」也已變成巴勒斯坦的同義字，而這部作品的編輯作業，顯然是主要在提伯利

亞、部分在凱撒利亞完成的，故仍以《耶路撒冷塔木德》名之。

雖然《耶路撒冷塔木德》也以米示拿為基礎，學術方法與《巴比倫塔木德》亦無二致，但兩者之間依然有顯著差異。某些《巴比倫塔木德》幾乎隻字未提的議題，在《耶路撒冷塔木德》中獲得了詳盡討論（主要是關於巴勒斯坦及其農事的律法）；另一方面，《耶路撒冷塔木德》對傳說著墨極少。這是個挺弔詭的現象，因為巴勒斯坦曾對傳說十分投入。可能的解釋或許是：巴勒斯坦賢士認為已經在傳說上下了夠多功夫（稍晚的世代尤然），也已為編寫禱詞、儀式用詩花了很多心血，所以沒必要再多此一舉編輯傳說文獻。總之，傳說相關資料後來才集結成「米大示亞卡達」（*midrashei aggada*/aggadic exegeses，傳說釋經集）。

除了這些資料與方法的差異之外，兩部塔木德的編輯品質也有相當落差。《巴比倫塔木德》的編輯形式固定、規則繁瑣，學者們更一代接著一代修訂了大量細節；《耶路撒冷塔木德》則始終沒有被好好編輯或審訂，錯漏百出、匆匆而就。《耶路撒冷塔木德》之所以長期不受重視，某種程度上只被當成《巴比倫塔木德》的附錄或點綴，這是很重要的原因之一。其次，如前章所述，《巴比倫塔木德》的樣貌還要很久之後才終於底定，納入了更新的學者意見，因此也被視為更權威的口傳律法問題概述。此外，《巴比倫塔木德》的學術視野遼闊、論理分析犀利，也保留了更多智性發揮的空間。

這種種因素，讓《巴比倫塔木德》長期以來始終是焦點所在，《耶路撒冷塔木德》直到近幾世紀才獲得關注，但仍被視為次要資料。對巴勒斯坦學術發展的研究，主要還是透過《巴比倫塔木德》的記述，或是透過諸多傳說釋經集的補充。

CHAPTER 9

———— • ————

《巴比倫塔木德》之編輯
The Redaction of the Babylonian Talmud

　　塔木德的編輯方式，反映了它與米示拿在本質與方法上的不同。米示拿基本上是律法書，以各領域的口傳律法為主要內容，只簡略記錄賢士間的不同意見，很少引述原本的爭議，也不太深究律法與傳說的詮釋。相對來說，塔木德本身並不是完整的作品，而比較接近賢士論辯的摘要，它的重要性並不在於律法結論，而在於導出這些結論的方法與分析。雖然現存塔木德也有後世編輯的痕跡，但它仍然反映出巴比倫尼亞學術界的研究方法，呈現了當時生活的片段，更是好幾代學者的知識結晶。

　　亞西拉孚並未一一摘錄每個世代的討論，但他擘劃了一個龐大的

框架，能集合古往今來對律法問題的不同看法。塔木德迷人而難解的特質，很大部分肇因於它獨特的形式——不僅提供結論，也詳細記錄辯論要點，收入曾被提出或否決的不同方案。

當然，律法討論長達數百年、橫跨幾十間研究中心，塔木德不可能、也沒必要全部收錄。編輯們的任務是從數十萬則裁定、規範之中，選出最重要、最具代表性的案例，再試著梳理經緯，編織出一幅完整的圖像。

雖然巴比倫尼亞學院的架構因時而易，但基本面貌並未發生多少改變。因此，我們還是可以透過稍晚的記述，重新推想當時的編輯與教學方法。口傳律法的教學形式多元，並不侷限於單一框架。塔木德反映的固然是學院鼎盛時期的教學方式，但它也同時記錄了很多不一樣的教學形式。

在這些律法教學中，最通行的莫過於「皮爾卡」（pirka）——節慶時的律法演講。皮爾卡由知名學者為之，但宣講對象範圍很廣，未必是學生。這種公開演講受學院領袖監督指導，講者有時是與流亡領袖有血緣關係的賢士。相較之下，會堂裡的講道接觸對象更多，頻率也更高（通常每個安息日都有）。在這些場合，賢士們會集中探討特定律法問題，為吸引聽眾注意（順帶一提，聽眾裡也有不少女性），他們也常會在演講中帶入有趣的傳說。

安息日講道結合律法與傳說的做法，也部分保留在塔木德裡。《傳說釋經集》（midrashei aggada）中有不少這類講道（如〈坦胡納與裴希克塔〉〔Tanhuma and Pesikta〕），智者時期（gaonic period）的律法著作也承襲此風（直到現在，伊拉克猶太會堂仍這樣講道）。值得注意的是，聽眾並不只是被動聽講，也會提出問題，在場學者偶爾也會與講

者辯論。不過這種場合的辯論通常點到為止，尖銳的問題會私下單獨提出。

雖然律法調整大多是在公開演講時說明，但研究工作僅在學校進行。據塔木德賢士的說法，妥拉研究古已有之，至少可以上溯到先知時期。妥拉研究之所以要有固定程序，原因無他：增進效率而已。因為猶太社會中並沒有「學者」這種職業，所以有心求學的人必須一邊工作，一邊利用餘暇讀書。只有納西或大學院院長能獲得資金贊助，可以專事研究，因為他們所有時間都獻給學問（但若有空檔，他們偶爾也會做些別的工作）。

大多數學者都是農夫，與常民並無二致，有些學者是工匠、建築工、鐵匠、鞋匠、鞣皮匠、雇員、醫師、商人，或是小販。情況較為特殊的是青年學生，他們通常有家庭支持，可以不工作專心求學好幾年。此外，家大業大的富人也可以專注學術，無後顧之憂。年輕人和富人是書院學生的核心，因為只有他們有餘裕參加每一堂課。有時書院院長家財萬貫，或是學校收到大筆捐款，他就能自行給予學生補助。

規模龐大、歷史悠久的學院，通常都會受贈房屋、土地，興建永久性建築。學生在求學期間可以借宿學校或投宿客棧。不過，即使在學院鼎盛的時代，全職學生的比例還是很有限。對大多數學生來說，一年裡只有「大會之月」（*yarhei kalla*）能好好上學（在巴比倫尼亞是冬季的亞達月和夏季的以祿月，農閒時期）。每個「學期」精讀米示拿的一篇（tractate），院長也會提早宣布下次要讀的是哪一篇，並大致提示重點。如此一來，學生便能在家事先預習，自行釐清問題，收集相關資料，做好下次上課的準備，帶著問題與想法來參加課程。

課程由學院院長主持，坐在椅子上或特殊坐墊上。前排面他而坐

的是院內最重要的幾位學者，包括他的同事和得意門生，其他學者坐在他們後面。如果學院規模很大（在巴勒斯坦尤其如此），座位還會依等級嚴格安排。第一排坐的是重要學者，第二排坐較不重要的賢士，往後依此類推。聰穎過人或求學認真的學生座位會往前挪，表現不佳的學生座位則往後移。這個習俗可以追溯到議會，那裡坐前排的學者是候補法官，一旦法官出缺，便能依序遞補。

課程開始，學院院長提出討論問題，並點出當天討論主題的相關修訂或評論。這項工作有時會交給前排學者負責，偶爾會引用米示拿的其他段落，或是徵詢在場的活資料庫「傳道」，請他複誦與該主題相關的巴萊塔，以便討論這則巴萊塔與當日米示拿內容的關係。

對於米示拿裡的每則條目，都有幾個固定的問題需要釐清：條目裡反映的是哪位傳道的方法（*man tanna*）？典籍資源為何（*m'nalan*）？這則條目到底是指什麼情況（*hikhi dami*）？為了徹底了解這則條目，大家會提出一連串釋經、文本問題，例如記住賢士的身分、地位、名字的正確拼法；解釋某些字或某些不完整的句子的意義；探究律法背後的基本原則；詮釋米示拿和其他相關資料的不一致或矛盾之處；並試圖從眼前討論的小議題裡，歸納出更廣闊的律法或理論性結論。

院長或講師會說明自己的詮釋，在場的學者則會不斷提出問題，以其他資料、其他評論者的意見或自己的思考質問他們。有些問題答案明確，對話一下子就結束了；但若學者提出的是另一套解決方法，辯論層次將大幅升高，院長也得擔任類似於主席的角色，歸結各方觀點，並說明自己為何更傾向某一種看法。「學期」結束後，相關討論會轉知另一座學院（大部分時期，巴比倫尼亞都有兩座學術中心），如此一來，全國學者都能參與對話。他們一整年精讀此篇，有時不僅會有

新問題，也會出現新方法、新評論，這些都能加進原有的資料裡。

學院裡的討論相當自由開放，常常從一個主題跳到另一個主題，對特定問題的討論，也時常擴大碰觸到好幾個議題，有時甚至還會完全偏離原本的主題，開始分析另一個毫不相干的問題。院長有時也會結合好幾條律法一起討論，但他選擇的標準不是主題（subject），而是關連性（association）。某些時候，辯論也會觸及傳說或密契主義，在討論倫理或社會議題時尤其如此。

由於課程十分密集，內容也主要是幾位學者交換意見，學生往往跟不上討論，或者根本記不清討論內容，因此課程結束後會有複習時間。院長不會親自帶領學生複習，這項工作交給被稱為 *resh kalla* 或 *rosh benei kalla* 的助教（規模大的學院通常有好幾位助教）。助教會向學生細講閱讀資料，協助他們認識這篇資料的重要性及相關問題。雖然助教的地位僅次於院長（有些助教後來也確實升任院長），但他們和學生的互動更頻繁，關係也更親密。有個說法是：阿胥肯納齊（Ashkenazi）祈禱書中的亞蘭文祝禱 *yekum purkan*，原本其實是學生向助教告別的祝詞。

亞希拉孚編輯塔木德時，根據的就是他學院裡的討論記錄。他的學院是當時首屈一指的學術重鎮，許多重量級學者慕名而來，他們的學經歷傲人，不是已遍訪各大學院，便是曾就學於前代知名學者。總之，亞希拉孚的學院集合了各方人才，吸收了其他學院的討論成果，「館藏」十分豐富。有些論點學生人人皆知，引用時不須再講是誰提出的。《巴比倫塔木德》裡許多佚名觀點，其實都出自亞希拉孚或其弟子學院裡的討論。雖然塔木德並不是課程討論的逐字稿，卻的確忠實反映了當時賢士們高談闊論的情景。

　　接下來幾個世代，塔木德的彙編方式仍不脫原始規則：保留辯論形式，依照關連性編排。此外，因為要收入大量資料，也要依米示拿的次序編輯，塔木德通常會點出這一長串的討論起於哪則米示拿條目（雖然後續討論可能已離原始題旨極遠）。也因為如此，儘管米示拿的分類框架龐大而模糊，塔木德還是依照同一個架構編排。結果就是：許多照理說應該在某篇裡討論的問題，卻因為關連性的緣故，出現在另一個看似不相關的篇章；而有時某個議題沒有專篇處理，相關討論便以其他邏輯關連附在另一篇。於是，〈小節日〉（Mo'ed Katan）篇的主題雖是節期之中的相關律法，卻也收入了晨間律法；妥拉卷軸、經文匣、經文盒等等的律法，則出現在討論聖殿獻祭的篇章，凡此種種，不一而足。

　　傳說資料亦以種種關連附於各篇，有時是主題相關，有時則是因為討論離題太遠，反而擴及另一項議題。

　　塔木德的各節內容，也顯示它是某種課程討論記錄。在章數很多的篇章裡，大多數研究資料都出現在頭幾章。這是因為課程剛開始時，有較多時間討論這些條目，而學生們這時也比較專注。越後面的條目討論越短，忠實反映了學院裡課程進行的情形。

　　塔木德之所以索引不全、編排不嚴，並不是因為後人沒有編輯能力，而是出於一種特殊的信念。整體而言，猶太文獻鮮有架構井然、佈局嚴謹者，因為猶太人認為妥拉就像是生命，無法以人為方式切割分類，必須讓它自然而然地從一個主題轉向另一個主題。

　　塔木德雖看似散亂，對細節卻十分講究，為精準正確下了很大功夫。它引述資料的格式固定，近乎死板，也忠實記錄對真實性與傳統的每項質疑。為了精確指涉引述與討論的種類，塔木德甚至發展出

一套專門術語，對條目、巴萊塔與詮者格言也都有注釋。塔木德也將問題分類，用心分辨類似問題的細微差異，不僅區分討論結束時被否定或接受的臆測與假設，也區別矛盾無解的問題與存在解決之道的問題。塔木德連陳述資料的順序，都依照它們對解決問題的重要程度仔細排列。

總之，雖然塔木德第一眼看來結構混亂、漫無章法，但它實際上卻方法一貫、自成邏輯，這高度精確而嚴謹的作品，是好幾代人努力的成果。由於編輯品質優異，它也成為極為重要的律法資源（雖然這原本並不是編輯塔木德的目的）。此外，由於塔木德的方法、思維模式、書寫風格相當固定，因此後人也能依循往例，持續塔木德創作達數百年之久。

CHAPTER 10

---·---

塔木德釋經傳統
Talmudic Exegesis

　　塔木德不待完成，便已成為猶太律法的重要文本與第一手文獻。事實上，塔木德是最後一部猶太資料集，後來的作品大多以它為基礎，也受益於它的權威，無論要釐清的是理論或實踐問題，都一定會參考塔木德。

　　塔木德流通極廣，即使遠在亞、非、歐三洲偏遠地帶的猶太社群，都有塔木德全套或部分篇章單行本。不過剛開始時，連最優秀的學者都覺得塔木德難以卒讀，因為它的編排破碎，每一處也都需要相當程度的背景知識，很多概念也沒有解釋清楚。

　　由於它所反映的是巴比倫尼亞學界的特殊生活樣貌，對外地學生

或不同時代的人來說，往往覺得霧裡看花，難解其意。此外，由於塔木德是以亞蘭─希伯來方言寫成（這種語言很長一段時間都是巴比倫尼亞通行語），對使用不同語言的外地猶太人來說，更是一大挑戰。即使是巴比倫尼亞猶太人，在七世紀中葉被穆斯林征服之後，通行語也由亞蘭文轉變為阿拉伯文。

因此，猶太散居地的學者研讀塔木德時常會遇上問題，必須參考相關注釋。而最能釐清問題、解答疑惑的，自然是巴比倫尼亞的頂尖學者──蘇拉學院與龐倍迪塔學院院長。這些學者被尊稱為「智者」（gaon）❶，他們是詮者的傳人，也是最主要的塔木德解釋者（值得一提的是，雖然原本只有學院院長被稱為「智者」，但在長達幾世紀的濫用後，這個詞已失去了原意）。智者們延續詮者傳統，負起教導塔木德的責任。鼎盛時期，各猶太散居地的學者還紛紛遠道而來，只求拜入智者門下。

不過，以整體猶太世界來說，智者的影響是透過「覆函」（responsa）深入各地（可惜的是，保存至今的覆函稀少而殘破）。猶太社群提出的問題多半與實際律法運作有關，但偶爾也有純屬好奇的理論性問題。智者會在覆函中解釋疑難詞彙與概念，也會將整個主題（sugiyot/subject）梳理清楚。這些覆函算是塔木德的第一批注釋，但都是為回應問題而寫，並不全面、也不具系統性。晚期智者才開始就整篇論文寫作注釋，主要內容也是解釋艱深詞彙。大致上說，智者文獻的重心是律法裁定，以及從塔木德文本中導出的實際結論。

隨著政治局勢改變，猶太散居地越來越難尋求智者的指引，全面系統性詮釋塔木德的需要大增。穆斯林帝國解體後，諸侯與軍閥擁兵

❶譯注：gaon原意為「榮光」，引伸為「才智超群之人」。

自重，交相征伐，聯絡交通變得極其困難。哈里發權力崩解，政治中心巴格達式微，當地的猶太學院亦受波及，各地接連不斷的衝突也導致書院一一關閉，最後智者時代因此告終。某些地區（如歐洲）的猶太社群因為無法與智者保持接觸，不得不獨力發展，努力在文化和宗教上自立。

十一世紀，當巴比倫尼亞地位動搖時，兩個猶太世界中心也漸漸形成，一個在馬格里布（Maghreb，北非、西班牙），一個在歐洲（義大利、法蘭西、日耳曼），它們分別發展為塞法迪（Sephardi）和阿胥肯納齊兩傳統，從一開始就多有不同。非洲—伊比利地區延續了巴比倫尼亞猶太傳統，因為它也在穆斯林帝國治下，通行阿拉伯文，受阿拉伯文化影響，與智者們維持緊密聯繫。巴比倫尼亞送往北非的覆函、信件、書籍數以千計，提供當地猶太人鉅細靡遺的指引。

另一方面，西歐猶太人則透過希臘、義大利，與巴勒斯坦維持較為密切的往來，規儀與教理皆取自巴勒斯坦。當時阿拉伯文化正值高峰，穆斯林國度的猶太人深受阿拉伯哲學、科學、詩歌、語言影響。相反地，歐洲當時正處黑暗時代，深陷蒙昧與頹靡，毫無客居猶太人可學習之處，於是他們只好獨力耕耘自己的精神世界，幾乎沒有得到外地猶太學界的幫助。馬格里布與歐洲猶太人的環境既然如此不同，平行發展出各自的塔木德釋經傳統也不足為奇，這便是塞法迪和阿胥肯納齊兩傳統的背景。

西班牙與北非的學者和智者們一樣，傾向以系統性方法探索猶太典籍。他們的主要成就在律法與裁定，也傾向以宏觀、全面的角度解讀經典，不在細節處多加鑽研。此地第一位重要的塔木德注釋者，是北非凱魯萬（Kirouan）的哈納內爾·本·胡希埃爾（Hananel ben

Hushiel）拉比。❷這個學派的特色是說明精簡，不糾纏細節，直接切入主題要旨，一語歸結。除非必要，否則不對詞語多做解釋。哈納內爾拉比有時會直接略過一整節不說明，只寫一句「這很簡單」。與他同代同鄉的智者尼辛（Nissim Gaon）拉孚亦然，在《塔木德重門之鑰》（*Mafteah Manulei HaTalmud*）中，他的說明比哈納內爾拉比還簡略，也只專講幾個挑選過的主題。

哈納內爾和智者尼辛的作品，都納入大量智者教導與注釋，後來的塞法迪釋經文獻也依此傳統而行。雖然塞法迪傳統也師法阿胥肯納齊傳統的長處，漸漸把注釋寫得更詳細易懂，但它還是更傾向得出律法結論，以主題為單位釐清問題，同時試圖整合塔木德資料。西班牙賢士的注釋尤其具有此番特色，被稱為「希託」（*shitot*，即「注釋」之意），代表作品有：十二世紀邁蒙尼德（Maimonides）對米示拿的注釋；十三世紀邁爾・阿布拉非亞（Meir Abulafia）拉比與摩西・本・納賀曼（Moshe ben Nahman）拉比的作品；以及十四世紀許洛蒙・本・阿德瑞特（Shlomo ben Adret）拉比的著作（摩西拉比又稱拉姆邦〔Ramban〕，許洛蒙拉比又稱拉希巴〔Rashba〕）。

歐洲猶太社群的釋經學發展很不一樣，從智者時期便已出現偉大學者，其中最有名的是美茵茲（Mainz）的傑雄（Gershom）拉比。他曾就多篇塔木德論文寫成短篇注釋，由於他引入重大規範，影響深遠，被譽為「猶太散居地之光」（Ma'or HaGola）。不過，最偉大的塔木德注釋者顯然是特魯瓦（Troyes）的許洛蒙・伊茲哈及（Shlomo Yitzhaki）拉比，他是傑雄拉比的弟子，人稱拉希（Rashi）。拉希是十一世紀的人，曾在日耳曼、法蘭西的學院求學，他在許多領域都很

❷譯注：關於哈納內爾・本・胡希埃爾拉比的塔木德注釋，請參考第十四章。

活躍，也寫了為數可觀的律法作品；他就律法疑問寫過許多覆函，也曾編寫大量禮儀詩，其中幾首仍收在現代祈禱書裡。

但他一生最大的成就，還是寫下傑出的聖經注釋，並完成宏大的《巴比倫塔木德》注釋，他當年使用的釋經方法，直到今天依然有效。他的《巴比倫塔木德》注釋可謂釋經學典範，以純正的希伯來文寫成，理路清晰，論述精準。但他發現自己的希伯來文無法精確達意時，也會直接以簡單的外文詞彙說明，不會執意以希伯來文冗長解釋。由於他的注釋簡潔扼要，甚至有諺語說：「拉希之時，一滴墨值一金幣。」在此同時，他也幾乎注釋了塔木德的每個句子，解釋艱深詞彙，釐清脈絡背景，有時也多加幾個字補足原意、說明必要資訊。拉希盡可能不帶入自己的律法觀點，也避免綜合意見，通常也無意多言證明自己理論的正確性。

拉希的注釋幾百年來嘉惠無數學者，他們熟悉拉希的文風，甚至能從他多加的字、調動的字序，讀出他的弦外之音。拉希的注釋具有學者、常民皆通的罕見特質，他成功注釋了大部分《巴比倫塔木德》，也無意間完成了一項重大任務：校訂文本，建立一套到今天仍被接受的學術版本。隨著教學經驗累積，他對其中幾篇論文還寫過好幾個版本的注釋。雖然數百年來，很多學者對細節提出不少批判，也發表了自己的解釋，但拉希的成就仍廣受肯定，他的鉅作至今仍是塔木德最基本也最主要的注釋。

拉希仍然在世時，他的作品便已廣為流通，有時是以小冊（*kuntresim*/separate pamphlets）而非書籍的形式傳播，所以他的注釋也被稱為「小冊注釋」（*perush hakuntres*/pamphlet commentary）。有幾則塔木德的注釋他直到過世仍未完成，後來由弟子們補全。雖然拉希膝

下無子，但他的三個女婿以及孫子、曾孫，還是打造了猶太史上最重要的書香門第之一。他們繼承了增補塔木德釋經資料的任務，但謙稱自己的成果是「補述」（*tosafot*/additions）——只是補充一部已經完成的作品而已。

以下軼聞與《補述》作者群（*ba' alei tosafot*）有關，雖然未必經得起嚴格歷史考證，但確實提供了一幅鮮活的圖像，生動描繪他們的研究方法與博學多聞，以及對補述投注的龐大心血。據說當時最傑出的六十位學者一起決定：每個人負責精讀塔木德的其中一篇，務必掌握所有細節，對每個環節都要能信手拈來、瞭若指掌。每位學者都精研完畢之後，他們齊聚一堂，一起從頭研讀塔木德，每當遇上與其他篇章直接或間接相關的段落，負責讀那一篇的學者就要發言說明，或是引述其他相關資料。如此一來，每位學者都可以參與討論、貢獻所學。

於是，這項起於拉希注釋的讀書計畫，最終發展成一部規模龐大的作品。從某種程度來說，《補述》確實屬於塔木德注釋的範疇，裡面也的確包含許多前輩注釋者的釋經評論、字詞釋疑、版本比較等，但《補述》也更推進了一步，以塔木德裡的研究方法延續了塔木德的工作——正如塔木德賢士致力於研究、釐清米示拿，《補述》作者群也全心精研、解釋塔木德，因此，他們的作品可說是「塔木德的塔木德」。

《補述》目前的形式並非個別作者完成的獨立作品，而是十二、十三世紀法國、日耳曼學者的集體創作。某些注釋、問題、說明有附作者姓名，其他則否，佚名注釋被視為編輯的歸納，或多所學院的討論成果。《補述》至少有兩個主要版本：一部是《桑斯本補述》（*Tosafot Sens*），以其完工的城鎮桑斯為名；另一部則是大多數塔木德刊行的版本：《圖克本補述》（*Tosafot Touques*）。其他版本的《補述》殘缺不全，

有的直到相當晚近仍以手抄本流通，有的只能透過學者的引述略窺
一二。

　　許木埃爾・本・邁爾（Shmuel ben Meir）拉比是《補述》作者之
一，也被稱為拉希邦（Rashbam），為拉希之孫。拉希邦也為妥拉寫注
釋，但風格比他祖父拉希更具理性精神。拉希邦以虔敬聞名，嚴格遵
守宗教規定，也補全了幾則拉希的塔木德注釋。

　　比拉希邦更有名的是他的弟弟雅各・本・邁爾（Ya'akov ben
Meir），以棠姆拉比（Rabbeinu Tam）著稱。棠姆拉比以經商為業，曾
以阿胥肯納齊與塞法迪兩種風格寫希伯來文文法和詩歌，也編寫過出
色的律法著作，但他最大的成就是完成《補述》中最重要的作品，塔
木德裡幾乎每一頁都有他的評注。他對塔木德的學識廣博精深，被其
他學者視為有史以來最偉大的塔木德學者之一，甚至超越邁蒙尼德。
由於他聰明絕頂，有位學者甚至表示不敢輕易以他的意見為準，因為
「他有顆獅心，讓人無從斷定他真的是這樣想的，或者只是想展現一下
才智，但無論如何，我們都推翻不了他的論證」。

　　不過，棠姆拉比還是有棋逢對手之時，他的姪子伊茲哈
克・本・許木埃爾（Yitzhak ben Shmuel），人稱雷伊（Rey），很擅長
批判棠姆拉比的論點，他不時為了捍衛拉希或其他廣為接受的釋經作
品，起身反駁棠姆拉比提出的質疑——不過，他自己也發展出另一套
批判方式。在《補述》晚期的作者中，較為重要的有羅滕堡的邁爾拉
比（R. Meir of Rothenburg），他是很重要的法典編纂者，也算是最後
一批《補述》作者之一，擅於綜合律法問題。

　　雖然《補述》作者群不僅注釋塔木德，也有寫作其他作品，但他
們對後人最大的貢獻或許就是《補述》，因為沒過多久，他們的注釋就

已成為研究塔木德的必備工具。他們廣博而多元的分析、犀利而深刻的理解，照亮了塔木德詮釋的各種方向。現代塔木德研究縱有科學而系統的方法，還是無法超越他們的成就，只算是擴大、發展他們早已提出的論點而已。

住在法國南部的猶太社群，不僅地理位置在阿胥肯納齊和塞法迪猶太族群中間，也曾發展出一套介於兩種傳統之間的不同道路，空間上的中點恰巧形塑出精神上的中道。其顛峰之作為《貝特‧哈貝希拉》（*Beit HaBehira*），作者是許洛蒙‧本‧梅納罕（Shlomo ben Menahem）拉比，又稱哈梅里（HaMeiri），他成功結合了阿胥肯納齊的文本、語言釋經方法，以及塞法迪學者的律法歸納之長。可惜的是，法國於十二世紀全面驅逐猶太人，毀掉了這個文化中心，此後再也沒有出現類似的兼融之道。

雖然研究方法推陳出新，但往後好幾個世紀都未編纂注釋集，直到十六世紀才再次出現全面性的注釋，這時擔起重任的猶太中心在波蘭。在波蘭猶太學院院長編寫的注釋中，盧布林的邁爾拉比（R. Meir of Lublin）的作品是經典之作。他花了極大篇幅講解塔木德裡的難題，甚至旁及《補述》中的費解段落。他的方法簡單、注釋易懂，但因為這是他長年任教的學術成果，內容隨教學時期不同而有變化，關注重心也隨時間而轉移。

人稱馬哈夏爾（Maharshal）的許洛蒙‧路里亞（Shlomo Luria），注釋方式截然不同。他的說明往往極其簡潔，討論的問題相當廣泛，做出的裁定果斷明確。他畢生投入修訂塔木德正確版本，在著作中提出了幾千條修訂意見，後來塔木德刊行，他的很多建議都被接受。他的修訂與注釋極受重視，廣受後世研究者精讀與討論。

在晚期塔木德注釋中，最重要、最具影響力的作品是《律法與傳說新解》（*Hiddushei Aggadot VeHalakhot*），作者為許木埃爾‧艾立澤爾‧艾德爾斯（Shmuel Eliezer Edels）拉比，人稱馬哈夏（Maharsha）。很多注釋者忽視塔木德中的傳說元素，馬哈夏不然，他延續了初代注釋者的傳統，在詮釋塔木德之餘，也以宏大的視角講解塔木德傳說。他結合塔木德字義解析、中世紀賢士哲學風格，並在某種程度上以卡巴拉為基礎編寫注釋。對於塔木德裡的律法章節，他傾向以經解經，回歸塔木德文本處理問題，在此同時，他也十分重視拉希注釋與《補述》，大量參考他們的觀點。馬哈夏運用的詮釋方法相當多元，但基本上比較偏好簡單的解釋方式，他也時常駁斥馬哈夏爾修訂文本的建議，認為後者的理由不夠充分。

另一方面，馬哈夏亦推陳出新，發展出新的分析與論述。他的注釋還有個特色：如果他認為某個主題還有探究空間，應該能找到更有說服力的論證，他會在結尾處寫上「待考」（*vadok*）。馬哈夏的注釋極受歡迎，流傳很廣，往後好幾個世代的塔木德研究者，除了精讀塔木德本文、拉希注釋以及《補述》之外，也一定會熟讀許木埃爾拉比的注釋。

印刷術問世後，塔木德釋經著作暴增，詳解塔木德部分篇章、主題或特殊議題的書籍紛紛出版，數量達數千本之多。但直到今天，再也沒有為整部塔木德而寫的新注釋出現，研究方法也依然取自前人。現代塔木德學者的養成，還是離不開經典釋經作品、對釋經作品的注釋，以及對於這些注釋的解析（後人稱為「執戈者」〔arms bearers〕）。

———— • ————

CHAPTER 11

塔木德的印刷

The Printing of the Talmud

塔木德經過最終編輯後需求量大增，各地學者都希望取得整部作品供研究之用。然而在當時，書籍皆賴手抄，越是厚重越需人力，且所費不貲。少數藏書被嚴加看管，擁有者未必願意讓人借閱，甚至不一定讓人抄寫流通。有些中世紀的書，會特別向出借書籍者和抄寫書籍者致謝，將他們視為學術活動的重要環節。

只要知道塔木德篇幅約兩百五十萬字，便不難了解為何複本極其稀少，即使沒有出版限制，猶太族群經濟情況良好，也很難大量複製。很多塔木德複本顯然是學生在學院裡抄寫的，上面寫滿筆記，無疑是個人學習之用，並不打算公開流通。

在智者時期，巴比倫尼亞大型學院常被請求提供塔木德複本，而西班牙的第一部複本，顯然是到訪的智者憑記憶口述的（背誦大量口傳律法資料為古時學風）。有些篇章因為包含實用、重要而常被講授的內容，或是被納入基本教材，所以複本眾多，流通範圍也廣，可是整部塔木德複本十分罕見。舉例來說，拉希的老師從沒讀過〈外邦崇拜篇〉（*Avoda Zara*），因為他始終無緣一睹。當時世界各地的猶太族群，顯然都得面對同樣的問題。

複本稀少固然與技術性問題有關，外在壓迫更火上添油。塔木德在中世紀被查禁了好幾次，到了近代仍命運多舛，屢遭打壓。此外，由於猶太人多次遭到驅逐，許多篇章也在流亡過程中散佚或錯置，有時官方甚至刻意下令沒收圖書。最嚴重的一次打擊，莫過於將猶太人逐出西班牙時禁止他們攜帶書籍，許多著作就此亡佚。

因此毫不令人意外的是：印刷術才剛剛出現，猶太人便流露出濃厚的興趣。為了運用這項技術，他們不僅要熟悉相關環節，也必須設計、製造希伯來文的鉛字與模版。經過種種努力，第一批猶太印刷書籍在一四七〇年代問世，而這項成就也立刻催化印刷整部塔木德的企望。技術性問題當然很多，整個計畫也確實相當龐大，從收集、校對手抄本到實際印刷，需要克服的難題數不勝數，可是他們還是克服了種種困難，讓這部古老的典籍順利付梓。

目前所知第一份塔木德印刷本，於一四八二年在西班牙瓜達拉哈拉（Guadalajara）出版。但由於這個版本只有殘篇留存至今，我們無法確定當時是否刊行了整部塔木德。十年後，猶太人被逐出西班牙，沒過幾年，又被逐出葡萄牙，所有猶太書籍遭到沒收，因此直到相當晚近，我們才知道瓜達拉哈拉版的存在。相對而言較為著名的版本，

是在松奇諾（Soncino）和皮薩洛（Pisarro）印刷的，但顯然沒有出版整部。其他地方也出現了不同版本。

在這段時期，由於天主教會的態度並不友善，猶太人不太敢投入塔木德出版事業。但到一五二〇年，教宗良十世（Leo X）批准出版計畫，首次印行整部塔木德的工作終於在威尼斯展開。主持這項工作的是基督徒出版家丹尼爾・邦裴（Daniel Bomberg），他還為此特地從安特衛普（Antwerp）搬到威尼斯。在希伯來文出版史上，邦裴舉足輕重，很多經典作品都是由他第一次刊行，並從此固定格式，他所出版的《巴比倫塔木德》也成為公認的權威版，後來印行的塔木德幾乎都依循這一版的格式，版面、頁碼、主要注釋的排版位置，都在第一版固定下來。後來的版本即使有更動，通常還是看得出第一版的痕跡（如標記、分隔方式等）。

大致上說，頁面中間是塔木德文本，一側是拉希注釋，另一側是《補述》。❶ 為了區隔正文與注釋，兩者分別以不同字體印刷，前者用方塊字（妥拉卷軸的字體，較簡易），後者用書寫體。由於書寫體起源於塞法迪地區，西歐猶太人並不熟悉，他們稱之為「拉希體」（亦即印刷拉希注釋所用的字體）。

邦裴版並非第一本使用這種字體的書籍，但無疑推廣了此一傳統，接下來幾百年，釋經文獻與拉比文獻皆以這種字體印刷。每一面（pages）、每一張（sheets）標示數字極具實用價值：邦裴版採雙面印刷，每面都標示頁碼，這讓後人能精確指出引文出自何篇何頁。正文旁印《補述》的影響亦不容小覷：十七世紀時，布拉格的馬哈拉爾（Maharal）埋怨時人研究方法失當，他將部分原因歸咎於塔木德正

❶ 譯注：關於塔木德的版面安排，詳見第十四章。

文旁印了《補述》，認為如此一來，研究者很容易受《補述》作者影響，不知不覺就接受了他們的觀點。

不過，第一版絕非完美之作，它有許多缺陷、錯誤，也遺漏了不少資料，有待日後一一改正。後來出版的其他版本，也都在不斷修正之前版本的錯誤。其中最為重要的版本，或許是另一位基督徒出版家威尼斯的查斯丁尼安（Justinian of Venice）的版本，這一版也是經典之作，後來亦成為範本。之後的版本多半經過嚴格校對，聖經經文與律法裁定的索引做得更加詳細，往往也會補上當代學者的注釋。修正、增補的工作一直延續至今。

不久之後，塔木德的出版、流通再次受到阻撓：教宗儒略三世（Julius III）下令禁止刊行塔木德，並燒毀現存複本（一五五三～五四）。於是義大利無法出版塔木德，其他歐洲國家亦受影響。在許多國家，要先獲得官方許可才能印刷塔木德，而且往往只有基督徒出版商才能獲得許可。對猶太宗教典籍的審查日益嚴格，對塔木德更是如此。巴塞爾（Basel）版受的刪改尤其嚴重，〈外邦崇拜篇〉遭整篇刪去，更不幸的是，其他版本還依照這版印行。波蘭在受耶穌會影響前曾刊行幾版，新教德國和阿姆斯特丹也發行過幾版（荷蘭則頗為寬容，幾乎每本希伯來文書籍都獲准出版）。

斯拉武塔（Slavuta）和維爾納（Vilna）發行的兩個版本相當重要，影響力至今仍存。俄羅斯當局出於私心，決定盡可能減少猶太書籍出版中心，並對出版許可設下層層障礙。上述兩個版本都是在這種背景下獲得許可的，後來也出了很多版。

從十八世紀中葉開始，塔木德會加印拉比警語，告誡在特定時間內不可發行新版。這是因為塔木德的需求量不多，出版成本又相當高

昂，出版商擔心其他出版社太快發行新版，會對自家出版品產生競爭壓力，甚至造成財務損失。這些拉比警語就像版權聲明，試圖保障出版商權益，讓他們願意繼續出版工作。然而，因為猶太人並沒有中央宗教權威，所以有時因為彼此訊息不通、有時因為其他原因，常常同時出現好幾份塔木德出版「授權」（*haskamot*，原意為「同意書」）。這不僅帶來版權爭議，有時也讓授權拉比之間產生不快。結果因為出版競爭與摩擦，有些品質很好的版本無法完整出版。有時同一套書還得交由不同城鎮印刷。

斯拉武塔版和維爾納版亦未能免於爭議。斯拉武塔出版的塔木德非常精緻，很快就銷售一空，維爾納見有利可圖，沒等斯拉武塔版的出版許可到期，便急著再出一套新的。由於此時斯拉武塔版的許可有疑義，維爾納決定在當地爭取大量拉比授權，沒想到此舉讓爭議頓時擴大：波蘭和加利西亞（Galicia）的拉比幾乎都支持斯拉武塔出版社，立陶宛拉比則支持維爾納出版社。

除了出版行規外，這次爭議其實也牽涉權力鬥爭——斯拉武塔出版商是哈西德派，維爾納出版商則是反哈西德運動的密那德派（Mitnagdim）❷，與啟蒙運動關係密切。這場爭議最後以悲劇告終：斯拉武塔出版商遭人密告，被判處重刑，出版社隨之倒閉。但他們被判刑的原因與出版無關，而是因為與哈西德派過往甚密。

雖然在某種程度上，烏克蘭的日托米爾（Zhitomir）延續了斯拉武塔的事業，但主動權如今掌握於維爾納出版社之手。維爾納出版社由羅姆（Rom）家族經營，出版了好幾個版本的塔木德，其中有幾版

---

❷ 譯注：「密那德」即「反對」之意。密那德派起於十八世紀末，因憂心哈西德運動走向彌賽亞主義而生，立陶宛為密那德派重要根據地。

至今仍被視為範本。但某些地方始終拒絕使用他們的版本（波蘭哈西德社群尤然），主要原因之一是裡面增加了未獲普遍認同的學者的注釋。不過一般來說，維爾納版塔木德被視為經典之作，它們的校對品質遠遠超過其他版本，關於它們的精確與嚴謹，還有一些頗為誇張的小故事。

十九世紀末、二十世紀初發行的最後幾版塔木德，加入了不少得自手抄本的古老注釋，大幅拓展學術視野，讓學者們得以進行比較分析。在此同時，學生人數增加、某些國家的猶太人經濟情況改善，以及書本價格下降，都讓塔木德的出版數量在二十世紀大增。現代印刷技術的發展，讓塔木德的出版更方便、成本也更低。

到了二十世紀下半葉，不同裝禎、大小的塔木德影印本大量問世（大部分是影印維爾納版），塔木德的全本和選輯現在大概有上百個版本。不過膠版印刷（offset printing）的出現也造成另一個問題：文本不再經過仔細校對、檢查或修訂，舊習不改，錯誤相衍，原版錯則複印版皆錯（印刷錯誤亦然）。但值得一提的是，某些國家（尤其是以色列）現在已經注意到這個問題，開始著手勘誤，並增添標點、母音符號及其他說明。這些努力開啟了塔木德出版的新頁。

《耶路撒冷塔木德》向來被認為遜於《巴比倫塔木德》，不僅手抄本數量少，也往往被注釋家忽視。一五二四年，《耶路撒冷塔木德》由威尼斯邦裴出版社第一次印行時，根據的抄本只有萊頓抄本（Leyden manuscript）一份（這份抄本現存於威尼斯）。後來好幾個版本都依此而生，它到現在也仍被視為基本版本。

《耶路撒冷塔木德》的另一個重要版本在阿姆斯特丹印行，這個版本顯然參考了好幾份不同的手抄本；到十九世紀，日托米爾和維爾

納（羅姆家族）又出了好幾版。但整體說來，《耶路撒冷塔木德》的版本不多，因為內容問題多，研究的學者也少，到目前為止只有大約三十個版本，精確度與注釋品質更遠遠不及《巴比倫塔木德》。直到今天，《耶路撒冷塔木德》仍在等待翻身之日。

CHAPTER 12

—•—

打壓與查禁

The Persecution and Banning of the Talmud

　　猶太賢士相信，讓猶太民族與眾不同、獨一無二的根本，便是口傳律法——米示拿和塔木德。有則米示拿條目說：未來有一天，萬邦都會宣稱自己也是猶太人，「那時至聖、唯一、蒙福的主會說：手裡有我的奧秘的人，才是真以色列民。這個奧秘是什麼呢？——就是米示拿。」類似的故事所在多有，賢士們不斷強調口傳律法的重要性，將其視為以色列獨特的證明、純正猶太教的定義。

　　「口傳律法乃猶太教堡壘」的信念人盡皆知，連非猶太人也耳熟能詳，基督徒對此更瞭若指掌。因此從第七、第八世紀開始，禁止塔木德研究的命令便一再頒佈，但全數失敗。事實上，西歐長久以來並

不了解猶太人的內部問題，也未充分意識到塔木德對猶太生活影響重大，直到教會禍起蕭牆，天主教會嚴厲反擊宗教改革，才開始對猶太典籍嚴加警戒，並將矛頭指向塔木德。

教會對塔木德的態度轉趨強硬，很大一部分得歸咎改信基督宗教的猶太人。正因為他們深知塔木德對猶太人的重要性，所以特意集中火力在此，公開要求與猶太學者辯論。有些改教者還想以塔木德文本證明基督宗教真理，但毫無作用。受邀參加辯論、獲准自由發言的摩西・本・納賀曼拉比，在一場辯論中語帶諷刺地回應道：如果對方的論證是對的，那塔木德賢士早就改信基督宗教了；光是他們還繼續留在猶太教的事實，就足以證明改教者的「證據」多有說服力。

在此同時，某些政治領袖與教會權貴聽信流言，認定塔木德中有反基督宗教的內容，嚴令刪去書中所有攻擊、毀謗教會或基督的段落。在猶太內部爭議與改教者推波助瀾下，對塔木德的打壓到達高峰，教廷多次下令查禁，一二四○年，教宗國瑞九世（Gregory IX）更通令燒毀巴黎所有塔木德複本。類似的命令在十三世紀多次出現（例如一二六四年，教宗克勉四世〔Clement IV〕下令銷毀塔木德），數千部塔木德複本因此付之一炬。猶太人將此視為空前的民族浩劫，羅滕堡的邁爾拉比為此寫作哀歌，悲戚之情較聖殿被毀猶有過之。好在這些命令並未貫徹全歐，例如在伊比利半島，塔木德未被焚燬，只是遭到審查，刪除被認為有詆毀基督宗教之嫌的段落。

事實上，教會領袖對塔木德的態度並不一致。一四三一年，巴塞爾主教會議重申嚴格查禁塔木德，但會中亦有不同意見。一五○九年，一名名叫約翰尼斯・波夫費爾科恩（Johannes Pfefferkorn）的改教者巧言進讒，企圖煽惑教會領袖燒毀查理五世（Charles V）治

下各國的塔木德，而挺身為塔木德請命的，反倒是一名叫羅伊契林（Reuchlin）的基督徒。雖然災禍並未因此而止，有些城鎮的主教也燒了塔木德，但羅伊契林的抗議顯然發揮了效果，銷毀塔木德的提議並未全面執行。

一五二〇年，教宗良十世批准印行塔木德，接下來幾年發行了好幾個版本。但好景不長，隨著天主教反宗教改革力道加強，復加以數名改教者煽風點火，教宗儒略三世於一五五三年再次下令燒毀塔木德。這項命令於義大利各邦雷厲風行，毀掉的塔木德複本數以萬計。一五六四年，教宗碧岳四世（Pius IV）於天特（Trent）主教會議中放寬禁令，准許塔木德流通，但條件是刪去冒犯基督宗教的內容。這項決定的直接結果，是巴塞爾版塔木德受到天主教修士嚴格監督與審查。

然而，儘管塔木德已遭到嚴格審查與大幅刪節，教會還是不滿意，一五九二年，教宗克勉八世下令全面禁止研讀塔木德，任何版本都不例外。雖然因為歐洲很多地區並不接受天主教權威（如新教國家，以及俄羅斯、土耳其統治地區），這項禁令未能行於全基督宗教世界，但義大利大多數地區貫徹執行。義大利猶太人試著以種種方式規避禁令，其中最常見的方式是讀《雅各之泉》（*Ein Ya'akov*），因為裡面有塔木德傳說（《雅各之泉》後來亦遭查禁，於是改名《以色列之泉》〔*Ein Yisrael*〕再度發行）；或是讀伊茲哈克・阿爾法希（Yitzhak Alfasi）拉比的《論律法》（*Sefer Halakha*），因為裡面有大量塔木德律法。然而，塔木德禁令還是重傷了義大利猶太人的文化生活，當地的猶太社群元氣大傷，再也沒有恢復舊觀。這是活生生的慘痛教訓，足以說明不研讀塔木德的猶太社群必然衰頹。

雖然歐洲其他國家沒有類似禁令，但審查塔木德的風氣普遍存

在。審查者的竄改與「修正」對塔木德造成難以抹滅的傷害，儘管後人不斷秘密嘗試恢復審查前的原貌，仍已無力回天，最好的幾個版本都已遭受破壞。

受嚴格審查的巴塞爾版是最明顯的例子。審查者不僅刪除、修改了他們認為有辱基督宗教或其他人的文字，也刪去了他們認定為迷信的段落。巴塞爾版審查者馬爾谷・馬利諾（Marco Marino）的做法是：先把「塔木德」這個禁語全部刪除，代之以其他詞彙，例如「革馬拉」或「夏斯」（Shas，希伯來文「六卷」的頭幾個字母）；只要出現「異端」（min）這個詞（原指諾斯底派〔Gnostics〕，只有極少數地方是指基督徒），就改成撒都該派或伊比鳩魯派；凡是以「羅馬」指涉異教時代羅馬帝國之處，都改為「阿朗」（Aram，美索不達米亞）或「帕拉斯」（Paras，波斯）；意指「改教者」的 meshumad 或 mumar 一律刪去或修改。

對所有審查者來說，最棘手的莫過於 goy（外邦人）這個字，每個版本一定會改（對沒有意識到審查機制的學者來說，這些更動造成很多困擾）。有段時間 goy 被改成 akum（「崇拜星辰者」的頭幾個字母），直到某個改教者發現不對勁，因為 akum 也是「敬拜基督與瑪利亞者」的頭幾個字母，於是審查當局只好再想其他替代詞彙。最常見的方式是以 kuti（撒瑪利亞人）替代 goy。在巴塞爾版中，則是以 kushi（非洲人，古實人）取代 goy。

塔木德若有損及耶穌或基督宗教名譽之處，相關注釋全部刪除；基督之名亦遭系統性移除，即使文意並無不敬亦然。巴塞爾版審查者也決定刪掉他認為難解的傳說，以及提及神性人格化之處。他有時也會在頁緣加上自己的評論，例如有個地方提到人出生時沒有罪，他就

補上一句:「根據基督宗教傳統,每個人生來都沾染了第一位人類的罪。」他認定有欠謙遜的段落一定刪除,其他地方也做了很多更動,例如塔木德裡有句話說:「沒有妻子的男人稱不上男人。」這顯然觸動了他的敏感神經,畢竟他是位獨身的教士,所以他把這句改成:「沒有妻子的猶太人……」至於〈外邦崇拜篇〉則是根本沒印,因為它談的是非猶太人的節日,以及如何與非猶太人相處。

雖然某些刪改在其他版本中被補全、修正,但其他國家不乏新審查者,他們還是會隨己意竄改、扭曲原文。例如在俄國,審查者鐵了心不讓塔木德出現「希臘」一詞,以免讀者聯想到俄國文化得益於希臘甚多,於是只要提及希臘之處,全部用其他詞彙替代;還有些俄國審查者覺得「希臘文」很刺眼,所以全改成「*akum* 的語言」。審查者的無知造成很多問題,大量名詞被錯置、竄改,許多訛誤也一版傳一版。有些更動甚至是因為短淺的政治算計,例如俄土戰爭時,俄國審查者把 *goy* 改成以實瑪利,❶ 可想而知,這個改變帶來一連串荒謬的錯誤。

塔木德不是唯一一部受審查機制摧殘的作品,但因為它幾百年來被刪改的地方數以千計,受創範圍太廣,所以即使後來在沒有審查的國家出版,也已無法完全更正這些錯誤。膠版印刷問世後,許多錯漏更版版相傳。直到最近,塔木德出版者才試著重新恢復其原始面貌。

❶ 譯注:猶太—基督宗教傳統認為以撒(依撒格)為亞伯拉罕(亞巴郎)長子,伊斯蘭傳統則認為以實瑪利方為亞伯拉罕長子。俄國審查者以以實瑪利代換 *goy*,意在貶抑信奉伊斯蘭教的土耳其。

PART TWO
架構與內容

描述塔木德的結構及其處理的主題，包括了猶太律法的許多領域。

CHAPTER 13

——•——

塔木德的架構

The Structure of the Talmud

　　無論是巴比倫版或耶路撒冷版的塔木德，都是依米示拿的順序編排，並加以補充、詳述。米示拿分為六卷（*sedarim*/orders），每卷處理特定範疇的問題。「卷」的頭幾個希伯來文字母是「夏斯」（*Shas*），所以「夏斯」也成為塔木德的同義字，在基督宗教審查者將「塔木德」一詞視為禁忌時，更常以「夏斯」代稱塔木德。

　　《種子卷》（*Seder Zera'im*/the Seeds order）所處理的律法問題，是關於農業、巴勒斯坦收成、給祭司和利未人的奉獻，以及贈與窮人的禮物。《種子卷》的篇章順序並未每版一致，但它們通常是依篇幅安排——更精確點說，是依「章」（chapters）數安排。通常每篇處理一

個特定主題，例如〈第七年〉（Shevi'it）處理的是獻初熟果子（Bikkurim）與安息年（Shemitta）的律法（安息年為七年一次的休耕期），某些相關問題也附在這篇。《種子卷》共七十四章，分為十一篇，只有第一篇〈祝禱篇〉（Berakhot）性質稍異，因為內容不是農耕律法，而是祝福和禱詞。因為《種子卷》亦稱《信仰卷》（Seder Emuna/Faith Order，古語有云：「信永生者播種子」），所以〈祝禱篇〉放在這卷之首也不可謂不合理。不過，也有某些塔木德版本將〈祝禱篇〉歸入《節日卷》（Seder Mo'ed/Holidays）

第二卷是《節日卷》，內含十二篇，主要處理全年節日相關問題，範圍遍及禁食律法與安息日律法（關於安息日律法的篇章有兩篇）。性質較為特殊的是〈聖殿稅〉（Shekalim），該篇處理維持聖殿運作的稅金之收取與分配。由於繳稅時間固定是節期中間，所以這篇也被歸入《節日卷》。

第三卷是《婦人卷》（Seder Nashim/Women），內容多半是關於婚姻的律法，範圍從結婚禮儀到不倫、離婚、財產規定。主要篇章有五篇，並附〈誓言篇〉（Nedarim）與〈苦行者〉（Nazir）兩篇。〈誓言篇〉有處理到夫妻關係，〈苦行者〉則與發特殊誓願的苦行者有關。〈淫婦篇〉（Sota）的主題是有通姦之嫌的婦人，但也觸及一些略帶關連的遙遠問題。

第四卷是《損害卷》（Nezikin/Damages），亦稱《救援卷》（Yeshuot/Rescues），因為很大篇幅是關於救人免於壓迫。剛開始時，《損害卷》的首篇也叫〈損害篇〉，主題是民事案件。但因為這篇長達三十章，所以後來被分為三篇，各自以「門」（gates）為名：〈第一道門〉（Bava Kama）、〈中間之門〉（Bava Metzia）、〈最後之門〉（Bava Batra）。大致

上說，《損害卷》討論的是民事、刑事、法庭程序、起誓、處罰等問題。宗教規範中有專節禁止一切異教崇拜，〈外邦崇拜篇〉也專門處理這個議題。〈決定篇〉（*Horayot*/Decisions）討論的問題事關重大：當議會做出錯誤決定，導致全體誤入歧途時，該如何補救？〈見證篇〉（*Eduyot*/Testaments）是亞夫內法庭特別收集的大批證言，讓古老、特殊的律法不致遭到遺忘。《損害卷》中較顯格格不入的是〈父長篇〉（*Avot*/Fathers），內容非關律法，而是討論倫理與哲學，裡頭也包括米示拿賢士的警句與格言。由於〈父長篇〉性質特別，它也被收入祈禱書，並譯為其他語言。

《神聖事物卷》（*Kodashim*/Holy Things）主要是聖殿與獻祭的相關律法，總共十一篇，其中十篇詳談聖殿規儀與獻祭種類。第十一篇是〈通法〉（*Hullin*/Common Things），古時也稱〈宰牲通法〉（*Shehitat Hullin*/Common Slaughter），這是這卷書裡唯一與獻祭無關的篇章，包括儀式性宰牲的律法，以及潔淨與不潔食品的細節，有些分散而數量不足成篇的律法也收在此篇。

第六卷是《潔淨卷》（*Teharot*），處理的是最複雜而艱深的律法議題──禮儀上潔與不潔的規範。這些律法主要是在第一、二聖殿期奉行（後來巴勒斯坦又持守了幾代），依循古代傳統的細節多如牛毛，許多規定未必能找出邏輯關係。只有〈經期篇〉（*Nidda*）在當時較具實用意義，因為它討論的是女性生理期期間的禮儀性不潔。《潔淨卷》被公認為最艱澀的一卷，連最偉大的詮者都難以解讀。

據現代分法，塔木德共五百一十七章（隨版本不同略有差異），六十三篇。傳統上塔木德共六十篇，現代之所以多出三篇，顯然是因為有幾篇（如〈損害篇〉）後來又分為數篇。在塔木德時期，各篇已

有獨立篇名，名稱大致反映主旨，後來也幾乎沒有更動。各章也有章名，某些章名還能上溯到塔木德時期，但章名是以開頭幾個字而定，與內容無關。由於有幾章開頭的字相同，所以得取不同的章名以茲區別，但一般來說，章名不太受重視。

每篇之中各章順序相當固定，不過順序未必反映邏輯關係。某些篇章經過系統性編排，討論層層深入，由原則入細節；另一些篇章的編排則依據律法順序，與次序較先的誡命相關的資料排列在前。篇章若有收錄討論主題以外的資料，通常會再加編排，與主題相關的討論在先，邊緣性問題的資料居後。資料編排還有一種傾向：易引起讀者興趣與好奇心的討論，即使未必重要，也常常被置於篇首。

米示拿各章又細分為條目（*mishnayot*），每則條目通常只討論一條律法或其他幾條相關律法。隨傳承不同，條目劃分原本有差異，但米示拿各印刷版本的條目劃分幾乎已經統一。因此，米示拿的索引現在可以精確點出篇名、章數與條目。舉例來說，「所有以色列子民皆於來世有份」出自〈議會篇〉第十章第一條目。中世紀時，引用米示拿大多只寫章數，不提篇名與條目，因為作者假定讀者能判斷引文出自何篇，而當時條目劃分仍未確定。

雖然詮者們不會略過米示拿六卷中的任何一卷，但至少在巴比倫尼亞，他們更著重與日常生活有關的四卷，而這種傾向也反映在《巴比倫塔木德》中。《巴比倫塔木德》對《種子卷》和《潔淨卷》討論較少，因為它們與巴比倫尼亞的生活關係淡薄：《種子卷》的重心是農耕律法，而大部分律法都與聖殿時期的巴勒斯坦有關，只有〈祝禱篇〉和巴比倫尼亞關係較大，因為它討論的是生活中的祝福與祈禱；《潔淨卷》也與巴比倫尼亞不甚相關，只有〈經期篇〉處理到女性的禮儀性

不潔，實用性較高。其他四卷的大多數篇章都有被《巴比倫塔木德》仔細探討，現存三十六篇。近來有些學者再次深入塔木德，從中挖掘與未受仔細討論的篇章相關的資料，試著以「綜合」方式補全塔木德。

巴勒斯坦的情況略有不同。由於農耕律法與當地息息相關，《耶路撒冷塔木德》討論了《種子卷》中的全部篇章。中世紀時，《耶路撒冷塔木德》曾有討論《神聖事物卷》的部分，但在印刷出版前已經亡佚。差不多一個世紀之前，有學者聲稱尋獲《神聖事物卷》的手抄本，但普遍被認為是贗品。在《潔淨卷》整卷中，《耶路撒冷塔木德》只有討論〈經期篇〉裡的幾章。《耶路撒冷塔木德》現存三十九篇。

米示拿六十篇及其塔木德解說構成一個整體，往後幾個世紀的增補被籠統稱為「小篇章」（*masakhtot ketanot*/small tractates），但它們其實不能被歸為一類，因為有些年代久遠，顯然是古代編外條目彙編的一部分，大多數則是稍晚編輯的作品（雖然某些資料相當古老，但多半是智者時期的產物）。由於討論倫理與行為的「小篇章」為數可觀，有些學者認為米示拿原本可能有七卷，而且年代早於耶胡達·哈納西拉比的編輯，第七卷可能叫《智慧卷》（*Seder Hokhma*/ Wisdom）。

這些「小篇章」內容豐富，有篇幅遠遠超過〈父長篇〉的〈拿單拉比論「父長篇」〉（*Avot of Rabbi Natan*），有討論〈禮節篇〉（*Derekh Eretz*/Conduct）的作品（〈禮節篇〉是各種場合的行為規範），還有許多其他著作。

有些「小篇章」討論了塔木德沒有解說的篇章，例如探討經卷書寫的〈文士篇〉（*Sofrim*/Scribes），以及詳述晨間律法的〈晨間篇〉（*Semahot*）。雖然後人也研讀「小篇章」，有時也以它們為言行舉止的指引、釋法決疑的參考，但這些作品並不被視為塔木德的一部分。

CHAPTER 14

— · —

塔木德的版面安排

The Layout of a Talmud page

　　如今通行的塔木德版面安排，是一五二〇至二三年威尼斯出版的邦裴版奠定的：塔木德本文居中，四周環繞拉希注釋與《補述》，每頁標示頁碼。後來印刷出版的塔木德，幾乎每一版都沿用了這套版面設計與頁碼安排，只有頁碼曾微幅調整。

　　隨著新版塔木德紛紛問世，頁緣也漸漸添上各種補充、注解與索引。每個版本的補充資料各有不同，其中廣受肯定的是維爾納羅姆遺孀與兄弟版（Widow and Brothers Romm，一八八〇～一八八六年出版）。這個版本校對嚴謹，也增添許多重要補充。今天很多版本的塔木德都是維爾納版的照片膠印版（photo-offsets）。

一、版面與注記

要深入了解塔木德的內容，必須先熟悉它的版面安排與注記方式，以下分述之。

1. 頁碼

頁碼在每頁上方外側。每張紙第一面（正面）的頁碼以希伯來文字母標示，字母順序代表頁數，位置在左上角；第二面（反面）的頁碼標在右上角（外側），❶以阿拉伯數字標示。張數（folio number）以希伯來文字母標示，頁數（page number）則以阿拉伯數字標示，由於一張有兩頁，所以阿拉伯數字頁數會是希伯來文字母張數的兩倍。不過在標示塔木德出處時，通常不會管阿拉伯數字。

塔木德篇章頁碼的基本單位是「張」（folio，共兩面）。因為每篇論文的第一張第一面印的是篇名，第二張第一面才會標希伯來文張數碼，所以每篇第一次出現的張數碼一定是希伯來文第二個字母ב。每張有兩面，第一面叫א面（a面），第二面叫ב面（b面）。

如前所述，希伯來文張數碼標於a面，阿拉伯文頁碼標在b面。注明塔木德出處的慣例是先講篇名，再寫位於哪一張、哪一面。舉例來說：「*Megilla* 25a」代表〈卷軸篇〉第廿五張a面。

除了上述的標示方法以外，還有另一種標示a、b面的方式：句號代表a面，冒號代表b面，所以「כה.」是「第廿五張a面」，「כה:」是「第廿五張b面」。

---

❶譯注：由於希伯來文自右至左橫書，書籍右翻，故第二面外側在右上方。

▲塔木德的版面安排有其特殊方式。

2. 頁首

頁面上方的頁首以方塊字印刷，由右至左共三部分：章名在右，章數居中，篇名在左。以前述〈卷軸篇〉第廿五張 a 面為例，該面頁首由右至左為：章名（「站或坐」〔讀米示拿〕）、章數（「第三章」），以及篇名（〈卷軸篇〉）。

頁首及其形式也承襲第一版的傳統。在印刷術出現前，大多數手抄本只能以十分簡略的方式標示出處。例如要說明某句話出自塔木德某段，只能寫那一段所在的章名；如果引用的是米示拿，則寫上那句話出自第幾章、第幾段。章名通常隨開頭幾個字而定，只有少數章名與內容有關。

3. 塔木德本文（米示拿與革馬拉）

米示拿與革馬拉本文以傳統「方塊字」印在頁面中間。我們現有的塔木德版本主要是拉希編輯版（「拉希」即許洛蒙‧伊茲哈及拉比，一〇四〇～一一〇五）。拉希親自研究、對照了大量塔木德手抄本，他的很多校訂後來也被納入本文，但更晚近的編輯成果顯示：他的某些修訂其實立論不足、也不夠全面。

《補述》偶爾會對拉希的修訂提出質疑，支持他更動前的版本。我們現在的版本也經過許洛蒙‧路里亞拉比編輯（約一五一〇～一五七四），他的許多修訂也被納入印刷版本文，可是沒有注明哪些是他的修訂。值得注意的是，塔木德抄本間有一些重大出入（慕尼黑抄本〔一三三四〕包含整部塔木德，是最有名的手抄本之一），這些差異有時頗具啟發性。

在此同時，大家心知肚明的是：雖然塔木德經過多次仔細校對，

裡頭還是有不少內容或印刷錯誤（在照片膠印技術出現後，這種錯誤更是一版傳一版）；此外，塔木德也長期遭到政府和教會審查，許多因審查而刪除、修改的段落，直到今天仍未能恢復。事實上，幾乎每則涉及非猶太人的段落，都有遭受竄改之嫌。

每頁出現新一則米示拿時，前面會以較大的字體印上米示拿的縮寫 מתני׳；同樣地，緊隨米示拿出現的每一則革馬拉，前面也會以較大的字體印上革馬拉縮寫 גמ׳。

在目前的塔木德版本中，每則米示拿之後都接以革馬拉。但在很多手抄本和《耶路撒冷塔木德》眾多版本中，米示拿的段落是先全部列於章首。塔木德裡的米示拿段落劃分，並不與個別米示拿版本一致，米示拿本文也有幾處略為不同。

4. 標點方式

冒號（:）用在革馬拉和其他資料或注釋之中，用以表示段落終結（用法和現在的句號一樣），句號則像是現在的逗號。

有些米示拿和革馬拉抄本的標點符號比印刷版還多，也有抄本標記吟唱符號（cantillation marks），用法和聖經文本裡的吟唱符號一樣，有助於句讀全文。古代標點以四點表示：一點（.）是逗號，兩點（:）是句子終結，三點（.:）是段落終結，四點（::）代表新討論主題出現。不過，印刷版只保留前兩種標記方式。革馬拉中也以冒號分隔不同主題，但兩者之間未必完全無關。

5. 括號與文本修訂

在革馬拉中，括弧代表某段或某字有疑義，據其他資料應該刪

除或以另一版本代替。一般說來，在同一行的另一側頁面會有相關解釋，說明別的版本有何不同、哪份資料認為此處需要修訂。

革馬拉中的方括號，代表內容是依抄本或其他資料添入的，有時在該句的另一側頁面會說明相關資料。有時括弧和方括號相繼出現，代表刪去某句，再以另一句替代。

在本文中（有時注釋亦然），括號並非標點，而是用以指出文字修訂。但無論修訂是刪除或增添，多半都只是給讀者的建議，因為原本未經修改的版本還是可以解讀（有時只需要換個詮釋方式）。括號的作用未必固定，有時也用來分開塔木德本文和傳統符號。

這些符號的功能是幫助記憶，每份抄本略有不同，但通常是加上一撇，或是在每個「字」的最後一個字母前插入逗點，不過未必是縮寫。這些符號的意義不一定清楚，大多數注釋者略過不提，很多符號也有印刷錯誤。

6. 拉希注釋

塔木德各版都將拉希注釋印在本文旁邊，靠頁面內側（近裝訂處），字體採「拉希體」，引用革馬拉以帶入即將討論的詞彙或段落。這一小段引述稱為 *dibbur hamathil*，意為「起頭字」或「起頭句」，結束時會以句點與注釋分開，注釋結束時則加冒號（:）。很多時候，革馬拉引文也是拉希注釋的一部分，兩者應合觀。

拉希被公認為最偉大的塔木德注釋者。他住在法蘭西，大半人生都在特魯瓦城度過。他以老師們的書面與口傳詮釋為基礎，長期注釋、修訂塔木德（我們現有的注釋，可能是他反覆修訂的第二或第三版）。他的注釋傳播速度極快，往往剛剛寫成，便被門生大量傳

抄，並以小冊形式四處流通，所以他的注釋有時也被稱為「小冊注釋」（*perush hakuntres*/pamphlet commentary）。

拉希注釋了大部分塔木德篇章，但過世時尚未完成某些注釋。例如〈最後之門〉的主要注釋者其實是他的孫子許木埃爾‧本‧邁爾拉比（約一〇八五～一一七四），〈鞭笞篇〉（*Makkot*）的注釋則由女婿耶胡達‧本‧拿單（Yehuda ben Natan）拉比完成。此外，雖然有些篇章的注釋歸入拉希名下，印刷時也以他為作者，但實際上是他的學生寫的，例如〈禁食篇〉（*Ta'anit*）注釋。

拉希之後的塔木德注釋者，幾乎都免不了要回應他的論點，或是反對，或是支持，或是詮釋，或是釐清。千百年來，很多書籍試著分析他的方法，並釐清、分辨他的特色與風格。

7.《補述》

《補述》印在頁面外側，通常以拉希體印刷，每段也引革馬拉「起頭」（*dibbur hamathil*），再開始解釋。「起頭」的第一個字以大方塊字體印刷，引文終結處以句號與《補述》本文分隔，《補述》結束時加冒號（:）。

《補述》是拉希弟子與再傳弟子的集體創作（其中很多人是他的後嗣），某種程度是十二、十三世紀法蘭西、日耳曼書院的學術結晶。這些作品一開始是補充、摘要拉希的注釋，後來更進一步，發展成對革馬拉的學術探索，有時也擴大塔木德中的討論。最著名的幾位《補述》作者包括：拉希之孫許木埃爾‧本‧邁爾拉比與棠姆拉比（約一一〇〇～一一七一）、伊茲哈克拉比（Rabbeinu Yitzhak）、伊茲哈克‧本‧阿舍爾（Yitzhak ben Asher）拉比、伊茲哈克‧本‧阿孚拉

罕（Yitzhak ben Avraham）拉比、哈因拉比（Rabbeinu Hayyim）、裴瑞茲拉比（Rabbeinu Peretz），以及被尊稱為「摩瑞努」（Morenu，意為「我們的老師」）的羅滕堡的邁爾拉比。

　　各學院眾多賢士都曾參與《補述》的編輯作業，我們現在的版本主要是法蘭西圖克（Touques）學院的成果，以《圖克本補述》聞名，其他學院也另有版本（如桑斯〔Sens〕本、埃夫勒〔Evreux〕本）。這些補述有時加在頁面外緣，稱為「古代補述」（Tosafot Yeshanim）。某些篇章只收錄這幾個版本的《補述》。

8.「本地話」

　　拉希和《補述》作者偶爾會使用古法文或其他他們熟悉的語言，來解釋某些難以用希伯來文表達的模糊概念。拉希這樣做時通常會加一句「用本地話說（in vernacular words）……」，並在這個字的最後一個字母前加上雙逗號。雙逗號的作用不是縮寫，而是要標明這不是希伯來文。他們會以希伯來文字母音譯這些字，而且音譯規則固定，例如 ש 為 s，ק 為 ch，字尾的 א 是 e。

　　很多塔木德版本會在每篇之後加上翻譯附錄，依照這些外文出現在拉希注釋或《補述》的順序，以希伯來文或意第緒德語（Yiddish-German）解釋它們的意義（意第緒德語也以希伯來文字母書寫）。

　　拉希使用的「本地話」通常是古法文或普羅旺斯方言（Provencal），少數地方也使用德文和義大利文。由於後人多半不解其意，傳抄錯誤不少。不過，它們呈現了某個時點的語言發展，為這幾種語言的研究提供了寶貴資訊。

9. 拉希注釋與《補述》附記的參考資料

　　拉希注釋和《補述》中不時出現附記，指出可供參考的其他塔木德段落。這些附記會以括弧或方括號框起，並以小於注釋字體的拉希體印刷。這些參考資料是後世其他拉比所加，並非拉希注釋或《補述》原文。

10. 哈納內爾拉比注

　　維爾納版很多篇章有加上哈納內爾拉比（Rabbeinu Hananel）❷的注（但並非篇篇皆有）。他引用本文時多半不會特別標記。

　　哈納內爾拉比是最早的塔木德注釋者之一，十一世紀北非人（九九〇～一〇五五）。他的父親胡希埃爾曾受教於巴比倫尼亞智者，家學淵源之故，哈納內爾拉比的注也反映了智者釋經傳統。哈納內爾拉比的注釋風格與拉希有別，不喜梳理細節，而長於釐清主旨，說明整段、整節的內容。哈納內爾拉比的很多注釋被《補述》注解者引用，也被收入羅馬的拿單・本・耶西耶爾（Natan ben Yehiel）拉比的《集成》（*Arukh*）中。

11. 律法作品索引：《公義之泉》與《聖約之燈》

　　《公義之泉》（*Ein Mishpat*）與《聖約之燈》（*Ner Mitzva*）（以下合稱《公義之泉》），提供與革馬拉討論主題相關的第一手律法資料。革馬拉本文若有可以參考《公義之泉》之處，會印上小型方塊字母，位置通常在相關律法意見的旁邊。每則《公義之泉》索引以大方塊字開頭，後面接小方塊字，但都指同一個主題。每章從頭到尾都有索引，

❷譯注：哈納內爾拉比即第十章提過的哈納內爾・本・胡希埃爾。

每章索引編號也都從 א 開始，但這套編號對讀者來說作用不大。後面接的小方塊字對應本文內容。

《公義之泉》引用的律法作品通常有三：邁蒙尼德的《妥拉集要》（*Mishneh Torah*，十二世紀）；庫西的摩西（Moshe of Coucy）拉比的《聖約之書》（*Sefer Mitzvot Gadol*，十三世紀）；以及約瑟夫‧卡羅（Yosef Caro）拉比（一四八八～一五七五）的《完備之席》（*Shulhan Arukh*）。引用邁蒙尼德的作品時，通常會稱他為拉姆邦姆（Rambam），這個頭銜起自他名銜「摩西‧本‧邁蒙拉比」（*Rabbi Moshe ben Maimon*）的頭幾個字母。

邁蒙尼德的《妥拉集要》以起首字母簡寫，後面注明章數、主題（如祈禱規則），以及該章特定律法。值得注意的是，索引不會注明這則資料出自《妥拉集要》哪一卷書，預設讀者知道它是在十四卷書的哪一卷。《聖約之書》亦以開頭字母簡寫。這本書以律法順序與當為、不可為的規定編排，索引會標明參考資料出自哪個章節、哪條律法。《完備之席》是依《四部法典》（*Arba'ah Turim*）的架構寫成，在縮寫後依序注明章節、段落。由於這三部書並未窮盡所有主題，所以索引有時只會注明有提到相關主題的書，三部作品並不是每次都會全部列出。

想出這套索引系統的是耶何書亞‧波阿斯（Yehoshua Boaz）拉比，他是《英雄之盾》（*Shiltei HaGiborim*）的作者，十六世紀義大利人。他原本計畫編寫《公義之泉》與《聖約之燈》兩部作品，《公義之泉》專門收集主要律法權威的參考資料，《聖約之燈》則廣納更全面、更深入的律法議題討論，以及塔木德與律法判決的關係。可惜的是，他後來還是沒能完成這兩部鉅作，只傳下索引方式給後人。

12.《妥拉之光》

《妥拉之光》（*Torah Or*）是聖經經文索引，主要作者是耶何書亞‧波阿斯拉比，未竟之功由後世拉比補全。

塔木德本文引用聖經之處，第一個字會標記小圓圈。相關索引印在同行對側、塔木德本文與拉希或《補述》之間的狹小空白處。《妥拉之光》會注明引文出自聖經哪一卷、哪一章，但不會標明第幾節。如果這卷書剛剛才被引用過，則僅寫上「同前出處」。

13.《塔木德傳統》

《塔木德傳統》（*Masoret HaShas*）注明與該頁內容類似或相關的塔木德段落。值得注意的是，它建議讀者參考的部分，有時只是表達方式雷同或語言形式相似，未必與該頁討論的律法或主題有關。《塔木德傳統》對詞彙的解釋參考了許多不同作品，但特別重視《集成》。若對本文有所修改，會在更動部分前加上「此處應為……」的縮寫；如果需要更動之處有疑義，但有另一個重要版本可以參考，則僅注記另一個版本有何不同。注記類似段落時會寫上篇名、張數、a 或 b 面；若類似段落在同一篇，則僅寫上「參前述」或「見後述」。並不是每個篇章都會完整注明每一個類似段落，索引往往只縮寫「詳見」，再注記一處參考段落，讓讀者自行到該處詳查其他資料。

《塔木德傳統》通常以拉希體小字排版，印在頁面內緣標示《塔木德傳統》的欄位。塔木德本文被《塔木德傳統》列為參考資料處，第一個字前面會加上星號，索引則印在與星號等高的位置。如果索引太多，《塔木德傳統》這欄印不下，便印到頁面外緣《公義之泉》的欄位。某些《塔木德傳統》的索引會標上方括號，代表這則索引是後來

的學者補上的。

《塔木德傳統》也是耶何書亞‧波阿斯拉比構思、編輯的，他設計的系統與格式大多沿用至今。後世學者也不斷改進，增添了大批資料。其中很多補充是耶夏雅胡‧匹克‧柏林（Yeshayahu Pik Berlin）拉比提供的，他是布列斯勞（Breslau）的拉比，生於一七二五年，卒於一七九九年。他對《塔木德傳統》的大部分補充都有加上方括號。

14.「巴赫校注」

「巴赫校注」（*Haggahot HaBah*）是對革馬拉文本、拉希注釋與《補述》的修訂。「巴赫校注」在括弧中抄下需要修訂的文句，後面依序注記「所圈文字」、「頁側寫道……」，再加上建議的修訂。雖然偶爾會有對本文內容的解釋或評論，但都極其簡短。

「巴赫校注」的作者是約珥‧席爾克斯（Yoel Sirkes）拉比，十七世紀波蘭人，以注釋《四部法典》的名作《新房》（*Bayit Hadash*）聞名。他的校注原本是寫在自己的塔木德頁緣，這也說明了「巴赫校注」的格式：他本來就是以括弧圈起有疑義的文句，然後在頁側寫下自己的看法，立論基礎可能主要是各抄本的類似段落。他的校注十分簡潔，也不多說明，預設的讀者群似乎是革馬拉學者專家。他的許多校注都有助於更正錯誤、釐清文意，提出的修訂建議往往也比原文更佳。

「巴赫校注」印在頁面外緣或頁底，在內文裡的標示方式隨校注對象而有不同：在塔木德本文中，「巴赫校注」依希伯來文字母順序注記，以拉希體印於括弧內；但在拉希注釋和《補述》裡，有「巴赫校注」之處不會標示，讀者必須自行在「巴赫校注」欄搜尋，看看是否有對拉希注釋或《補述》的注，如果有，注釋前會標示「拉希」或「補

述」，後面先抄錄校注段落的頭幾個字，以「等等」收尾，後面才是巴赫校注內容。

15. 「維爾納智者校注」

「維爾納智者校注」（*Haggahot HaGra*）的方法與「巴赫校注」相似，但語氣堅決得多，時常寫道「這幾個字該刪」或「刪」，然後自信滿滿地說「應該改成……」。「維爾納智者校注」印於頁面外緣，在內文中的標示方式是方括號內填方塊字。

「維爾納智者」是艾利雅胡拉比（HaGaon Rabbi Eliyahu）的敬稱，十八世紀人（一七二○～一七九七）。他和巴赫一樣，也是將校注寫在自己的塔木德裡，後人才把這些校注與塔木德一起刊行。「維爾納智者校注」時常建議大幅修改標準版，但立論基礎常常是塔木德其他類似段落，或是其他塔木德評述或注釋。

16. 《塔木德備考》

《塔木德備考》（*Gilyon HaShas*）評注革馬拉、拉希注釋與《補述》，形式多元：有時只是點出另一處風格類似的參考段落（「參照……」），有時評注方式類似《塔木德傳統》，但刻意選擇前者沒有評論的段落，或是使用不一樣的觀察角度，例如《塔木德傳統》重字義、風格之處，《塔木德備考》便將重心放在方法。它有時也點出塔木德本身或注釋的矛盾與問題，並提出其他詮釋方式或參考資源。這類評論往往只是提出問題，但不予解答，結尾只寫上「需再研究」或「需深入研究」。《塔木德備考》印於頁面外緣或頁底，在內文中的注記方式是內含對角線的小圓圈：◎。

《塔木德備考》的作者是阿奇瓦‧艾格爾（Akiva Eger）拉比（一七六一～一八三七），他是十九世紀知名學者，也是普魯士波森省（Posen）境內的拉比。他教書時就常提醒學生注意各種問題，有時也會告訴他們有哪些類似段落可以參考。他時常點出塔木德注釋裡的問題與扞格，偶爾也會指出塔木德本身的難題與矛盾，但他很少予以解答。為了解決他提出的種種難題，學者們寫的書籍與注釋已數以百計。

17.「榮斯堡拉孚校注」

「榮斯堡拉孚校注」（*Haggahot Rav B. Ronsburg*）的作者是貝札雷爾‧榮斯堡（Betzalel Ronsburg）拉比（一七六〇～一八二〇）。「榮斯堡拉孚校注」印於頁面中間空白處或頁底，內文標記是方塊字，字母左側標以方括號。注記見於塔木德本文、拉希注釋與《補述》。

特殊符號概覽

以下標示方式見於維爾納版塔木德及其他類似版本，但非一體適用，有些版本的標示方式不同。

● 星號

在塔木德本文中，若字旁標記星號，代表可參考《塔木德傳統》的索引，索引內容在頁面內緣與星號等高處。如果《塔木德傳統》的欄位印不下，某些索引會挪到頁面外緣《公義之泉》的欄位。

● 小方塊字

小方塊字代表《公義之泉》中有律法資料可以參考。這些字母依

序指涉印於頁面外緣上方的索引的小方塊字（非大方塊字）。

- **圓圈**

  字旁若有圓圈，代表有聖經經文可供參考，索引內容印在塔木德本文與拉希注釋或《補述》之間的小空白處，與圓圈位置等高，視空間多寡印於左側或右側。

- **拉希體小字加括弧**

  代表可參考「巴赫校注」。校注印刷位置視空間而定，可能印在頁面外緣、內緣或頁底。

- **方塊體小字加方括號**

  代表可參考「維爾納智者校注」。校注印刷位置視空間而定，可能印在頁面外緣、內緣或頁底。

- **圓圈中加對角線：◌**

  代表可參考《塔木德備考》。校注印刷位置視空間而定，可能印在頁面外緣、內緣或頁底。

二、附錄與補充資料

其他注釋與補充

維爾納版塔木德的某些篇章還有其他注釋與補充，通常印在頁面外緣，包括：

● 智者尼辛拉孚注（The Commentary of Rav Nissim Gaon）❸

某些篇章能看到智者尼辛拉孚的注釋，但不是每頁都有，也只注解特定段落。

尼辛拉孚為智者雅各（Ya'akov Gaon）之子（約九九〇～一〇六二），北非人，名作《塔木德重門之鑰》如今只有殘本。他注釋的段落相對較少，但很能反映巴比倫尼亞智者的詮釋觀點。

● 傑雄拉比注（The Commentary of Rabbeinu Gershom）

傑雄拉比被奉為「猶太散居地之光」（約九六〇～一〇二八），注釋風格與拉希相似。

● 古代補述（Tosafot Yeshanim）

此為《補述》的另一版本，包含〈贖罪日〉（*Yoma*）和〈轉房婚〉（*Yevamot*/Levirate Marriage）兩篇的新資料。某些塔木德版本為不同篇章納入了不同版本的補述，網羅許多不見於標準版《補述》的資料。

●《注釋集》（*Shita Mekubetzet*）

十六世紀貝札雷爾・阿胥肯納齊（Betzalel Ashkenazi）拉比對《神聖事物卷》各篇的校注與短評集。他的修訂多以手抄本和「前輩學者」（*rishonim*）❹注釋為基礎。

---

❸ 譯注：關於智者尼辛拉孚、傑雄拉比，及下述馬哈夏爾、馬哈夏、盧布林的邁爾拉比，請參考第十章。

❹ 譯注：*rishonim*意為「前鋒」、「先行者」（單數：*rishon*），泛指智者時期（六～十一世紀）之後、《完備之席》成書（一五六三）前的學者。

● 《神聖事物卷校注》（*Haggahot Tzon Kodashim*）

　　許木埃爾‧凱達諾維爾（Shmuel Kaidanover）拉比對《神聖事物卷》的校注。凱達諾維爾拉比是十七世紀人（一六一四～一六七六），校注風格類似「巴赫校注」。

● 《朗道拉比校注》（*Haggahot HaRi Landau*）

　　作者是耶赫茲凱爾‧朗道（Yehezkel Landau）拉比，他是十八世紀人（一七一三～一七九三）。

印於附錄的其他注釋

　　上述注釋和塔木德本文、拉希注釋、《補述》印於同頁，但很多版本的塔木德另有附錄，收入多名律法和釋經權威的作品。為了不斷超越前人的版本，越晚近的塔木德版本越是會盡力收入更多評注，納入「前輩學者」及近世學者的校注與詮釋。以下是大多數塔木德版本收錄的補充資料：

● 《補述綜覽》（*Piskei Tosafot*，大多數版本收錄）

　　《補述》中律法裁決與結論的摘要。傳統上認為這部作品出於羅希（Rosh）之手（俟後述），也因為如此，雖然它只是參考資料集，卻仍被尊為律法裁定書。

● 《羅希論法》（*Hilkhot HaRosh*，大多數版本收錄）

　　阿舍爾‧本‧耶西耶爾拉比（Rabbeinu Asher ben Yehiel）（一二五〇～一三二七）撰寫之律法文集。耶西耶爾拉比又稱羅希，在日耳曼

接受教育，主要師從羅滕堡的邁爾拉比，晚年定居西班牙。《羅希論法》是他最重要的作品，他在書中大量評述塔木德，補充《補述》和其他學者的注釋（主要是與律法有關的部分），並以自己的觀點歸結。

這本書既是重要的第一手律法文獻，也是傑出的塔木德律法注釋。大多數塔木德版本在收錄《羅希論法》的同時，也會以《許木埃爾新釋》（*Tiferet Shmuel*）❺、《拿單疏義》（*Korban Netanel*）等作品做補充，這些作品多半成書於十七世紀。

•《羅希法學精要》（*Kitzur Piskei HaRosh*）

《羅希論法》法學見解的摘要本，由羅希之子雅各拉比（一二七〇～一三四三）撰寫（雅各拉比即鉅作《四部法典》之作者）。《羅希法學精要》篇幅雖小，但也是重要律法資源。

•《拉姆邦姆米示拿釋義》（*Perush HaMishnayot LaRambam*，大多數版本收錄）

這是邁蒙尼德的第一部傳世之作，亦稱《光明之書》（*Sefer HaMa'or*），原文為阿拉伯文。大多數塔木德版本都收錄這個作品，但古希伯來文翻譯差強人意，近年有約瑟夫·卡帕赫（Yosef Kappah）拉比的新希伯來文譯本。《光明之書》評析簡潔、見解獨到、擲地有聲，前言和導論極其重要，字字珠璣。

•《馬哈夏爾集》（*Maharshal*，大多數版本收錄）

十六世紀盧布林的拉比許洛蒙·路里亞（一五一〇－一五七三）

---

❺ 譯注：作者為許木埃爾·凱達諾維爾父子。

作品，是最重要、最普及的塔木德參考著作之一，風格簡潔，對塔木德及其重要注釋者皆有評析。大多數內容是文本修訂，其中很多建議也被塔木德新版本接受，但內文往往不注明那是修訂後的版本。

● 《馬哈夏集》（*Maharsha*，大多數版本收錄）

波蘭歐斯托格（Ostrog）的拉比許木埃爾・艾立澤爾・艾德爾斯（一五五五～一六三一）作品，集《律法新解》（*Hiddushei Halakhot*）與《傳說新解》（*Hiddushei Aggadot*）兩部著作而成，內容幾乎涵蓋整部塔木德。在大多數版本中，這兩部著作一起印刷，但選用不同字體。《律法新解》主要逐頁評析塔木德、拉希注釋與《補述》，《傳說新解》則解釋塔木德中的傳說資料，字面意義和寓意兼顧。數百年來，《馬哈夏集》被公認為精研塔木德必讀之作。

● 《馬哈朗集》（*Maharam*，大多數版本收錄）

盧布林的邁爾拉比（一五五八～一六一八）所撰之塔木德全套注釋。這部作品是作者多年教學的心血結晶，風格亦如授課：每篇開頭講解詳盡，越往後越簡短。邁爾拉比對塔木德、拉希注釋與《補述》的講解清晰易懂，詮釋貼近字面意義。

晚近補充資料

幾乎每座書院都將《馬哈夏集》、《馬哈夏爾集》與《馬哈朗集》列為塔木德研究必讀之作，許多版本的塔木德也收錄這些著作。除了上述作品之外，維爾納大型版本也納入晚近拉比的補充，內容包括評論、修訂、解析等等。以下僅舉數例。

- **《拉夏希校注與新釋》**（*Haggahot VeHddushei HaRashash*）

作者為維爾納的許木埃爾・史特拉雄（Rabbi Shmuel Strashun of Vilna）拉比，十九世紀猶太學者。這部書以批判的角度檢視文義，有些解讀是作者的原創觀點。

- **《哈由導師新解》**（*Hiddushei Maharatz Hayyot*）

十九世紀加利希亞（Galicia）邱爾谷（Zholkow）拉比茨維・哈由（Tzvi hayyot）之作，評注與解釋每多新意。

- **《艾拉薩爾・摩西・霍洛維茲拉比校注》**（*Haggahot Rabbi Elazar Moshe Horowitz*）

十九世紀平斯克（Pinsk）拉比艾拉薩爾・摩西・霍洛維茲（Elazar Moshe Horowitz）所撰，見解獨到，校注精闢。

- **《美麗之眼》**（*Yefei Einayim*）

十九世紀畢爾斯克（Bilsk）拉比阿爾耶・萊布・葉林（Arye Leib Yellin）所著，對波阿斯拉比之《塔木德傳統》多有補充。此書長於考掘類似文本，檢索範圍不僅止於《巴比倫塔木德》，也遍及《耶路撒冷塔木德》與米大示哈拉卡、米大示亞卡達。書中亦含重要評析。

律法典籍附錄

規模最大、最完整的塔木德版本，會在正文六卷之後附上重要律法典籍。

●《理復論法》(*Hilkhot HaRif*)

《理復論法》是重要律法作品，又稱「理復」，作者為伊茲哈克・阿爾法希拉比 ❻，生活於十一世紀的北非與西班牙（一〇一三～一一〇三）。

《理復論法》依序討論塔木德各卷的律法問題（但略過不具實用性的律法），並予以歸納、總結。它大幅縮短了塔木德的討論篇幅，並將焦點放在具應用意義的律法（因此，它只評述《節日卷》、《婦人卷》與《災厄卷》的篇章，以及〈祝禱篇〉與〈經期篇〉）。對於傳說，理復也只處理與言行、倫理等實際問題相關的部分。

直到今天，他的作品仍被視為基礎律法典籍，注解此書的論著所在多有，其中幾部也成為律法裁決與詮釋的經典之作，不僅有助於論法決疑，也能增進對塔木德的理解。這些注釋被稱為「執戈者」(armor-bearers)，很多被合印於《理復論法》標準版中。其中特別值得一提的是依《理復論法》改編的拉希注釋簡本，因為裡面有些部分與塔木德版的拉希注釋有異。

●《光明集》(*HaMa'or*)

此乃《小光明集》(*HaMa'or HaKatan*) 和《大光明集》(*HaMa'or HaGadol*) 的合集，《小光明集》注釋《婦人卷》與《損害卷》，《大光明集》評析《節日卷》。《光明集》的作者是普羅旺斯呂內爾 (Lunel) 的澤拉希亞・哈里維 (Zerahya HaLevi) 拉比，十二世紀人。《光明集》主要是解說、批判理復的法學見解，同時也提出獨創的律法觀點。

---

❻ 譯注：關於伊茲哈克・阿爾法希拉比，請參考第十二章。

- **《拉瓦德批判集》**（*Hasagot HaRa'avad*）

　　波思齊耶爾（Posquieres）的阿孚拉罕・本・大衛（Avraham ben David）拉比（約一一二五～一一九八）的評論集。此書猛烈批判澤拉希亞・哈里維（Zerahya HaLevi）拉比的著作，也為理復的觀點大力辯駁，但偶爾也批評後者的論點。

- **《上主之戰》**（*Milhamot HaShem*）

　　作者為西班牙赫羅納（Gerona）的摩西・本・納賀曼拉比，亦稱「拉姆邦」（Ramban）或納賀蒙尼德（Nachmanides），十三世紀人（一一九四～一二七〇）。拉姆邦是最偉大的塔木德學者之一，《上主之戰》的主旨在駁斥《光明之書》對理復的批判，並解釋《理復論法》的要點，同時也回應《拉瓦德批判集》。

- **《朗恩集》**（*HaRan*）

　　作者為西班牙赫羅納的尼辛・本・琉玟（Nissim ben Reuven）拉比，又稱「朗恩」（Ran），十四世紀人。《朗恩集》詳盡地注解《理復論法》，因此也間接解說了塔木德議題，並帶入其他幾位學者的討論。《朗恩集》僅注解部分《理復論法》，通常與《理復論法》一起印行，是極為重要的注解與律法作品。

- **《約瑟夫釋義》**（*Nimukei Yosef*）

　　《約瑟夫釋義》為注解《理復論法》之作，作者是約瑟夫・哈維瓦（Yosef Haviva）拉比，十五世紀西班牙人。他的注釋通常印於沒有尼辛・本・琉玟拉比注釋的篇章。《約瑟夫釋義》與《朗恩集》類似，

也是對塔木德和律法的綜合評析，引述大量律法權威與注釋者的作品。

•《約拿拉比門生合集》（*Talmidei Rabbeinu Yona*）

赫羅納的約拿拉比（Rabbeinu Yona of Gerona）為十三世紀西班牙人，這部作品是其門下弟子的注釋合集，內容全面詳盡，觀點豐富新穎。本冊僅印於《理復論法》〈祝禱篇〉。

•《英雄之盾》（*Shiltei Ha Giborim*）

耶何書亞・波阿斯拉比注釋集。耶何書亞拉比為十六世紀義大利人，著有《塔木德傳統》等多部作品。《英雄之盾》提供多名律法權威對理復著作的補充。

•《莫德凱書》（*Sefer Mordekhai*）

除前述作品外，相關補充研究與參考資料汗牛充棟，其中有些也與《理復論法》印於同頁，本書即為其中之一。

作者為莫德凱・本・希列・阿胥肯納齊（Mordekhai ben Hillel Ashkenazi）拉比，十三世紀日耳曼人。本書依《理復論法》架構而作，律法注解觀點獨到，收錄大量早期律法與注釋資料，從智者到重要日耳曼拉比不一而足。不過，我們如今看到的只是濃縮本，它的篇幅原本應該更加浩大。這部書的手抄本很多，也都收入大批補充資料。注解、修訂、補充《莫德凱書》的著作數不勝數，其中幾部也常印在《莫德凱書》的頁面上。但到目前為止，這部重要作品還沒有完整版問世。

CHAPTER 15

———— • ————

塔木德的主題

The Subject Matter of the Talmud

光看塔木德各篇篇名,應已對其討論範圍之廣深感驚嘆,但它想探索的議題絕不僅止於此。塔木德的目的是 *talmud Torah*——「研究妥拉」,從最宏大的視野來詮釋這句話,就是要追求智慧、深化理解、擴大知識,因為妥拉包含了天地造化,萬事萬物都在其中。塔木德裡將妥拉喻為構築宇宙的藍圖,不計其數的注釋者亦心有戚戚。塔木德甚至認為妥拉不僅海納寰宇四方,其精深廣博更數倍於此。因此,生命的每個面向都值得學者關心,也都是塔木德應該予以討論的主題。

妥拉的概念遠遠超過「宗教律法」的範疇,儘管猶太律法涉及生活各個面向,幾乎無所不包,妥拉的範圍仍更為寬廣:風俗、習慣、

技藝、醫術、人性、語言、倫理……皆是妥拉，因此也都是塔木德要探索的課題。由於妥拉滲透了生命的每個面向，賢士們也不只是經師，更是人師，他們不僅傳授知識，更活出妥拉，所以他們的一言一行都值得深究。

賢士們自己也說過：「賢士們所說的，即使是沒來由的話、開的玩笑、隨口講講的東西，都應該好好研究。」有些重要的律法，也確實是從這些脫口而出、絲毫不具教育目的的閒談中推導出來的。因為有此傳統，賢士們更動見觀瞻，一切言行都必須體現真理、輝映妥拉，甚至成為妥拉自身。弟子們也因此更注意拉比的舉止，以學習如何待人處世。

有個頗極端的例子是：據說曾有一名學生躲在他老師床底下，想知道老師如何對待師母。被質問時，這名年輕弟子說：「這是妥拉，值得研究。」結果師生都同意他的回答。既然床笫之事亦屬妥拉，應該深究，對其他領域的問題更不能迴避或保持沉默。十分有趣的是，雖然塔木德賢士對性生活和裸體極其含蓄，稍有逾矩即驚駭不已，但他們毫不避諱與性有關的問題，要討論多細都沒關係。雖然他們用詞委婉謹慎，但只要還在討論範圍內，無論是正常或反常的細節，要談多久都可以。

無論學習的是狹義的律法，或是廣義的妥拉，學者對萬事萬物都有濃烈的興趣。塔木德裡就有這樣一則軼事：有位傑出的學者問他兒子，為什麼他不繼續聽院長的課？兒子忿忿不平地說：「我每次去聽，他都講些雞毛蒜皮的小事。」然後說這位拉比一直在講廁所清潔的規矩。沒想到父親回答他說：「如果是這樣，你應該更常去聽才對，他說的可是日常生活的大事啊！」

正是這樣的學習態度，讓塔木德不僅收錄醫術、藥方、諺語，還有一大群名人的數百則軼事。雖然學校不會特別排課討論這些資料，學者也會盡可能緊扣研究主題，但他們絕不看輕這些事物的價值。例如以虔敬與聖潔聞名的賢士奇拉拉比，在違背老師建議、動身前往巴勒斯坦之前，想偷偷再看老師最後一眼。躲起來偷望時，他正好聽到老師教人怎麼打掃澡堂，於是他滿心歡喜，因為又從他深愛的老師那裡學到一件事。

不過，猶太賢士也並非毫不設限。儘管妥拉海納百川，賢士們卻不曾為追求科學知識本身而研究，也對哲學興趣缺缺，無論是古典希臘哲學、希臘化哲學或羅馬哲學皆然。塔木德中相當於「哲學」的部分，發展情形與其他地區大相逕庭。同樣地，賢士們對科學也十分漠然，無意為知識本身而鑽研天文學、醫學或數學。他們只為妥拉研究之需而探索知識，只研究與律法直接相關的科學，也只深究涉及倫理或意識型態的自然科學。

他們對醫學的態度最能說明這種風格：由於涉及禮儀性不潔的律法，會牽涉到大量動物解剖學與生理學知識，於是賢士們埋首鑽研，並在不參考當時科學知識的情況下，得出了精確無比的結論。

在其他領域也是一樣，賢士們致力以經驗方法從事研究，毫不依賴未經驗證的理論框架（所以在某種程度上，他們也促進了現代科學方法）。不過，他們也不從事實領域邁入科學理論，因為後者對他們而言意義不大。

研究人的問題也是一樣。由於律法討論需要，賢士們的解剖學知識必須十分精確，所以他們也不盲從當時的科學知識，而是自己做實驗、找答案。舉例來說，要釐清關於褻瀆的律法，必須知道人類骨骼

的精確數目，於是以實邁爾拉比的弟子找了具女性死刑犯的遺體，仔細算出骨骼的數目——他的答案至今依然成立。

賢士們實事求是，以實證方法判定知識真偽，但對於人體的醫學或生理學問題，他們並無意深究。天文學領域亦是如此，賢士們願意投注心血收集天文資訊（如月亮盈虧週期），卻不曾運用這些資訊建構天文學說。他們在種種資料中反映的世界觀，乍看之下似乎既混亂又幼稚，但若細讀這些論述，也會發現他們談的不是宇宙真實樣貌，而是靈性世界的理想狀態，只不過他們都避免抽象的表述方式。當他們說陸地覆於山，山立於海，海佇於公義之柱，我們顯然不能從字面意義解讀這些話。

當然，以行醫為業的賢士必須熟悉當時的醫學知識，測量員一定要學幾何，建築師必須精通數學，但這些學科對他們來說只是職業技能，與塔木德研究無關，只有在律法或倫理問題需要這些學科做參考時，他們才會運用這些知識輔助判斷。對科學研究的限制主要在方法：塔木德學者重視事實，也將研究限定於驗證過的事實。他們專注於獨特的思考方式，對科學假說或哲學清談興趣缺缺。

因此，賢士們的心靈世界不太受外界知識影響，他們淡然地說：「如果人家告訴你萬邦有智慧，就相信吧。」但在此同時，他們試著將重心放在他們認為重要的事物上，在研究妥拉時，也盡可能不超出它的界線。有些塔木德賢士其實很熟悉希臘羅馬經典，但他們研究妥拉時，卻幾乎完全不受這些知識影響，這一點和埃及猶太族群很不一樣，後者一直試圖結合希臘文化與猶太律法。

由於每位塔木德學者幾乎都另有工作，他們的生活與常民無異，不曾脫離現實。許多賢士通曉多種語言，並且學識淵博、文字曉暢、

辯才無礙——這些都是受命為議會成員所需的條件之一。塔木德中處處可見他們博學多聞的證據，相關學科也常因引介而化為妥拉。

「妥拉無所不包」的概念，也以一種奇特的方式呈現在塔木德裡：主題、領域不斷交錯切換，彷彿彼此之間毫無隔閡。塔木德的論辯及視野從不限於律法，似乎太陽底下每件事都有內在關連。舉例來說，在討論婚姻法時，參與者可以隨時援引刑法或獻祭法佐證，彷彿兩者在本質上並無差異。更明顯的是，有時律法辯論鬆散而沉悶，卻突然沒來由地切入倫理、寓言或形上學領域。只有在塔木德裡會出現這樣的句子：「兩位巴勒斯坦賢士對此見解不一，有人說這是天國裡兩位天使的辯論。」講的人似乎毫不認為這樣的對照有何突兀，畢竟凡塵俗務、法學思辨與天界奧秘，不都在妥拉之中交織為一了嗎？

CHAPTER 16

—•—

禱詞與祝禱
Prayers and Benedictions

　　在第一聖殿時期，祈禱完全是自發之舉。只要人們覺得需要向神懺悔或表達感謝，隨時隨地都能用自己的話語祈禱，若是情況特別棘手、壓力非比尋常，便特地去聖殿一趟，在那裡祈禱。然而在此同時，祈禱的規定已經開始出現，最早的一些詩篇（聖詠）也已寫成，由利未人定時於聖殿吟唱，所以一般人也清楚：某些特定的時刻要用正式禱詞。

　　進入第二聖殿期後，訂定禱詞的需求變得相當迫切。因為很多從巴比倫返回的猶太人不太懂希伯來文，對猶太教也認識有限，即使有心祈禱，不僅語言上有障礙，更不知什麼樣的禱詞較為適切。為回應

全體猶太人的盼望，「大會」❶決定編製正式禱詞。他們編寫了十八篇祝禱，每篇一個主題，文句簡潔，易於記誦。這些祝禱大多留存至今，目前也仍是會堂儀式的基本禱詞，開頭三篇，結尾三篇，中間十二篇，各有不同祈求。

在米示拿時期，前三篇稱為〈父長篇〉（*Avot*）、〈權柄篇〉（*Gevurot*）與〈至聖篇〉（*Kedusha*）：〈父長篇〉讚美列祖列宗的信仰，〈權柄篇〉歌頌上主至高無上、起死回生的權能，〈至聖篇〉讚頌祂的神聖；末三篇是〈敬拜篇〉（*Avoda*）、〈感恩篇〉（*Hoda'a*）與〈平安篇〉（*Shalom*）：〈敬拜篇〉祈求聖殿恢復敬拜、上主之靈重返，〈感恩篇〉為生命及一切美善謝恩，〈平安篇〉祈求世界平安。中間十二篇祝禱懇求種種恩賜，從一般到特殊都有：求知識、贖罪、寬恕、救贖、病癒、豐收、流亡者回歸、審判公正、惡人受懲、虔敬者得報償、耶路撒冷重建、大衛王權復興，最後祈求上主對一切懇求都能回應。這套祝禱合稱〈十八祝禱〉（*Shemoneh Esreh*），亦簡稱〈祈禱〉（*Tefilla*/prayer），自寫成伊始，即為猶太祈禱書核心。

對應聖殿公共獻祭時間，祈禱時刻也固定下來：晨祭（*tamid shel shahar*/morning sacrifice）時祈禱一次，暮祭（*Minha*/evening sacrifice）時第二次，晚禱（*Ma'ariv*/the evening prayer）則在傍晚或晚上進行，與獻祭時間沒有直接關連。第一、二次祈禱是宗教義務，第三次祈禱則定位不明，學者對其性質爭論了數百年之久。這項爭議起初似乎無關緊要，後來卻演變為一場議會「革命」，納西迦瑪列拉邦態度強硬，不惜與當時最重要的學者耶何書亞・本・哈納尼亞拉比 ❷決裂，最後

---

❶ 譯注：關於「大會」，請參考第三章。
❷ 譯注：關於亞夫內的迦瑪列拉邦與耶何書亞・本・哈納尼亞拉比，請參考第五章。

反遭撤換。

祈禱內容與時間固定後，會堂的重要性也日益彰顯。因為公禱是以社群整體需要為基礎，相關活動便需共同參與、公開進行。不過，公禱的定制化並不與私人祈禱衝突，每個人還是能依自己的需求、用自己的話與上主直接溝通。

至於何謂「公眾」（public）？傳統上認為公共敬拜的「會眾」（minyan，原意為「數」〔number〕）最少要有十名男性（「十人為眾」的傳統遠不可考，甚至無法確定是否為口傳律法的一部分），而會堂正是村鎮會眾集合祈禱之處，需要時亦可當集會場所。大多數會堂提供兒童初級教育，有些會堂也是成人經學院所在地。雖然有些人稱會堂為「小聖殿」（mikdash me'at/little temple），但因為會堂的用途是公禱、教學、集會，所以並無法取代聖殿。以耶路撒冷來說，在聖殿還存在時，城裡已經有不少會堂讓不同身分的人集會，有的會堂是巴比倫尼亞返鄉者集會處，有些會堂則以職業區分，供同行的會眾使用。

有位賢士提過會堂與聖殿的關係：「大家在清晨去聖殿參加晨祭，再從那裡去會堂晨禱；若是節日或安息日，他們會再回聖殿參加額外的獻祭，然後再去會堂誦唸補充禱詞（Musaf prayer）。」由此可見，聖殿是獻祭、舉行儀式之處，若有需要，也可以在那私下祈禱；會堂則是公禱場所，信眾在那是參與者，而非旁觀者。

會堂與聖殿的連結一開始就很受強調：所有會堂皆面耶路撒冷而建，耶路撒冷城內的會堂則面聖殿而建。塔木德時代以降，會堂格局更刻意模仿聖殿，例如聖約櫃位置對應聖殿的至聖所，位於會堂末端；妥拉讀經台位於中央區域，大約對應聖殿祭壇的位置。

第二聖殿時期，例行公禱加入〈聽啊，以色列！〉（Shema Yisrael）

禱詞（「以色列人哪，你們要留心聽！上主是我們的神，惟有祂是上主」）。這篇禱詞合兩段經文而成（申命記 6:4-9；11:13-21），需早晚讀誦，喚起信眾隨時研讀、記誦妥拉的義務，明示猶太信仰基本信條，呼籲信眾銘記在心。十誡有很長一段時間也被納入禱詞，但後來有異端宣稱這些經文即是妥拉精髓所在，其餘不甚重要，賢士們遂刪去十誡，以示每日讀誦的經文並非妥拉縮影。〈聽啊，以色列！〉常與公禱有關，長久以來也發展出不少讀誦方式。祈禱基本形式是讀誦妥拉經文，再加上祈求或謝恩。

由於會堂存在已久，祈禱形式也已固定，祈禱程序在聖殿被毀後並未發生太大改變，但某些禱詞顯然需要修改，也需加入重建聖殿、恢復祭儀的祈求。不過，聖殿被毀後最早的修改反倒與聖殿無關，而是與異端、諾斯底派、基督教會有關。當時這些小教派正在擴散，四處宣揚一種綜攝式（又稱融合主義）的宗教，猶太基督徒和諾斯底派更將自己的信仰與猶太教結合。他們或是出於自保，或是為了騷擾，常常使出讓猶太教嚴厲譴責的手段──向羅馬當局密告自己的同胞。

由於事態日益惡化，亞夫內議會決定在〈十八祝禱〉中再添一篇祝禱（實為詛咒），譴責這些異端與告密者。為了讓合適的人來寫這篇「祝禱」，他們找上一位有「小許木埃爾」之稱的學者，因為他以謙卑聞名，對待敵人的態度更寬容有加。他寫的禱詞被加入〈十八祝禱〉，於是〈十八祝禱〉的禱詞增為十九篇，但仍維持傳統名稱。

當時書籍十分珍貴，而且習慣上不會抄錄口傳律法，所以這些禱詞都是用背的，不是用讀的。而當然，並不是每個人都背得起來，在第二聖殿期早期尤然，因為當時仍循妥拉古風，讀、寫及傳統教育皆由父子相承，品質良莠不齊。會堂「領禱者」（*shaliah tzibbur*/public emissary）就是這時出現的。他們必須熟悉每篇禱詞，在公禱時大聲朗誦，讓會眾能跟著一起念。在很長一段時間裡（米示拿與塔木德時期亦然），只要受到會眾敬重、也有能力帶領大家祈禱，就可以擔任領禱者，並不需要聲音多宏亮悅耳。後來的習俗是大聲複誦禱詞，好讓不解其意的會眾也能跟著念，雖然這項習俗現在已無必要，但仍繼續通行。

由於種種原因，公禱已難恢復一開始的簡單形式。首先，需要加入特別禱詞的場合越來越多，不僅安息日、節日、禁食期要加，遇上乾旱或其他災禍也要加。於是禱詞不斷修改，篇幅也持續增加，原本單純的〈十八祝禱〉衍生出好幾種形式，時間一久，公禱的過程亦日趨繁複。「皮尤丁」（piyyutim，儀式用詩）和其他祈求紛紛加入，雖然有些經得起時間考驗，其他幾千首只與特定時空相關的皮尤丁皆已亡佚，僅有部分段落殘存於選集或抄本。其次，隨著時代變遷，實際問題也一一浮現，例如祈禱的時間、地點，以及禱詞的修訂、增添與刪減。米示拿賢士投入不少心血探討這些問題，但意見言人人殊，因為不同習俗各有不同背景，但賢士們的任務卻是要建立通則，立下一致而明確的規範。

除了或長或短的每日禱詞之外，猶太人還有各式各樣的祝禱。妥拉已經指出人有義務為食物讚美、感謝神，塔木德進一步擴大這個概念：全世界都屬於神，所以人享用任何東西之前都必須獲得祂允許。因此，種種享受歡愉前的祝禱（主要是感恩祝禱〔berakhot hanehenin〕），其實都是乞求上主恩允的祈禱。塔木德更強調：不祈禱便取用世上的祝福，是褻瀆神聖。所以，很多祝禱是在取用之前讀誦的，關於食物和水的祝禱更是如此。米示拿和塔木德賢士精心潤飾祝

禱文辭,也為各種類型的食物撰寫新禱詞,在此同時,他們也試著分類禱詞,依通用到特殊各歸其類。

除了這些對「物」的例行祝禱之外,還有不少對「事」的祝禱。心花怒放時有特別的祝禱,悲傷、困厄時也有祝禱。米示拿賢士說:「無論遇上好事或壞事,都要祝禱。」而且都要心悅誠服地接受。為困厄祝禱可不是無關緊要的命令,它反映的是看待人生的態度。對二元論或二神論的信仰者來說,善神只賜福,惡神只降災,但猶太教始終相信一切都出於上主。這種世界觀不僅呈現在日常禱詞裡,更體現在災厄禱詞中,就如公禱時所引用的以賽亞(依撒意亞)先知之言:「我造光明,也造黑暗;我降福,也降禍。我——上主做了這一切事。」(以賽亞書 45:7)

對於善惡大事有祝禱,對於生活中的每個細節也都有祝禱,這背後隱含的信念是:生命中的一切,眼前所見的一切,都被包容在浩瀚無邊的信仰之中。因此,有第一次見到海的祝禱、第一次看到奇特生物的祝禱、第一次親見自然奇觀的祝禱,也有看到降雨、初熟果子等一般事物的祝禱,甚至還有看見美麗女子的祝禱。塔木德不吝以大篇幅討論這些主題,相關討論常見於〈祝禱篇〉。

CHAPTER 17

——•——

安息日
The Sabbath

　　安息日是猶太教的重要根基，不僅在〈創世記〉之初便已提及，十誡更明確要求第七日不得工作。妥拉多次強調「安息日不可工作」，先知們也一再重提。

　　「安息日休息」的命令看似簡單，實際上卻引起諸多問題。第一個遇上的問題往往是何謂「工作」（labor）？畢竟這個詞彙意義太廣，可以指「能獲得報酬的活動」，也能指「需付出額外努力的行為」，其他解釋不一而足，而每種定義都會影響這條誡命的詮釋，讓守安息日的規則隨之變動。

　　口傳傳統另闢蹊徑，不從定義「工作」入手，也撇開工作是否與

報酬相關，反而仔細分析聖經資料，以「神的肖像」（*imitatio Dei*）的概念解釋為何安息日不應工作：在安息日這天，人之所以應該停止有意識的創造工作，是因為神在這天歇了創世之工，人作為神的肖像，自應師法上主，在這天停止創造工作。不過，這種解釋固然言之成理，塔木德卻沒有採取這個定義，因為它總是盡量避免抽象的陳述，而且單一定義很難適用於種種複雜情境。於是，塔木德的討論策略變成：以一件明顯不能在安息日做的工作為範式（model）❶，藉此推導出其他禁止事項。這個範式就是在沙漠中搭聖幕——妥拉明確禁止這件事在安息日進行。塔木德中絕大部分安息日律法的討論，都圍繞這個基本範式開展，並從中導出實際結論。

首先要分析的是：搭建聖幕的工作可以分為幾類？塔木德列出一份「卅九項基本工作」清單，再以這些基本工作（或「創造活動」）為原型（*avoda*/prototypes），推導出安息日可做與不可做的行為。列出這份清單的米示拿條目，是以完成聖幕所需的「任務」（objective）劃分工作類別，例如準備農作、皮革、金屬、紡織品等等。三十九項「原型」（基本工作類別）再延伸出「子項」（*toladot*/offspring），亦即與原型本質相近、但細節不同的工作。

在這裡，我們又能見到塔木德串連不同主題的特點。舉例來說，擠牛乳被歸在「打穀」類別之下。這種分類乍看之下毫無道理，但仔細分析其內在邏輯，還是能發現兩者之間確有相似之處：打穀是將要食用的部分從暫不利用的部分中分出來，擠牛乳也是一樣，雖然穀物和乳牛顯然天差地遠。

區分類型只是「質」的面向，接下來還有「量」的問題需要討

❶譯注：關於範式的意義與應用，請詳見第三十章。

論。禁止在安息日做某件事只是原則,此一行為到何種程度稱得上「實行」仍須明辨。就像一個人有了壞念頭,可是沒有付諸行動,算是「做」了錯事嗎?舉例來說,安息日禁止寫字,但什麼算「寫」呢?——賢士們認為兩個字母便足以表意,所以寫超過一個字母就算「寫」,就屬於安息日禁止的「工作」。

總之,要判定一個行為是否為創造性工作,不僅要釐清「質」,也要考慮「量」。至於破壞、損毀、拆除,除非是積極行為的一部分,否則不算是工作。舉例來說,拆除建築本身不算工作,但若拆除的目的是為了蓋新建物,便是工作。

在分辨行為類別和構成要件之後,還要考慮「意圖」(kavana/intention)。塔木德認為,妥拉在安息日禁止的是「有意圖的工作」(melekhet mahshevet/intentional work),換句話說:沒有心理意圖的作為不算創造性工作。如果一個人不假思索做了一件事,後來才發現自己因此創造出某個東西,由於他的行為缺乏「意圖」這個要件,所以並不會被認定為「工作」。不過這個問題十分複雜,因為何謂「意圖」?「意圖」又如何將「行為」轉化為「創造性工作」?實在很難說得清。

有些賢士認為「能預料後果而為」便是有「意圖」;另一些賢士則主張應該更精確一點:如果一個人的行為帶來他原本無意造成的結果,這個行為便不算「有意圖的工作」;還有賢士立場更極端,例如傳道西蒙·本·約海(Shimon ben Yohai)拉比認為:如果一個人原本打算摘某一串葡萄,卻誤摘了另一串,雖然兩串葡萄一模一樣,但這個行為不全然能認定為「工作」。對於這個主題的討論往往十分細膩,對意圖、知識、預期與非預期結果的區分,常常極其幽微曖昧。

　　妥拉明確禁止以及能直接導出的禁令已經很多，古人為了確保安息日被嚴格持守，甚至又加上了更多妥拉沒有提到的限制。其中有些限制相當古老，甚至能追溯到妥拉時期。塔木德也發現：有些世代可能特別熱中維持安息日的神聖性（也可能是生活散漫，需要嚴加管束），對安息日的限制非常嚴；但這些限制到了其他世代便漸漸鬆弛，也許是守安息日的觀念已深入人心，所以也不必刻意設限。

　　在米示拿時期，賢士則是對與「休息」（shevut/rest）有關的限制十分重視，不斷強調安息日是休息日。這類古代禁令的著名範例之一，便是安息日禁止商業行為。商業行為本身並不是創造性工作，因為它是流通財貨，並非製造物品。可是這項禁令大概在初代先知時便已存在，即使當時很多人改信外教，商家到了安息日還是通通關門，根本不可能做生意。第二聖殿期初期（尼希米時代），猶太人在安息日絕不買賣，連跟非猶太人都不做交易。

　　與「休息」有關的禁令範圍很廣，也極可能是第一批關於安息日的額外限制，目的或許在確立守安息日的誡命。在它所限制的種種舉動中，很多行為本身並非禁止事項，但它們可能無意間促成受嚴格禁止的行為。舉例來說，安息日禁止行醫（除非攸關生死），也禁止演奏樂器。但有趣的是，聖殿享有休息相關禁令的「治外法權」，不受其約束。其所隱含的信念是祭司自會遵守一切誡命，而且凡聖殿所需，皆是神聖的。

　　數百年來，關於古代禁令的討論總是漫長而難獲共識，「排外」（muktzeh）禁令也是其中之一（muktzeh 意為排外〔excluded〕、界外〔out of bounds〕）。這項規則禁止攜帶與安息日禁止的工作相關的物品或器具，它預設安息日當天帶著這類物品的人，有可能因為疏忽

或習慣而做了安息日不該做的工作。據塔木德資料，這項禁令在第二聖殿期時受「大會」嚴格監督，徹底執行；後來的世代重新檢視這項禁令，學者也試著為這條規則裡的禁制物品分類，安息日絕不可進行的工作所需的器具仍嚴格禁止攜帶，可酌情使用的物品則保留彈性空間。當然，就像對「意圖」的討論一樣，有些學者的解釋較為寬鬆，另一些學者則主張維持原狀，嚴格執行，而對於物品、行為的分類，也同樣細膩幽微。

雖然到目前為止一直在談禁令，但安息日本質上不可能只有否定與限制，它並不是個陰鬱消沉、限制重重的日子。〈以賽亞書〉說「稱安息日為喜樂」（58:13），啟發了種種被合稱為「安息日之樂」（oneg Shabbat/Sabbath delight）的習俗，例如三頓大餐、穿安息日禮服等等（甚至有人說「睡覺也是安息日之樂」）。點安息日蠟燭原本也是「安息日之樂」的一部分，因為這能讓一家人在燭光中吃安息日大餐。

妥拉的訓勉：「要謹守安息日為聖日。」（出埃及記20:8）原本便是要人切記安息日，這天一開始就要注意言行，這則訓勉也演變為儀式，並出現相關祝禱：週五傍晚安息日開始時，斟上一杯葡萄酒，念安息日祝禱（kiddush/sanctification）。在此同時，「安息日之樂」也有其靈性面向：賢士們會在安息日上午講解妥拉經文（這後來被稱為「每週功課」〔parashat ha-shavua/the portion of the week〕）；在塔木德時期，學者則是在安息日上午講道。簡言之，賢士們將安息日視為「神聖、休息、喜樂」之日。

安息日律法的另一個面向，是劃定准許活動的範圍。有人認為安息日休息的經文根據是〈出埃及記〉十六章廿九節：「到第七天，每一個人必須留在家裏，不准出去。」這是關於安息日的經文第一次出現，

甚至比十誡出現得還早。不少宗派（含卡拉派）依字面意義嚴格奉行，安息日無論如何不出家門。

口傳傳統對此較為寬鬆，但詮釋也複雜得多。第一個相關理論是「安息日邊界」（*tehum Shabbat*/Sabbath boundary），亦即安息日當天可以走動的範圍。邊界的範圍，某種程度上是以猶太人在故土時的情況劃定的，以一城周邊兩千腕尺 ❷ 為界。可是有些地方沒有城牆，或是城的形狀不規則，許多問題也一一浮現，為「安息日邊界」訂立更具彈性的規則勢所必需。第二聖殿期對此古老禁令進行了廣泛研究，試圖構思各種建築、街道、庭院都適用的理論模型，妥拉之中已可推導出不少禁令，第二聖殿期的賢士則在增加禁令之餘，也建立讓生活更為便利的規則。

於是，他們為安息日歸納出「四大標準」（four authorities），亦即四種劃界類型：（1）例外區域（*mekom petur*/exempt location）：不受限制區，在安息日仍可做事；（2）「園子」（*karmelit*）：半建築區、原野、大海，在這些地方仍有特定限制；（3）私人場所（*reshut hayahid*）：界線十分清楚；（4）公共場所（*reshut harabim*）。

這些區域的精確劃界方式及相互關係自成主題，相關討論在引入「混揉」（*eruvin*）概念後更形複雜。據說「混揉」概念是由所羅門王（撒羅滿王）創發，目的是擴大對「邊界」的詮釋。簡單來說，在不同區域間劃定邊界十分重要，因為這牽涉到安息日律法以及財產權等問題；但邊界的概念有時而窮，因為有些「邊界」雖然肉眼看不到，卻真實存在，「混揉」便是為了補此不足。這將原本具體、單純的劃界帶入抽象層次，不同對象間的界線不再限於物理層面，更擴大到

❷ 譯注：約九百公尺。

象徵、認知層次，如國界、公私領域之別皆然。相關議題的討論收錄於塔木德〈混揉篇〉，抽象如邊界之本質，實際如劃界的方式，都可在本篇看到。

　　概括而論，所有安息日律法都是幾個基本概念的細節延伸，它們開枝散葉，引伸出數以萬計的細微規範，層層密合，堆疊成一座宏偉、複雜的哥德式建築。

—•—

CHAPTER 18

節日
The Festivals

　　《節日卷》裡大多數篇章討論的是節日或特殊場合。猶太節日大致上可以區分為兩種：一種是妥拉裡明確提到的，另一種是後來設立的慶祝或哀悼日。除了贖罪日（*Yom Kippur*/the Day of Atonement）性質特殊外，妥拉裡提到的其他節日都屬「聖會」（*mikra'ei kodesh*/ holy convocations），各有特殊規定。大多數節日律法相關討論都收在〈佳期篇〉（*Yom Tov*）裡，這個小篇章後來以開篇第一個字稱為〈蛋篇〉（*Beitza*）。

　　節日和安息日一樣是假日，但有兩點不同：首先，過節的規範不像守安息日那麼嚴（但弔詭的是，正因如此，賢士們對某些節日的律

法要求特別嚴，以免人們過於放縱）；其次，安息日禁止工作，節日只限制體力勞動（*melekhet avoda*/physical work），也准許與準備食物直接相關的工作（如點火、烹飪、燒烤等）。關於節日神聖性的學術討論，有些是解釋其特殊面向，並與安息日律法對照比較。

此外，還有不少討論是關於「猶太散居地節期第二日」（*yom tov sheni shel galuyot*/second day of festivals in the Diaspora），節期第二日的訂定及其相關討論，可說是這段時期最大的特色之一。且讓我們從頭說起：猶太節日是依陰曆訂定，初一（*rosh hodesh*/first day of the month）以新月出現為準。對於朔望月（lunar month）的平均週期，米示拿時期的學者其實已能精確掌握（與現代天文學觀察的誤差在兩秒以內），但他們還是以新月出現的經驗證據為準，不依賴天文知識（這也是他們面對其他學科的一貫態度）。新月的出現需有兩名獨立目擊證人作證，如果證言獲得法庭認可，當天便訂為初一。

確定初一也等於決定當月節日日期，而唯一有權討論、決定初一的法庭，便是耶路撒冷中央法庭（流亡之後則是巴勒斯坦境內的大議會）。唯一一次例外是巴勒斯坦慘遭戰禍蹂躪，法庭被勒令不得開會，阿奇瓦拉比才從猶太散居地決定節日日期。有一次，哈納尼亞拉孚想在巴比倫尼亞決定節日日期（他是耶何書亞拉孚的姪子，也是重要賢士），結果遭到巴勒斯坦學者大力反對，他們不但派遣特使要求撤銷計畫，還嚴詞抨擊此舉無異於在巴比倫尼亞另立聖殿，近乎偶像崇拜。巴比倫尼亞猶太菁英雖然立刻撤回計畫，但此事仍代代相傳，以「哈納尼亞之罪」名之。

既然只有巴勒斯坦大法庭有權決定初一與節日日期，初一確定後便需立刻通知巴勒斯坦之外的猶太人，由於有些重要節期初十就

開始，消息必須在幾天之內傳遍猶太散居地。一開始時，因為重要猶太散居地（埃及、巴比倫尼亞）離巴勒斯坦並不算遠，所以傳播消息的方法也挺簡單：在巴勒斯坦山頂燃放烽火。不過這種方式也有缺點：自從約哈納・希爾卡努斯（Yohanan Hyrcanus）❶攻佔撒瑪利亞人原居地（巴勒斯坦中部）、摧毀他們基列心山（Mount Gerizim）的聖殿後，猶太人與撒瑪利亞人始終關係緊張，撒瑪利亞人便常故意在其他時間燃放烽火攪局。久而久之，巴勒斯坦不得不改用其他通訊方式──派遣特使前往猶太散居地通知。

然而，無論這些特使再怎麼趕路（他們甚至獲准不守安息日），也未必能及時抵達目的地，更何況猶太人也分佈得越來越廣。於是，散居地的猶太人乾脆每次連續過兩天節，如此一來萬無一失（畢竟每個月不是廿九天就是三十天，只有一天之差）。雖然後來消息往往能及時送達，散居地的猶太人還是多年維持這個風俗。在此同時，巴勒斯坦特使則是不斷遭到羅馬當局騷擾，因為羅馬人很清楚，只要海外猶太人繼續仰賴巴勒斯坦大法庭，巴勒斯坦就始終是他們的共主。所以羅馬官員時常扣留特使，有時甚至將他們下獄。

到了公元四世紀，納西希列二世終於承認這樣下去不是辦法，遂召集議會，一次確立往後訂定節日日期的規則，並送交大法庭批准以取得法律效力，最後佈告各散居地。這份曆書公布之後，海外猶太人在節日問題上不再依賴巴勒斯坦。

但這時又出現了另一個問題：如此一來，散居地還應該過節期第二日嗎？受徵詢的巴勒斯坦學者回覆道：雖然過節期第二日的主要原因不復存在，但猶太散居地還是應該維持古老風俗。於是過第二天節

---

❶ 譯注：哈斯摩尼領袖，公元前二世紀中在位。

成了尊重傳統的方式，也有了「猶太散居地節期第二日」這個名稱。節期第二日與節日當天類似，只有朗讀的妥拉與先知書經文略有不同（較晚的世代還讀誦禮儀詩），但這兩天的關係仍須界定清楚，第二天可以做哪些事也須說明。

表面看來，新年（*Rosh HaShana*/New Year）兩天節期似乎也屬上述討論範圍，但塔木德賢士有所區分：新年節期之所以有兩天，原因並不是與猶太散居地聯絡困難，而是報告新月證據的流程常出問題。在第二聖殿時期，因為見證人常常遲到，決定新年開始往往得花上兩天；聖殿被毀後，新年一度只慶祝一天，後來還是恢復舊俗以紀念聖殿。總之，就其他兩日節期來說，只有一天是真正的節日，多出來的那天只是「存疑節日」（festivals of doubt）；但從律法角度來說，新年的兩日節期是「漫長的一日」，為了慶祝而延長為四十八小時。

另一個許多節慶都得處理的課題，是節期之中的「節期日」（*Hol HaMo'ed*/the intermediate days of the festival）。以兩個重要節期為例：逾越節（*Pesah*/Passover）和住棚節（*Sukkot*）都長達七天，但精確來說，只有頭尾兩天是節日，中間幾天雖然稱為節期日，但妥拉並未明確定位。塔木德對此討論甚多，大家也同意這是妥拉未明確說明的事項之一，可由賢士們自行判斷。於是，學者們為節期日設下新規定：節期日不可做職業或貿易相關工作，除非匠人為養家活口不得不然，或是停業將造成重大損害。這項總則也延伸出許多細節，塔木德中的〈小節日〉專門討論相關議題。

有一體適用的節慶律法，也有專屬特定節日的特殊律法，例如吹角號（shofar）便是新年特有的規定。這項規定看似簡單，但也引起了大量討論：角號究竟該是什麼材質？*tekia*（吹）這個字到底是什麼

意思？……等等。在米示拿時代，對此顯然已有不少傳統，於是學者們結合不同音調以求調和。不過，往後的猶太人雖然接受學者們的結論，各地還是慢慢加入種種變更，各自發展出不同的吹號傳統。

另一個討論主題是歲首的日期。妥拉隱含了兩種歲首：一種以初秋提示黎月（*Tishrei*）為歲首，另一種以春天亞夫月（*Aviv*）為歲首（亞夫月後來改稱尼散月〔*Nisan*〕）。猶太曆的發展過程和今天通行的陽曆很像，月份排序有兩種：一種以尼散月為歲首（以紀念猶太人在這個月出埃及），之後依序以古名稱呼每個月份；另一種較普遍的方式是以提示黎月為歲首（陽曆九月到十月，猶太曆第七個月）。❷ 換句話說，猶太曆一年從第七月開始，第六月告終；目前通行的陽曆依古制則以三月（March）為歲首，歲末是第十個月（十二月）。❸

事實上，猶太曆的「新年」不只兩個，至少有四個，這裡只介紹三種：最通行、也最重要的是以提示黎月為歲首；另一種如前述，以尼散月為歲首；第三種配合農事，以細罷特月（*Shevat*）十五日為歲首（這套曆法對農耕律法很重要）。雖然看似複雜，但換個角度來看，猶太曆的使用情況其實跟目前的制度很像：陽曆年、學年、會計年度都在不同月份開始。對於新年禱詞，塔木德裡有長篇討論，它的形式特殊，主要內容完成得相當早。儘管這份禱詞很需要訂定統一版本，但賢士們的意見往往不太一致。這裡也可看出猶太社群各有傳統，種種特殊細節隨歲月而增添。

---

❷ 譯注：以提示黎月為歲首的典故是上主於此月創世。這兩種曆法前者稱民曆（civil year），後者稱教曆（ecclesiastical year），有興趣的讀者可進一步查考。

❸ 譯注：September、October、November、December依拉丁字根原為七（*septem*）、八（*octo*）、九（*novem*）、十（*decem*）月。古羅馬曆原以March為歲首，December為歲末，一年十個月，後來才加入July和August兩月。中文習以序號稱呼月份，讀此段恐易混淆，宜細審之。

　　住棚節的特色是在帳幕或棚子裡住七天，並為祝福禮準備四種植物。❹這些規定也是看似精確，實則需要口傳傳統補充大量細節，才有可能確實奉行，例如光是「棚子」該如何定義，就牽涉到幾十個相關問題。此外，哪裡算是棚子的範圍？棚子該怎麼建？棚子和房子有什麼不同？該用什麼材料搭棚子？與範圍、界線有關的問題又可以牽涉更廣：建築物的牆一定是邊界嗎？在哪些情況下又只是象徵性的邊界？適用於其他律法（如安息日）的邊界定義，是否也適用於住棚節搭設的棚子呢？

　　為了解決諸如此類的問題，賢士們必須嘗試各種方法。他們最依賴的無疑是口傳傳統，以及妥拉裡直接、間接談到這些問題的段落；他們也可能運用塔木德裡的討論分析問題，試著從相關律法中歸納通則，再應用於當前的問題上。雖然對於細節一定有不同意見，但重點部分往往能取得共識。

　　「四種」（*arba'ah minim*/four species）植物到底是哪幾種的問題，因為妥拉沒有明確點出，所以也得依賴口傳傳統才能回答。但就像其他問題一樣，討論越細，灰色地帶與牽涉層面也越廣，延伸下去很容易碰觸到其他領域的問題。最重要的相關意見之一是：奉行律法應該秉持〈出埃及記〉十五章二節的精神：「祂是我的上帝，我要頌讚祂。」也就是說，方法要優美、雅致，以能彰顯上主的美善為原則。這個原則對住棚節尤其適用，因為住棚節律法有提到「美好樹上的果子」（*etz hadar*，利未記 23:40）。可是這裡又有了討論細節的空間：各個物種該怎麼樣才稱得上「美」呢？

---

❹譯注：住棚節的目的在慶賀秋收，並緬懷猶太先民出埃及後曠野漂泊的時光，自提示黎月十五日開始，約為陽曆九月底或十月初。

　　住棚節習俗與傳統息息相關。舉例來說，舊俗有在節期間倒清水於祭壇的儀式，象徵祈求來年平安，尤其是雨水豐沛。猶太領袖十分看重這個儀式，甚至一度為此大動干戈。據塔木德及猶太史家約瑟夫・弗拉維斯（Josephus Flavius）記載：哈斯摩尼領袖亞歷山大・楊內在位時，因其兼具大祭司身分，有權主持倒清水於祭壇的儀式。然而，因為楊內贊同撒都該派的主張，認為成文律法並未提及這個儀式，所以他故意把水倒在自己腳上。此舉嚴重激怒在場民眾，當場拿起香櫞（etrogim/citrons）往他身上丟。楊內惱羞成怒，召集外籍傭兵護駕，情勢一發不可收拾，聖殿內血流成河。楊內與議會不合已久，這場衝突成為雙方內戰的導火線之一。

　　逾越節也有其特殊規定：節期間吃無酵麵餅（matza），完全禁止食用酵母（hametz）。❺ 由於妥拉嚴屬警告逾越節食酵母者「必從以色列中剪除」（出埃及記 12:15），這些規定被嚴格遵守，相關討論從定義開始一路延伸，例如「何謂發酵？」等等。即使到了近現代，世人對於發酵過程還是未能精確掌握，可以想見這對古人來說有多難解。

　　在家中徹查酵母的規定極其古老，早在公元一世紀，希列家與沙買家對相關記述之精確意涵已起爭議。塔木德在討論這個問題時，也一如往常地岔題到其他領域：「所有權的定義是什麼？」、「禁止酵母的範圍多大？」等等。根據古老傳統，如果酵母的主人並不是猶太人，即使它放在猶太人家裡，猶太屋主也不必清掉，但所有權必須仔細確認。於是，儘管除酵的規定相當嚴格，塔木德還是留下了操作空間：只要能滿足法律程序、會計規範以及逾越節律法，猶太人可以將酵母正式賣給非猶太人，讓後者在逾越節期間成為酵母的所有權人（不過

❺ 譯注：逾越節的目的在紀念以色列人出埃及，自尼散月十五日開始，約為陽曆四月。

在中世紀晚期之前，還不太有人這樣做）。

塔木德對逾越節晚餐（Passover Seder）也著墨不少，從古到今，這都是全家一年中最重要的宗教聚會。紀念祖先出埃及之日，並再次回憶那段驚濤駭浪的歷史，早自第一聖殿期便是猶太傳統的一部分，但逾越節晚餐的形式大致是在第二聖殿期確立的。孩童在儀式中要提出的四個問題相當古老，❻雖然問題裡的某些細節在聖殿被毀後刪除，這些問答還是相當重要。

毫不令人意外的是，逾越節律法長年以來也引發很多討論，有的關於如何結合不同傳統，有的關於如何在整合習俗之餘，還能滿足律法各個層面的要求，大大小小不一而足。其實只要稍加思考，便能了解塔木德學者的任務確實艱鉅：他們必須把猶太人還在聖殿敬拜、獻祭時的風俗，融入沒有聖殿、也無法舉行祭儀的時代，在此同時，還要維繫聖殿傳統於不墜，不讓先祖習俗流於形式。

逾越節期的重心是共同獻祭，這牽涉到相當廣泛的獻祭律法，也是律法討論中十分特殊的領域。〈逾越節篇〉（*Pesahim*）約有一半的篇幅在討論獻祭儀式，另一半的主題則是酵母，這兩部分後來各自獨立成篇。關於逾越節獻祭儀式的討論被納入《神聖事物卷》，而非《節日卷》。

討論贖罪日（*Yom Kippur*/the Day of Atonement）律法的篇章也有類似問題。❼妥拉對贖罪日儀式雖然仔細交代，但這些儀式幾乎都只

---

❻ 譯注：四個問題是：為什麼我們其他晚上可以吃有酵或無酵麵餅，今晚只能吃無酵麵餅？為什麼我們其他晚上可以吃各種蔬菜，今晚只能吃苦菜？為什麼我們其他晚上吃蔬菜不沾鹽水，今晚吃蔬菜要沾兩次鹽水？為什麼我們其他晚上坐直吃飯，今晚斜躺吃飯？

❼ 譯注：依妥拉及猶太傳統，新年開始懺悔十日，而上主將在第十日（即贖罪日）做出裁決。贖罪日為提示黎月十日，約為陽曆九月底或十月初。

能由大祭司在聖殿進行。〈贖罪日篇〉（*Yoma*）幾乎都在解釋這些複雜的儀式，律法裡涵蓋的幾千個細節，也只可能透過聖殿祭司長年實作而傳承。由於只有大祭司能進入至聖所，而某些世代的大祭司較傾向撒都該派的見解，為了確保他們嚴格奉行傳統，他們必須在進入至聖所前對特別法庭起誓，保證在過程中絕不更動陳規。撒都該派的祭司顯然也尊重傳統，因為他們也同意律法已經歷了無數個世代的傳衍，並不是賢士們引入的一連串革新。儘管某些祭司對經文有不同詮釋，但他們還是繼續維繫根深柢固的傳統，不做實質更動。

由於贖罪日儀式繁複、又深具理論意義，討論焦點往往集中在儀式，很少注意這個節日的其他面向，例如禁止工作、禁食、懺悔等等。造成這種現象的另一個原因是：贖罪日雖然也是常設節日，但它和安息日一樣禁止工作，必須休息，而既然相關規定在討論安息日時已經談很多了，賢士們便無意重述。不過，純就律法角度來看，安息日和贖罪日的禁令還是不太一樣——無論是妥拉還是傳統，對安息日的限制都比贖罪日嚴格得多。

由於妥拉裡提到贖罪日「要刻苦己心」（民數記 29:7），學者們仔細討論禁食，唯恐有人以極端方式予以詮釋，甚至因此傷身。雖然律法不乏節制飲食的規定，某些日子也會要求不洗浴、不發生性行為、不穿鞋等，但對苦行有其限制。塔木德對禁食的定義與範圍討論得十分詳細：禁食應該多徹底呢？全體會眾都應禁食，無一例外嗎？這些問題之所以重要，只要參照撒瑪利亞人的情況就不難明白：由於撒瑪利亞人只接受妥拉，沒有口傳傳統，所以在贖罪日時，連嬰兒都不餵食物。相對來說，律法傳統豁免孩童的禁食義務，只為教育目的讓他們有限度地參與。此外，賢士們認為律法是「關乎生命的教導」（*torat haim*/teaching pertaining to life），「人應依律法而活，而非依律法而死」，所以病人也不必禁食，以免危及生命。

關於「成年」與「患病」的定義，賢士們也建立了諸多標準。舉例來說：如果醫生認為禁食對病患有害，即使後者有意禁食，也不得禁食。另一方面，自認過於虛弱無法禁食者也不必禁食，就算沒有醫生認定也可以豁免。這項規定的假設是「心自知其苦」，人有資格自行判斷主觀感受。當然，這些規則也引起了許多問題，例如：如果兩名醫生的看法不一樣，該怎麼辦呢？顯然各種狀況都需要個別權衡。

除了妥拉提到的節日外，另一類節日是不同時代設立的，藉「文士之書」（*divrei sofrim*/the words of the scribes）相傳。律法將聖經其他經卷提到的節日都歸於此類，例如紀念聖殿被毀的禁食日（參〈撒迦利亞書〉〔匝加利亞〕）、普珥節（Purim festival，參〈以斯帖記〉〔艾斯德爾傳〕），其他聖經成書後才設立的節日也屬於此類。後代賢士之所以有權設立節日，是因為妥拉授權代代菁英詮釋律法、創制新規，為以色列人帶來公義，自先知時代至第二聖殿期皆然。

多年以來，猶太賢士設立了大大小小的節日，有舉國歡慶、禁止哀悼或苦行的節日，也有禁食反省以緬懷歷史的日子，這些節日都列在《禁食集》（*Megillat Ta'anit*）裡，它們是最早筆錄的口傳律法，大部分在第二聖殿期末彙集（一世紀初），雖然沒有被塔木德正式收錄，但塔木德時常引用，將它們視為某種巴萊塔。《禁食集》列出了一長串紀念日，其中大多數是歡慶的日子，例如紀念軍事勝利（多為馬加比戰事）、獲得拯救，或是暴君崩卒。不過到了第二世紀，因為巴勒斯坦猶太人的生活變得非常艱苦，賢士們不得不承認同胞們根本已無心慶祝，遂悲痛但務實地取消《禁食集》中的大部分紀念日，只保留普珥

節與修殿日（*Hanukka*）。❽

　　關於普珥節的慶祝方式，〈以斯帖記〉已著墨不少，例如追憶歷史（公開宣讀聖經）、節慶大餐、請朋友吃甜點、送窮人禮物。賢士們設計的慶祝活動有點像後來的嘉年華，他們要大家「在普珥節喝個爛醉，醉到分不清哈曼是惡棍、末底改（摩爾德開）是義人」。普珥節的歡慶活動保持了好幾世紀，連艱困時期亦不例外。

　　關於普珥節的規則，塔木德〈卷軸篇〉討論得十分詳盡，但塔木德並沒有專門討論修殿日的篇章，因為賢士們不願多加評論禁止工作的節日，在猶太人連生活都有困難的歲月尤其如此。馬加比王朝曾刻意增加這個節日的重要性，但猶太人再次失去自由後，他們也無心大肆慶祝這個象徵救贖與勝利的節日。不過，在猶太人的追求由政治自由轉向心靈自由之時，修殿日的精神面向反倒凸顯出來：當年在遭褻瀆的聖殿中奇蹟般燃燒八天的油燈，啟發了點修殿節蠟燭的儀式，「信仰之光永遠不熄」也成為這個節日的重心所在。塔木德對這兩個節日的重視，可以一句話道盡：「即使所有節日全部廢除，修殿日和普珥節仍不會消失。」

　　然而在聖殿被毀之後，猶太族群惶惶不可終日，這兩個節日還是黯然失色。賢士們和撒迦利亞先知的想法一樣：只有在以色列憂患之時，禁食節日才有效成立，待聖殿重建、四海昇平，便不再禁食、只應歡慶。在聖經裡提到的四個禁食日中，最重要的是亞布月（*Av*）九日❾。其他禁食日只要求黎明到黃昏不吃不喝，亞布月九日的禁食則

❽譯注：普珥節紀念猶太人險度波斯權貴滅族陰謀，在亞達月十四日，約陽曆二月底或三月初；修殿日亦稱光明節，紀念收復遭希臘人褻瀆的聖殿，在基斯流月（*Kislev*）廿五日，約陽曆十二月。
❾譯注：又稱聖殿被毀日，約陽曆七月中到八月初。

和贖罪日一樣嚴（從日落到次日日落），其他限制亦然。

　　不過，贖罪日的性質和亞布月九日相當不同：贖罪日基本上是歡慶的日子，因為靈魂在這天重新淨化，但亞布月九日無疑是哀悼、悲痛之日，因為不僅第一聖殿在這天被毀，後來很多災難也都發生在這個日子：第二聖殿也在這天被毀；巴爾・科赫巴的最後據點拜塔爾（Beitar）在這天失守；英格蘭在一二九〇年亞布月九日驅逐猶太人；西班牙也在一四九二年這天逐出猶太人……由於這一天實在發生過太多次民族災難，它被視為「受揀選降災之日」。

　　這些禁食日都在〈禁食篇〉中獲得討論，但這篇不只談民族哀悼日，也談平時遭受災厄時的禁食，尤其是經常出現、威脅猶太人生存的旱災。旱災時的禁食方式在不同時、地都曾採行，只是未必堅守塔木德中提到的規則，這反映了猶太民族的堅實信念：只要全體齊心祈禱，禱告一定會獲得回應。在古代，全體會眾會齊聚祈禱，塔木德裡也有不少故事，提到常民、甚至被其他人視為罪人的人，在禍患時的祈禱得到上主回應。

CHAPTER 19

———•———

結婚與離婚
Marriage and Divorce

　　猶太婚姻法的相關問題大致可分兩類：亂倫及禁止性行為的相關律法，以及結婚與離婚的律法。妥拉對第一類的規範十分詳盡，但上至十誡中的「汝不可姦淫」，細至〈利未記〉、〈申命記〉中的嚴格禁令，幾乎都沒提到許可的婚姻行為有哪些。從許多違反婚姻法的判例推測，這類律法應該存在，妥拉雖未明示相關律法，但有傳達其核心意義。結婚與離婚律法的基礎是代代相衍的傳統，學者們也在妥拉中爬梳相關線索，並對照其他領域的律法援例處理。

　　米示拿與塔木德已具有相當詳細、複雜而一致的婚姻法。對於婚姻，猶太教關切兩個面向：（1）一名男性與一名女性的關係；（2）旁

人對他們的態度。就夫妻關係而言，婚姻行為幾乎完全不涉及神聖性，而是相互同意共組家庭，並負起尊重婚姻契約的義務。由於婚姻並非聖事，所以也不需祭司或拉比主持儀式。塔木德的規定是：如果一對男女決定成婚，男方只要在兩名見證者面前正式告知女方，她已透過公認的婚姻形式 —— 象徵性地移交財產、書面保證、性行為 ——成為自己的妻子即可（有趣的是，見證者的法律作用不是作證，而是儀式的必要條件）。只要兩方同意，婚姻便告成立。

婚姻的法律程序分兩階段：第一階段是訂婚，訂婚後婚姻即成立，只是尚未授與權利；接著，男方在十名成年男性的陪同下將女方帶回家，雙方便結為夫妻（為了完成這個儀式，有時會撐起蓬蓋〔huppa/canopy〕以象徵「家」）。依照禮俗，訂婚和結婚時都會唱祝禱詩，但如前所述，婚姻基本上是民事行為，並非聖禮。

到了中世紀晚期，猶太人才有邀請拉比主持婚禮的習俗，部分原因是模仿基督宗教婚禮，但即便如此，婚姻仍不具宗教意義。所以，雖然婚外性關係會受道德譴責（某種程度上也須負律法責任），但非婚生子女的法律地位並不受影響（換句話說，子女的法律地位與親生父母是否結婚無關）。只要親生父母並未觸犯亂倫罪，非婚生子女的法律地位就和其他子女一樣。

猶太教對婚姻的另一個關切面向，是夫妻與其他人的關係。從婚姻關係成立開始，與配偶近親發生性行為便屬亂倫，視同與已婚女子發生性行為。若涉及亂倫罪，即使雙方後來成婚，所生之子女還是被視為「雜種」（bastard）。雖然在血緣及繼承權問題上，「雜種」仍算是他親生父親的兒子，但他將被禁止與猶太人通婚。

既然婚姻主要是兩人之間的事，婚姻契約的重要性不言可喻，塔

木德稱之「婚契」（*ketuba*）。夫妻之間立書面契約的歷史相當悠久，漢摩拉比法典（Hammurabi's code）即已提及，甚至比妥拉更早，但婚契的形式與內容隨時代而異。賢士們堅持婚姻須立婚契，無婚契或不約定公平條件而為人妻，無異賣淫。婚契的目的就是列出這些條件，載明丈夫對妻子的財務及其他保證。它必須包含最低限度的義務（即使婚契遺失或猶太人被禁止訂立婚契時，這些條件都應滿足），若夫妻雙方都同意，也可修改或增添某些細節。

婚契的基本條件之一，是丈夫必須保證在離婚或自己過世時給妻子一筆錢，最低額度依妥拉相關規範而定。在古代，丈夫必須先準備好這筆錢或是等值的物品，而且不得動用。可是西蒙・本・謝塔納西認為：這不啻變相鼓勵離婚，因為既然已經準備了這筆錢可以付，丈夫對離婚不會慎之又慎。於是他修改規定，將這筆錢算進丈夫的資產，如此一來，想離婚的人等於要往自己荷包裡掏錢，應該會三思而行。這項變革也讓財產不夠的年輕人可以早點娶妻，不必先花上好幾年存夠這筆錢。

婚契的其他內容還有：丈夫死後妻子的繼承權、照顧婚生女兒到成年的義務等等，現代婚契還列入其他條件。值得注意的是，有些責任被視為婚姻不可或缺的部分，也被賢士們訂為正常婚姻的必備要件，所以不會明文寫進婚契，這些條件用聖經的話來說，就是 *she'er*、*kesut* 與 *ve'ona*（食物、衣服與性行為），丈夫有責任提供妻子食物、衣服，並在雙方同意時行房。

雖然細節需視情況而定，也要考慮夫妻雙方的個別需求，但婚姻一定有其基本責任。有條通則說：男人娶妻之後，「女人隨他高攀，但不跟他淪落」，意思是男人娶了社經地位較低的女子，應該以合乎自己

身分的方式對她;若娶了地位較高的女子,除非得到她明確同意,否則不能降低她原本的生活水準。

在婚姻其他面向上,賢士們也試著讓雙方義務取得平衡。就丈夫來說,他必須養家活口,妻子患病時為她延醫、受擄時出手相救、死亡時出資埋葬,但他也有權享用妻子的嫁妝(*nikhsei melog/ usufruct*)——雖然所有權並不在他;而就妻子來說,在她能力所及的範圍內,她也必須幫忙維護這個家庭。總之,婚姻的這些面向主要視夫妻協議而定。

男方有權放棄法律賦予他的權利,在很多婚契中,男方都放棄管理妻子財產的權利;在此同時,女方也常常將財產交給丈夫,給他管理、甚至出售的權利。不過,夫妻之間的權利義務往往無法完全取得平衡,因為塔木德婚姻法預設一夫多妻制:男人可娶多名妻子,而女人只嫁一名丈夫。一夫多妻制賦予丈夫休妻的權利(反之則否),結婚之後亦可再次娶妻。在此同時,一夫多妻制也有其生物學考量,讓男性在婚姻上更具主動性。

到中世紀時,有「猶太散居地之光」之稱的傑雄拉比才頒佈禁令(*herem*/ban),杜絕一夫多妻,並附帶禁止在未獲妻子同意的情況下離婚。這道禁令獲得大多數猶太人贊同,而且也符合實際情形——即使在塔木德時代,也很少有人娶兩名妻子,在米示拿與塔木德賢士中,我們只知道一名賢士娶過兩名妻子。但不可否認的是,婚姻及離婚律法確實承認一夫多妻的有效性。

離婚被視為道德可議之事,有句話說:「人與第一位妻子離婚時,連祭壇都掉下眼淚。」然而相關律法規範卻寬鬆得反常。很多案例顯示:只要離婚出於自願,連理由都不必說明(所謂「自願」,早年是男

方自願即可,後來才改為夫妻雙方同意)。不過也有強制離婚的例子:如果丈夫發現妻子通姦,必須休妻;相對地,如果丈夫性無能、身患重病而使婚姻生活難以忍受,或逼迫妻子做她沒義務要做的事(例如搬到環境截然不同的地方),妻子可以訴請離婚。

從實務上來說,丈夫將「休契」(get)交給妻子之時,離婚即告成立。「休契」是米示拿用語,等同於妥拉中的「休書」(sefer kritut)。休契為書面文件,內容簡單:載明時、地之後,便聲明某人自此與妻子離婚,後者可以再婚。休契和婚契都以亞蘭文書寫,因為那是第二聖殿期的通行語言。雖然沒有律法根據,但這類文件傳統上都以亞蘭文書寫。

休契可以親自下筆,也可以委由文士代書。休契自古以來都需字斟句酌,嚴謹為之,因為它解開一名女性的婚姻羈絆,讓她可以再婚,休契文字如果有誤,律法效力也隨之消失。由於常有男性惡意在文字上動手腳,讓妻子難以順利離婚,拉比們決定:「不諳婚姻及離婚相關律法者,不得自行撰寫。」於是大多數猶太社群漸漸形成慣例:休契只由法庭繕寫,確保內容明確而無爭議。

即使最簡單的休契也有諸多問題要注意,例如雙方姓名的正確拼寫方式、正確的時地等等。離婚最重要的原則之一,就是要完全切斷夫妻關係,所以休契不得以任何方式讓男方對女方設限,例如男方不得在休契中限制女方嫁給特定男子。時間效力問題也很複雜,在男方預立「權宜休契」(get al tenai/decree nisi)時尤其如此。從第一聖殿期開始就有這樣的案例:男方參戰前先給妻子權宜休契,如此一來即使自己下落不明、無法被認定死亡,妻子的人身自由與法律權利也不致受到影響。這類休契的用詞遣句尤需謹慎,一方面要讓它具有法律效

力，另一方面也要防止任何一方惡意濫用。

婚姻法涉及產權法、社會結構與婚姻關係的神聖性，因此內容龐雜、細節繁多，需要不斷釐清。由於結婚與離婚基本上是私人事務，需由雙方共同決定，非預期的狀況必然不斷出現，新問題也一定會持續產生。學者長年以來一直試著為婚姻設定基本框架，他們也大致完成了使命。但因為律法賦予個人結婚與離婚的權利，疑義與問題無可避免。值得注意的是：猶太法庭只能討論婚姻的法律面向，無權介入婚姻關係，除非一段婚姻明顯違反律法，否則法庭也無權宣告婚姻無效。只有亂倫法能在某種程度上對婚姻合法性設限，但法庭很少宣告已經存在的婚姻無效。

婚姻禁令多半已由妥拉載明，賢士們的任務是仔細研究，並加以分類。相關討論持續了好幾個世代，很多問題到塔木德時代才取得共識。在意見仍不一致時，賢士們只能多方設法，盡量避免夫妻及子女涉入複雜的法律爭議。雖然相關討論極其細膩而深入，但整體來說，婚姻禁令可歸為三類：第一、男性不可娶特定女性，但若他違反律法娶了她，這段婚姻仍具法律效力，要離婚才可解除。舉例來說，妥拉認為再娶前妻是「可憎的」，❶因為這變相鼓勵「合法」賣淫，但若一名男子再娶一名再嫁後又離婚或成為寡婦的前妻，法庭雖然會盡一切努力說服他休妻，但這段婚姻在法律上依然有效而具約束力，所生子女的地位在大多數情況下不受影響。

第二種婚姻禁令與亂倫有關。在這種案例中，即使婚禮依照正常程序進行，婚姻仍不具法律效力，雙方視同未成婚，所以也不需要休契來解除婚姻關係。這種關係生下的子女被視為「雜種」，但父子關係

❶ 譯注：見〈申命記〉廿四章一至四節。

的權利義務仍受認可。

第三種婚姻禁令最嚴格，違反者不僅婚姻無效，父子關係也不被承認，猶太人與非猶太人通婚即屬此類。這種關係無論有沒有舉行婚禮，都沒有合法婚姻效力，所生子女視同失怙，歸屬母方，母親為猶太人，則被視為猶太人；母親若非猶太人，則被視為非猶太人。

以上所述只是婚姻法通則，細項及特殊規定所在多有，例如祭司家族（尤其是大祭司）就有特殊婚姻限制，對於非猶太人及獲釋的奴隸也另有規範。大多數婚姻相關律法與產權的討論，都收錄在塔木德《婦人卷》。

CHAPTER 20

———•———

女性地位
The Status of Women

塔木德將女性排除在許多重要領域之外，例如免除女性參與特定活動的責任，也不必採行很多猶太生活常見禮俗，例如穿四角縫流蘇的罩袍（*tzitzit*）、綁經文匣、誦〈聽啊，以色列！〉禱詞、吹角號、搭棚子、朝聖等。女性不得列入十人祈禱「會眾」（*minyan*），也無法在社群中發揮積極功能；在猶太社會中，他們不得委以行政或司法職位；最重要的是：她們沒有研讀妥拉聖約之責，光是這項遺憾，就讓她們無法在猶太文化、宗教生活上產生重大影響。

看到這裡，也許很多人認為猶太社會歧視女性，透過層層限制將她們邊緣化成次等人，實則不然。女性其實在很多領域都很積極，不

僅能透過妻子、母親的身分發揮影響，也在一些看似專屬男性的場域嶄露頭角。何以如此？顯然與塔木德回應生活與妥拉的方法有關：賢士們並不認為律法只是哲學或智性的框架，必須透過玄思冥想才能證成；相反地，他們認為律法是安頓現實的實踐方法，必須具有彈性及實用性。

舉例來說，賢士們之所以免除女性學習之責，並不是因為他們認為女性才智不足，相反地，他們相信「女性的智力（bina）超過男性」，對於少數選擇讀書的女性，他們也不橫加攔阻。沒錯，以嚴厲聞名的艾立澤爾拉比是對女性改教者說過：「女人只對針線活有智慧。」但另一方面，本・阿翟（Ben Azai）認為每位父親都應該教女兒妥拉，有位知名詮者也曾為了一挫學生銳氣，說：「蓓露雅曾經一天跟三百位傳道學三百條律法，聰慧如她，都在這裡花了很多時間，你憑什麼認為自己能學得比她快呢？」蓓露雅出身書香世家，她是邁爾拉比的妻子，也是當時最出色的學者之一，她時常參與律法討論，對某些議題的見解更遠遠勝過其他男性學者。

我們也能透過一份相當奇特的婚契，認識另一位博學多聞的女性：在阿奇瓦拉比之子的婚契中，新娘同意「為他供餐、照顧他，並教他妥拉」。事實上，有心求學的女性不在少數，賢士在會堂講授傳說和律法時，往往有很多婦女來聽，有時即使丈夫反對也依舊出席。據賢士們說，耶胡達・哈納西拉比的婢女也才學過人，常有人問她希伯來文問題。

雖然女性不具正式社會地位，重要人士的妻女還是能透過他們發揮影響力。拉巴和他第二任妻子的一則軼事特別有名，他們是青梅竹馬，自幼相互傾心。有一次拉巴正在審案，一名婦人正要宣誓作證，

拉巴的妻子「希斯達拉孚之女」出現了，她告訴丈夫這名婦人說謊成性，拉巴採信她的判斷，也依此做出裁決，在場的人都沒有異議，拉巴的幾位學生也未提出質疑。

不久之後，類似的情況又在法庭上演，這次質疑證人誠信的是詮者帕帕拉孚，拉巴最傑出的弟子之一。然而拉巴客氣地駁回他的意見，說：「先生，您是唯一的證人，恕我無法只依一位證人的看法做決定。」帕帕問道：「難道我比您的夫人不可信嗎？」拉巴回答：「我很了解內人，所以採信她的意見。可是先生，我對您並未了解到同樣程度。」有趣的是，帕帕拉孚對此不存芥蒂，反倒細加思索，試圖歸納出判斷證人可靠性的通則。

免除女性許多律法責任，其實被視為豁免，而非禁令。不過男性總認為生為男性是種福分，因為他們有權實現更多律法，重男輕女的態度十分明顯——他們每天早上的祝禱都讚美神沒讓自己當女性。不過，有心承擔更多律法責任的女性還是能積極追求，所以仍能發現相關記錄，例如「掃羅之女米甲佩戴經文匣」、「約拿之妻踏上朝聖之路」等。女性也獲准去聖殿獻祭，「讓她們自己高興」。從理論層次來看，豁免與限制女性的律法分野並不明確。以〈聽啊，以色列！〉禱詞來說，因為它是「對上主的懇求」，男性有義務誦讀，女性卻不必，很難論定這是免除女性的宗教責任，亦或限制女性的宗教權利。

此外，由於部分女性過於投入祈禱或苦修，有些賢士也抱持戒心，唯恐其動機可議。因此，「獻身祈禱的單身女士」（*betula tzalyanit*/ *devoutly praying maiden*）以及「苦修的寡婦」（*almana tzaymanit*/ *ascetic widow*），都被賢士們歸為「遊手好閒之人」（*mevalei olam*/ *wastrels*）。不過，這並不代表賢士們瞧不起女人，而是他們擔心宗教

行為淪為作秀，畢竟他們也說：「單身女士教導我們何謂畏懼罪惡，寡婦教導我們德行本身即是報償。」

　　賢士們憂慮的是「賣身濟貧以博善名」，但一般說來，敬畏上主、努力行善的女性並不少見，某些女性虔敬好德堪為典範，也是眾所公認之事。古代曾有女先知被視為理所當然之事，不須多做解釋，甚至有此一說：「男族長不如女族長會預言。」

　　女性在民法、刑法上與男性地位平等，也深具社會意義。即使是最嚴苛的婚契，也讓妻子一方高度經濟獨立。正因如此，女性在婚後亦能自主管理財產，能夠參與買賣或與人合夥經商。在某些家庭（富商之家尤然），女性更完全掌握家計。有大筆嫁妝的妻子不必在家事上多費心，某些人也像近現代的「貴婦」一樣，終日安閒拈花弄月。雖然賢士們普遍不贊成閱讀希臘詩文或哲學，但其中有幾位同意女性讀這些作品，「作為女人的妝點」。

　　對於塔木德時代的女子教育，我們所知有限，但出身富裕社群或家庭的女孩顯然會接受基本猶太教育。女孩們似乎都有聖經和律法的零碎知識，家中教育程度越高，女孩子也越有可能接受教育，有的是跟著兄弟上課，有的是個別受教。賢士們之所以認為值得散盡家財迎娶學者之女，這也是原因之一：塔木德裡許多軼事顯示，這樣的女子通常受教於父親甚多，即使丈夫早逝或遭流放，她也能獨力教導孩子妥拉。律法判例也說「學者（*haver*/scholar）之妻如其本人」，明顯反映書香門第的女子極受敬重，其才學也普遍獲得肯定。這則判例的社會意義亦不容小覷：學者之妻和丈夫一樣受敬重，社會地位高於常民百姓。

　　為了解女性在律法和日常生活中的基本面向，必須先確認塔木德

賢士對婚姻的態度。猶太教與基督宗教或其他東方宗教不同，從來不將婚姻視為「必要之惡」，目的只是為了傳宗接代，除此之外一無是處。賢士們認為性慾只是自然本能，不需鄙視或譴責。雖然他們極為強調節制、貞潔，還有夫妻之間的純潔關係，但絕不否定男女之間的性吸引力。以寵愛女兒出名的希斯達拉孚為例（他親口說過：「我覺得女兒比兒子更好。」），他向女兒們講授性教育，而且這些內容還被收進塔木德裡，補充原已數量龐大的男性性教育內容。

一般說來，賢士們很清楚性衝動的力量，他們的想法可以歸納為一句話：「遇上與性有關的事，沒有人能保護你（*Ein epitropos le'arayot*）。」因此，即使是最自制、最敬虔、最可靠的男人，都不能完全信任，更不能託他單獨守護一個女人。正因為賢士們十分清楚情慾的力量，所以他們說：「比同儕了不起的人，在處理慾望上也更了不起。」某些故事提到：有幾位相當虔誠的人，都曾幾乎屈服於誘惑，做出不得體的事。這類故事的目的不是污衊這些聖徒，而是要強調貞潔與自制的必要。

猶太教認為娶妻是重要誡命，任何男性都不例外。即使男性已無生育能力，還是會被勸誡勿單身度日。性行為不只被當成延續種族的工具，更被視為人性不可或缺的一部分，所以有句話說：「沒有妻子的男人稱不上男人。」在賢士們看來，獨身男性只算是半個人，要到結婚之後才變成完整的人（妥拉中上主造人的故事，也被學者們詮釋為：亞當受造時的肖像合二為一，後來才分成兩個身體，即男人和女人）。

從社會角度來看，男女組成的家庭是生活的核心，任何討論都必須同時考慮家庭裡的兩方。夫妻之間的情感與靈性關係也常被提起，但內容未必只和教養兒女有關，也與夫婦本身密切相關。塔木德裡有

個故事：有位婦人嫁給學者，每天早上幫他在手臂上綁經文匣；學者去世後，這位婦人再嫁給稅吏（賢士們幾乎都把這個職業視為貪婪、欺詐的代名詞），變成每天早上幫他在手臂上綁稅吏徽章。另一個故事是這樣的：有對夫妻非常虔敬，但兩人離婚之後，女方引導新丈夫走上正道，男方卻娶了一位奸巧的婦人，最後受她影響也變得墮落。這兩則說明夫妻相互影響的故事，其實也清楚地勾勒出女性在家中的角色與地位。

雖然女性參與公共事務的管道極少，她們的實際影響卻不容小覷，這或許令人不太自在，但絕非虛言。有兩則納賀曼拉孚妻子的故事，很能說明這位女性有多強勢：納賀曼拉孚之妻出身流亡領袖家族，她毫不避諱地發揮影響、施展權力，也堅持旁人對她必須適當尊重。有一次，她覺得巴勒斯坦學者烏拉拉比對她不敬，便寫了張毫不客氣的便箋給他：「流浪漢多話，正如鼠輩滿身跳蚤。」當然，少有女性說話如此直率、甚至粗魯，但這故事正好可以說明：在塔木德時代，女性的影響力是廣受承認的。

婚契一般不會剝奪女方的財產權，但若無特別商議，妻子的財產通常會交給丈夫管理。結婚婦女還是有出庭作證的權利，而且她們不僅參與婚姻法案件，塔木德裡也有不少女性積極解決財務爭議的例子。妻子必須服從丈夫到何種程度，律法有明確規範，即使在結婚之後，律法也盡量試著讓雙方的權利義務取得平衡。雖然妥拉許可丈夫撤銷妻子的誓言，但學者們也對此設下限制──只有在妻子的誓言直接、間接涉及婚姻關係時，丈夫才可撤銷，但對於妻子的其他義務，丈夫不得干涉。

同樣地，雖然父親可以幫女兒安排婚事或撤銷她的誓言，但這份

權利僅限於尚未生理成熟（十二歲）的女兒。女性青春期後即全然獨立，無論是父親或其他人，都不能強行干預一名成年女子的決定，更不能違背她的意願逼她成婚。雖然猶太父母總認為自己有責任為子女找對象，但這並不是因為父親有權決定女兒的終生大事，而是在習俗上，父母有責任為子女說媒。

因此，塔木德賢士並沒有將女性視為次等族群，而是跟某位賢士說的一樣：他們將女性當成「另一個族類」（a nation apart）。賢士們認為女性自有一套不同於男性的概念、規則與行為標準，雖然她們可以豁免許多男性必須奉行的重要責任，但純粹就宗教觀點來看，她們一點也沒有低人一等。有句話甚至說：「神聖、唯一而蒙福的上主，應許女人的賞賜比男人還多。」兩性之別是以角色分工為基礎，區隔但平等。

———•———

CHAPTER 21

民法（金融法）

Civil Law

　　民法常被稱為金融法（*dinei memonot*/monetary law），是塔木德最有彈性與創意的領域之一，有位米示拿學者說：「想獲得智慧應該研究金融法，它是一座活泉，妥拉裡沒有比這更大的主題。」民法與其他律法最大的不同在於：其他律法相對而言較為固定，民法則較具彈性，也始終在更動，因為它界定的是人類關係中常發生變化的面向。

　　與生物或儀式有關的律法可以長年不易，因為它們討論的對象不太容易改變，所以能長期維持穩定，民法則不然。賢士們也留意到兩者的不同：儀式之類的律法牽涉的人有限，但幾乎每個人一生中都會碰觸到民法。

　　民法的主要原則之一，是預設金錢可以贈與，這項原則也以種種方式影響了律法程序。這個原則雖然看似不重要，卻是整部民法的基礎，因為金融架構需有公眾支持才能建立，而公眾意見往往因地而易。其他的律法可以維持獨立，不受不同社群控制與監督，但民法無法如此。個人要擁有金錢，必須與另一方取得協議，如有必要，也必須放棄財產或修改法律契約。所謂「入境隨俗」（custom of the land），指的是人民默示同意依特定法律系統生活，這項因素對民法的影響遠比其他律法要大。民法預設住在特定地區的人必須遵守當地法律與風俗，有時也必須放棄妥拉給予他的某些權利。

　　另一個讓民法較其他法律更具彈性的概念，是金錢「可以代換」（can be replaced）。其他領域的錯誤往往覆水難收，但與財產有關的案件通常可以彌補，例如歸還偷竊的財物等等。因此，除了不斷呼籲人民正直行事，並嚴格禁止偷竊與搶劫，立法者還可以為各種情境設定法律框架，相對而言不須擔心誤判造成無可挽回的錯誤。

　　也正因如此，民事法庭的權力往往比其他法庭更大。從理論上說，法庭增立新規、做出判決，並不一定要援引妥拉佐證，但為滿足公眾利益，法庭仍可引用明確妥拉條文以昭公信。民事法庭最重要的原則之一，是「法庭判決可處置無主財產」（hefker beit din hefker/the decree of a court can render property ownerless），以此為基礎，猶太法庭有權增訂新法、設立新規，轉移一方財物給另一方，即使這份權利並未明文授與。

　　由於這種種因素，妥拉中的金融法十分詳盡，可以調適各種需求與環境。原本的〈損害篇〉後來分成三篇以「門」為名的篇章，分類方式或多或少是依據金融法問題的類型：直接或間接由一人對另一人

造成的損害，相關律法問題集中在〈第一道門〉；金融爭議、工作爭議與借貸爭議，相關討論在〈中間之門〉；涉及合夥、交易與法律文件的律法，相關討論在〈最後之門〉。

依據一條古老的米示拿條目，損害可分為「四大類（avot/principle categories）」，這四大類後來又細分為二十四類。原本的條目年代非常久遠，而且文字極其簡短含糊，各類的確切意義引起不少爭議，但大致上的共識依然存在。例如普遍認為「四大類」並非直指損害，而是指某人負有責任的財產所造成的損害。這則條目說的「牛、水池、牧場、火災」只是象徵性用詞，誠如某位賢士所言：「相信塔木德裡的『牛』是在講真的牛的人，根本還沒入律法之門。」

稍晚的分類也依照同樣的方式，將損害分成五類：角（keren/horn）、齒（shen/tooth）、足（regel/foot）、坑（bor/pit）、火（esh/fire）。前三種損害由動物造成，後兩種損害由無生命的物體造成。

「角」的意象取自聖經中用角牴人的牛，❶代表有攻擊意圖的動物對人或其他動物造成傷害，例如狗咬人或公雞啄死小鳥便屬此類。與這類問題相關的律法十分複雜，因為飼主的責任必須釐清，如果造成傷害的動物以前從未傷人（謂之「無害」〔tam/innocent〕），飼主責任較輕；但若該動物曾經傷人，飼主責任較重。此外，動物若傷人致死，必須處死；若牠造成輕傷或造成其他動物死亡，飼主則需賠償。

「齒」的類別的責任歸屬相對單純：要是牲畜為滿足需求而吃或有其他舉動，飼主必須為牠造成的損害負責。擴大解釋「齒」的損害的經典案例之一，是牲畜靠在牆上搔癢，結果把牆推垮。「足」的損害主要是牲畜踐踏所致，但也擴及動物非求愉悅之正常移動或行動所造成

❶譯注：參〈出埃及記〉廿一章廿八至卅六節。

的損害。飼主幾乎要賠償因此造成的一切損失，除非賠償無法執行，或是受害方嚴重疏忽。

「坑」的概念也取自聖經：若有人挖坑以致造成他人損害，挖坑之人必須負責。同樣地，「坑」的概念也被抽象解釋，擴及公共場所的一切妨礙，可能是坑，也可能是其他障礙。因此才有「滾動之坑」（rolling pit）一說，代表公共障礙未必限於一地，位置也可能改變。造成這類損害之人的責任須仔細釐清，並將種種相關條件列入考慮，例如「受害者是否過於大意？」、「造成妨礙者是否有權在該地放置此物？」等等。

「火」類損害不僅止於直接在他人物品上放火，也包括生火之後未嚴加看顧以致釀禍，即使是在自己的產業中生火亦需負責。更深入的律法研究與釐清責任有關：火可以視為一個人的間接延伸嗎？如果可以，此人便須對火負起責任。這項見解可以歸結為一句話：「人之火如其箭。」換句話說，人對自己射出的箭要負責，對自己點的火也要負責。此外，也有人認為「火」的責任範圍應該更廣，畢竟有些人直接導致損害，但並未直接接觸受損物品。

與此問題相關的議題與責任限制，牽涉到一連串的損害賠償問題。兩個性質與名稱類似的概念需要先做區分：直接侵權（*grama benezikin*）與間接侵權（*dina degarmei*）。直接侵權指的是犯案人是造成直接損害的原因（例如此人將牛群趕進鄰居田裡）；間接侵權則適用於造成間接傷害的犯案人。舉例來說，某甲燒了某乙的借據，直接侵權是損毀一張紙，某甲必須對此賠償，毫無疑義；但在此同時，某乙可能因為失去這張借據而損失一大筆錢，某甲對這筆損失又負有多大責任呢？燒了借據算是直接構成損害，因此需要負起直接責任嗎？或

者某甲只是造成這筆損失的原因之一，並不需要為結果負完全責任，畢竟若不是借款的人拒絕在沒有借據的情況下還款，某乙也不會有這麼大的損失？在討論了好幾個世代之後，塔木德的結論是某甲雖然不是親身倒債，但也對某乙有一定責任。

少數意見則是：這種情況應視為「損害存疑」（*nezek she'eno nikar*），亦即損害無法推估，因此無法要求被告完全負起犯罪責任。舉例來說，若某甲弄髒了某乙的燔祭祭品，便屬「損害存疑」。某甲可能只是不小心碰到某乙的祭品，雖然祭品並未實質損害，但也不能用了，幾乎價值全失。雖然據一般標準，某甲的行為很難被認定為故意，但他的無心之過確實造成嚴重損害。不過，即使主張某甲沒有賠償義務的學者，也都同意在這種情況下，某甲所造成的損害「免於人間之法，但仍受天上之法約束」，換句話說，某甲雖然沒有法律責任，法庭也不能強制他賠償損害，但他仍然應該負起道義責任，補償某乙。某甲固然不須承受法律壓力，但自有一套敦促他負道義責任的規範。簡言之，即使肇事者沒有責任，律法還是會指示該如何善盡道德義務。

另一個與整部民法有關的法律問題是：如何處理歸屬不明的財產（*mamon ha-mutal besafek*/money in doubt）？亦即，若兩方都主張某筆財產或物品屬於自己，但都無法提出有力的所有權證據，這筆財產該如何處置？有人主張將財物平分給兩位當事人，但反對的人不少，這種處理方式也遭到否決。反對者認為有爭議的財物必屬其中一方，平分無異剝奪他的權利，而且也縱容沒有請求權的人不受懲戒。法庭也時常援引這項主張反對兩造妥協，因為妥協只能相安無事，無法找出真相。

　　此外，律法共識是「原告需負舉證責任」，如果原告無法證明自己的主張，爭議財物便仍歸原持有者所有。許多財務糾紛都依此原則裁決：持有者保留所有權，舉證責任則由另一方負責。當然，有些爭議無法靠這項原則解決，例如兩造皆持有或未持有爭議中的財物。所以某些時候，法官還是得平分爭議財物，或是以自由心證決定所有權歸屬。相關問題的討論十分詳細，占了塔木德相當大的篇幅。

　　這類問題也與「持有」（hazaka/taking hold）的概念相關。在塔木德中，「持有」一詞有三種含意，雖然細節有異，但在邏輯上彼此相關。「持有」是法律用語，常出現在與所有權有關的法條。在涉及財物的猶太律法中，「原告負舉證責任」即須應用「持有」的概念，簡單來說是「持有者的所有權在被推翻之前皆獲保障」，但實踐上要細密也精確得多。

　　比方說，雖然從表面上看，是原告而非持有者需負舉證責任，但實質證據在猶太律法中的有效性仍高於「持有」。論及侵權行為時，有條規定是「不具理據的『持有』並非『持有』」，也就是說，「持有某物」本身並不算該物屬於持有人的證據。更白話點說，光是宣稱：「我持有這個東西很多年了，之前沒人主張這是他的。」在法律上並沒有足夠效力。「持有」的效力來自於取得所有權（如購買、繼承、禮贈），因此「持有」本身並不能取代證據。給予持有人一定程度的保障，只是為了讓他不必沒完沒了地為所有權舉證。

　　此外，在經過特定時間之後，持有人不須再為所有權提出人證或書面證據，時間長短則視物品使用程度而定。因此，「持有」其實是個技術性規範，其假設在於：如果某甲的財物遭到他人非法侵用，他在特定時間之內應該會發現，並提出告訴以捍衛自身權利；相對來說，

物品的持有者若經過這段時間都沒有被告，應該表示他有此物的所有權，所以才能長期持有而沒人提出異議，既然如此，經過特定時間之後，他也不必不斷地為所有權提出證明。

　　前面大致談過了人的財產所造成的損害，接下來要談另一個完全不同的範疇：人本身所造成的損害。這類損害的通則是：「人人都已預受告誡（*adam muad le'olam*/a man is always forewarned）。」也就是說：「沒有意圖」不是抗辯理由，每個人都得為自己的行為負起責任，不論是惡意為之、疏忽大意，或是沒有充分顧及他人權利。唯一能免除責任的理據是「強迫」（*oness*/coercion），意即被告是被迫做出某項行為，也許是迫於無法控制的外在因素，也許是被告欠缺判斷能力（例如年幼或精神異常）。

　　如果受到損害的是人，律法又將損害分為五類：時間損失（*shevet*/ loss of time）、醫療支出（*ripui*/healing）、名譽傷害（*boshet*/humiliation）、痛苦（*tza'ar*/pain），以及損傷（*pegam*/damage），多數案件只涉及其中一、兩種損害，只有少數案件涵蓋全部五種損害，加害人須賠償受害人在勞動市場或其他領域的損失。

　　舉例來說，要是某甲造成某乙截肢，某甲須賠償某乙因截肢而承受的損失，賠償金額因時而易。同樣地，如果某甲害一名女性毀容，即使後者的工作能力未受影響，某甲也必須賠償她因此減損的價值。另一種賠償類型是傷害所造成的痛苦，如果某項傷害只造成痛苦，要賠償的便只有這個類別。「時間損失」是賠償受害人養傷期未能工作的損失；「醫療支出」是支付治療費用；要是某項損害導致受害人名譽受損，加害人也必須額外賠償，金額隨傷害發生時間、地點而易。

　　「賠償」的假設是受害人的傷害可以彌補，就像權利受到侵害可以

補償一樣。妥拉還有罰款規定，要求加害人除賠償金外另繳罰款。塔木德律法認為，若妥拉要求的賠償與損害不對等，即屬罰款，即便其少於實際損失亦然。妥拉提及的懲罰性賠償包括：竊賊需賠償失主兩倍損失、偷羊或牛者需賠償四或五倍……等等。裁決賠償與罰款的規則有所不同：所有產權訴訟都是為求公平，與日常生活息息相關，所以正式法庭皆有權審理；然而涉及罰款的案件，只有經過特別授權的法官才能審理。由於這種特別授權在中世紀初廢止，後來涉及罰款的律法便只用於特殊案件。

民法當中，另一個與責任有關的領域，塔木德稱作「保管人」（*shomrim*/guardians），討論的是人受託保管財產或物品時，相對應負的責任為何。「保管人」依妥拉的線索分為四類：不支薪保管人（*shomer binam*/the unpaid keeper）、支薪保管人（*shomer sakhar*/the paid keeper）、租用人（*sokher*/the lessee），以及借用人（*sho'el*/the borrower），不支薪保管人的責任相對較輕，借用人則較重。由於聖經相關經文未必解釋得很清楚，塔木德細加界定了各類保管人的責任。

舉例來說，聖經對於租用人的責任只寫了短短一句話：「如果牲畜是租用的，損失由租金抵償。」❷ 相關細節自然需要塔木德賢士補足。保管人的責任起於何時？何地？都要仔細討論釐清，才能實際應用於日常生活。畢竟區別有時極其細微，要判定某人是否負有保管某物之責？責任又有多大？很多時候並非易事。舉例來說，有個爭議已久的問題是：如果某人發現了另一個人遺失的東西，他要負的是不支薪保管者的責任，還是支薪保管者的責任？

---

❷譯注：這段經文談的是賠償，前後文為：「如果有人向別人借用牲畜，這牲畜在物主不在時或傷或死，借用的人必須賠償；物主若在場，就不必賠償。如果牲畜是租用的，損失由租金抵償。」出自〈出埃及記〉廿二章十四至十五節。

　　對於保管人的規範，在妥拉中與起誓的律法連結起來。❸如果保管人遺失保管物品，但矢口否認曾予保管，或對自己該負的責任另有詮釋，或聲稱物品被取走的方式免除了他全部責任（例如遭到武裝搶劫，保管人遇上這種情況大多免責），或者兩方對遺失物品的價值認定不同，便會涉及起誓的律法。雖然某些爭議可以透過人證或書面證明釐清，但很多時候，相互衝突的主張並無法被完全證實，這時法律便會建議被告起誓：「我絕無伸手染指我鄰人的財物。」被告如果願意立誓，一切告訴隨之撤銷。

　　不過，這個誓言有其限制：除非對被告不利的證據只有一名證人提供（妥拉要求有兩名人證提出證詞），或是被告只「部分承認」對方主張（亦即原則上同意對方的陳述，但對細節另有說法），否則被告不須起誓。這個誓言後來被稱為「妥拉誓言」，以便與賢士們設立的其他誓言區隔。「妥拉誓言」被視為神聖之誓，起誓時需手握聖物。

　　塔木德時代出現了另一種誓言——「豁免誓言」（*shevu' at heset*/oath of exemption），據說由詮者納賀曼拉孚所設，即使財務糾紛的被告否認一切指控，每個細節都不承認，也可以發「豁免誓言」。之所以會引入新誓言，顯然與後來的社會發展有關：人們為了避免起誓，開始對所有指控一概否認，為了重新規範社會關係，塔木德賢士新設立了「豁免誓言」。值得提醒大家的是：當時的人認為宣誓的責任極其沉重，十分畏懼發假誓，也很擔心在認知有誤的情況下錯發假誓，於是人人盡力避免一切誓言，更傾向以其他形式的聲明取代宣誓。

　　與遺失物有關的律法也與保管人規範有關。妥拉要求尋獲遺失物之人必須原物奉還，禁止納為己有或丟棄。在尋獲人熟知該物屬於何

---

❸譯注：參〈申命記〉六章二至五節。

人之時，要完成要求當然不難，但實際上往往不是如此，所以不僅執行上有困難，也很容易引起諸多問題。律法試著說明哪些遺失物可以辨認物主、必須原物歸還，也嘗試釐清哪些東西無法辨認物主。以貨幣為例，雖然它上面可以做記號，卻無法辨明物主、無法原物奉還，因為貨幣流通很快、隨時易主，即使某人能證明某張鈔票或某枚硬幣曾是他的，通常也無法證明自己就是它的上一名擁有者。許多這類律法都應用到「棄權」（ye'ush）概念，亦即原物主實質放棄所有權。這個概念假設某物已永久遺失，從現在開始即屬「無主物」（hefker/unclaimed, ownerless），可歸尋獲者所有。

「物主棄權」（ye'ush be'alim）的問題也牽涉到偷竊和搶劫案件。雖然偷竊也違反宗教誡命，但猶太律法將偷竊歸為民事罪而非刑事罪，不處以身體刑。竊賊必須將偷竊物原物奉還，某些案件還須支付失主罰金（通常是物品價值的兩倍以上），但懲罰到此而止。研究失竊物的本質極其重要，相關問題例如：它到何時為止仍屬失主財產？從何時起視為竊賊財產（在這種情況下，竊賊只須支付同等賠償，不須原物奉還）？對於這個問題，律法有兩個重點，其中一個與「放棄所有權」有關：經過特定時間，或是失主正式或非正式地表示他不再相信能找回失物之後，失物即歸竊賊所有。

此外，如果竊賊以重大、不可逆的方式改變了失物的本質（例如偷竊木材做成家具），原物主即喪失木材本身的所有權，但他依然有權要求竊賊賠償。這個問題極具現實意義，比方說：若失物的價值在遭竊後提高，竊賊應該賠償該物失竊時的價值，還是它被尋獲時的價值？另外，如果竊賊出售贓物又該怎麼辦呢？原物主可以要求新物主歸還嗎？還是他只能要求竊賊賠償損失？

　　值得一提的是，律法對偷竊和搶劫的態度與一般看法大為不同。竊賊有時要付罰款，但公然暴力行搶者只須歸還物品或賠償等價金額。塔木德的解釋相當有趣：搶劫是公然進行，代表搶匪對神的態度和對人一樣，他既不在意世人眼光，也不在意神的誡命，所以敢在眾目睽睽之下大剌剌地違背神的旨意，既不畏懼也不感羞恥；可是竊賊不一樣，他畏懼世人，卻不敬畏上帝，所以行竊時不敢讓人看見，但終究逃不過上主的鑑察，因此竊賊應該加付罰金。

　　財產和交易方式的問題也很重要，不僅牽涉竊盜罪是否成立，也與民法各領域息息相關。只要涉及所有權合法轉移，就必須細審交易過程：物品在哪一個時點視為易主，所有權轉移給買方？這個問題有許多面向需要考慮：哪個階段尚可取消交易？什麼時候算是成交？如果交易物品損傷、遺失或增值，損益由誰承擔？根據律法，讓物品成功易主的交易方式很多，隨物品種類而定。一般說來，買方交付金錢還不算成交，要以某種形式持有物品才算完成所有權轉移。購買動產的基本持有形式是「掌握」（meshikha/grasping），但賢士們對這種形式的起源看法不一，有人認為它原本就蘊含於財產法，也有人認為這是後人增設，以保障買方不受詐欺（例如物品在交易前已損壞或燒毀，但賣方謊稱損害是在交易後才發生）。

　　物品所有權轉移以拉、挪、掌握等動作宣告完成，非具體物件的轉移也適用同一標準。因此買賣與以物易物的律法規定：買方「掌握」交易物品時即告成交，所有權轉移完成。為滿足這項要件，律法要求買方象徵性地握住某物（如頭巾），將它從另一方手中抽走，法定交易程序自此完成，買賣不得取消。這種取得所有權的動作也常用於其他領域，作為種種法律行為產生效力的象徵，例如婚契簽訂、透過贈送

轉移財物、兩造同意進行調解……等等。

為善加釐清問題，塔木德甚至討論到雙本位制（bimetallism）的問題，亦即：貨幣系統的基礎應該是金子還是銀子？銀兩是基礎貨幣，而金子是「財物」，亦或反之？對此，塔木德賢士始終未能取得共識。

買賣與以物易物的律法也規範公平交易，以及可容許的差價錯誤範圍。雖然賢士們的看法並未完全一致，一般是以物品價值六分之一作為誤差上限。如果一方低估了價值，便假定他放棄這部分的權利；但若高估價值，且落差高於原價值六分之一，則交易取消。這項定價限制保障了大宗糧食交易的公平利潤，相對來說，利潤若高於上限會被視為奸商，不僅道德可議，甚至會受法律制裁。

商務法的規範通常模稜兩可，因為某些行為就法論法殆無疑義，可是於道德有虧。例如已支付或收取貨款的人，雖然就法律來說還是有改變主意、取消交易的權利，但這樣的人會被公認沒信用、不誠實，甚至還有句話說：「懲罰所多瑪的那一位，也將懲罰不守諾言的人。」

交易法也處理契約內容的詮釋問題。若簽約後情況有變，不得不變更契約內容，律法也同意隨機應變，不過賢士們也盡力釐清所有問題。例如：出租或出售房屋的義務為何？出售田地該載明哪些要件？

外在情況改變也是勞動法關注的重要面向。勞動法涵蓋面很廣，規範全日工與計時工、匠人與委託人、承租方與出租方等等。律法承認各地對於這類問題的不同規範，但在此同時，律法也詳盡列出指導原則，讓對於相關問題規範不周的地方也能循例處理。

勞動法中有幾個重要原則，其中之一是受雇者有權停止工作。這

項原則源於神學，但也被應用在這個領域。妥拉有言：「以色列人是我的僕人。」（利未記 25:55）以此推論，以色列人不能做「僕人的僕人」，因此以色列受雇者有權隨時停工，雇主也不能強迫他完成工作。不過律法也有另一條關於公平的規定，巧妙地平衡了前述規定可能造成的損失：受雇者固然可以拋下工作，但雇主也有權要求他賠償損失。換句話說，雇主和受雇者互有權利義務，雇主若請人來工作卻沒有正式雇用他，也一樣要賠償損失。兩條法規的結合，既給予工人罷工的權利，也避免他們濫用這項權利，讓勞方與資方在工作情況改變或調整薪資時，必須彼此協商，於是莽撞無理的罷工也不太可能發生。

另一條勞動法也源於妥拉誡命：禁止拖欠工資。雇主有義務在工作完成幾小時內支付工資，如果支付情況有異，原告（受雇者）只要在法庭宣誓，便可立刻獲得其所應得的金額。這也是律法刻意保障原告的少數例外。

雇用短期工或向工匠下單通常以口頭約定，假定「一切都依當地法律處理」，不特別詳立契約。不過我們也發現一則例外：有位賢士建議他兒子事先跟工人談妥於何時供餐，因為餐點也是工資的一部分，若其子自行決定何時供餐，也許無法滿足自己對這群「亞伯拉罕、以撒、雅各之子」的義務。但必須說明的是，這種觀點十分罕見，律法通常都以「當地法律」為準。

長期工作契約（含出租土地）須以書面為之。與契約法相關的律法問題數不勝數，其中之一是契約若列入「未能履約須付罰金」這一條，這樣的擔保是否有效？有些契約會訂立高額罰金，以防惡意怠工，但質疑也隨之而來：這樣的文件具有法律效力嗎？這個問題與塔木德中「無意履約」（asmakhta）的爭議有關，若立約人從未認真想過

未能履約的後果，便輕率同意未能履約願付罰金，便牽涉到「無意履約」的問題。

　　早期賢士的主流看法是這種保證不合法，堅持要對方支付罰金者視同竊賊。金額要求過多的契約常有「無意履約」的問題，因為簽約者多半很有信心能如期完工，根本不認為自己會違約，當然更不會考慮鉅額罰金的後果。簡單來說，賢士們認為簽約者並無支付罰金的意圖，而沒有意圖的保證皆屬無效。不過賠償實際損失的罰金不被視為「無意履約」，仍有法律效力（但某些賢士對此看法不同）。循「無意履約」的邏輯思考，不難了解賢士們為何將賭博視為某種搶劫，因為輸家在加入賭局之時，都自信滿滿地認為自己能贏，根本沒有認真想過輸了要賠錢。

　　在契約中特別載明某些條件，不僅涉及民法，也關乎婚姻法及其他律法（例如結婚或離婚需在特定條件下才生效）。賢士們討論的問題除了哪些條件違法之外，還有各種條件與立約人的關係（例如某些學派認為，罰金或休契列入的某些條件可能造成女方無法再婚）。哪些條件失效會導致整份契約無效？哪些條件有約束力，但不能視為契約的一部分？有些契約沒有載明各式條件於何時生效，那麼是在簽字時生效，還是契約必須強制執行時才生效呢？

　　另一些討論是關於文件注記的日期、約束力，以及見證人作證的方式。舉例來說，賢士們會區分口頭借款與有見證人簽字的借據，後者構成公共義務，因此多半會載明「財產責任」（*ahrayuthnekhasim/responsibility for property*，亦即借款人抵押所有資產），這項條款許可借方在未獲還款的情況下，自貸方資產中取走與借款等值的賠償。在這種案例中，抵押自借據簽訂起生效，即使貸方隨即出售資產，

借方也能要求買家償付金額（塔木德術語謂之「獵捕」〔litrof/to take prey〕），而買家可以要求賣家賠償。這些條件都適用於見證人簽字的契約，口頭約定或沒有見證人的借據（例如貸方手寫的便箋）雖然對貸方仍具約束力，但不被視為正式文件，若貸方出脫財產，借方也無法要求買家償付損失。

由於每個人一生中都得負起特定義務（例如婚契也附帶義務），如何分配現有財產的問題始終存在。在某些案例中，甚至還有兩份衝突的書面約定都注記同一天的情況。在耶路撒冷，簽約時會精確注明時辰，但其他地方沒有這個習慣，於是也引起不少複雜問題。賢士們也有討論注記日期提前的問題，亦即文件明顯是在注記日期之後寫成，這種合約必然會被判為無效，以防兩造合謀訛騙買家。相對來說，注記日期延後的情況雖然也不精確，但可以接受。

書面契約大致分為兩種：一種是簡易型契約，只要有兩名見證人在文件上簽名即可；另一種契約形式特別，也公認更為保險——這種契約會以特殊方式摺起，而每位見證者都要在摺合處簽名。律法對法律文件的要求多而複雜，對見證的可靠性、偽造的可能性等等也討論得十分詳盡。智者們有不少專著，專門討論這類塔木德律法問題。

繼承法亦屬民法範圍，基本法律原則也源於妥拉，並由塔木德進一步細緻化。塔木德賢士的基本立場是：一個人並不能隨意決定身後財產要如何分配，律法約束力高於死者遺願。不過，只要身前轉移財產便能規避繼承法，也有某些法規能加速這個流程。但即使如此，賢士們還是認為不該把應屬某子的遺產分給另一子，即使是將應屬壞兒子的遺產分給好兒子也不應該。

繼承法的基本原則是死者後嗣有優先權，兒子及其子女又先於女

兒（也就是說，內孫女先於女兒）。如果死者無後，遺產則歸父親或祖父所有。為遵循「父祖在晚輩之先」，如果死者沒有兄弟或叔伯，相關人士便須徹底調查其家族史，設法找出具有繼承資格的男丁。不過這項任務在實務上相當複雜，因為婚契中通常會載明對妻子及其子女的義務，所以有優先繼承權的未必是男方親屬。

民法範圍龐大、規則細密，遠非這篇短文所能盡述。塔木德賢士秉持研究精神細加鑽研，相關討論涵蓋推測、解釋，以及各種實務問題的解決方案。

CHAPTER 22

———— • ————

刑法
Criminal Law

　　塔木德不認為刑法與民法之間具根本差異，也不認為傷害他人與冒犯上主有本質之別，但賢士們也同時劃下界線，區隔財務相關的律法與涉及刑事犯罪、身體刑的律法。另一方面，雖然律法的一切領域，都被視為整體傳承的面向之一，但在實務層面，這種概念幾乎只適用於與身體刑相關的律法。

　　大部分米士拿時期與整段塔木德時期，律法體系已未能整體合一，即使在第二聖殿期，律法體系亦未能代代切實執行。會出現這樣的情況，很大程度上是猶太人內部獨立有以致之，他們有時甚至能自行決斷，嚴懲違反摩西律法之人。世界各地的猶太社群，很多都享有

相對高度的自治權，但這通常是在法官任命（*semikha*/ordination）不繼、猶太律法式微之後才有如此發展。「任命」是自古相傳的儀式，由拉比將司法權傳予弟子。司法傳承可上溯到摩西按立約書亞（若蘇厄），往後代代相傳，至中世紀初期告終。

司法傳承時有斷絕危機，在米士拿時期，獲得任命的學者曾僅存一名，這位可敬的賢士不顧羅馬禁令，以生命為代價，堅決任命五名弟子延續律法傳承。但不幸的是，由於妥拉只容許在巴勒斯坦授與任命，拜占庭統治者 ❶ 的手段又日益殘暴，傳承終告斷絕。猶太人後來雖然試圖復興傳承，但最後仍以失敗告終。值得特別強調的是：雖然相對來說，整體性的律法體系瓦解較早，但這並不是因為當時的猶太人畏縮屈從。事實上，當時的環境已不容許他們完整遵循律法，而他們在艱困的處境中，其實已經盡力調和傳統與現實。

民法的司法機構等級有三，三者在某種程度上相輔相成。最高等級的法庭由三名獲任命的法官組成，他們有權裁定損害賠償及其他財務案件。下一級的法庭由三名常民（*hedyotot*/laymen）組成，人選有時由訴訟兩造協議決定，有時則由訴訟雙方各選一名仲裁人，再由這兩名仲裁人決定第三位人選。常民法庭的功能有時接近調解，事先說服兩造接受和解方案，但他們也能獨立做出裁決，而雖然他們是由訴訟雙方選出的，後者仍必須接受裁定，不得異議。

另一方面，由於猶太律法體系不具位階性（hierachic），❷ 所以也沒有上訴法庭，如果常民法庭由於不嫻熟律法而做出錯誤裁決，案件只能由同一法庭重審，或另擇法庭裁決。要是裁決造成不可回復的損

❶ 譯注：即東羅馬帝國。
❷ 譯注：史坦薩茲拉比表示：由於猶太司法體系無上訴法庭，因此不具位階性，但組成法庭之審判者有的是常民、有的是獲任命的法官，所以法庭之間仍有等級之別。

失，仲裁人須負賠償責任（由法律專才組成的法庭則無賠償責任，即使誤判亦然）。在某些訴訟中，只要一名獲得任命的法官便可作出裁決，這種法庭的地位與常民法庭相同。不過，雖然該名法官有權獨立裁決，但他不能獨自開庭，這不是律法規定，而是道德要求。因此，即使這位法官經驗豐富，實際上也是唯一的斷案者，習慣上還是會另外指定兩人共同列席（若有可能，還是會找較有經驗的人），一同分擔法律責任。整體說來，三名法律專才組成的法庭最具權威性，根據律法，這種法庭甚至能判處身體刑（但不能判處死刑）。

死刑案件須由廿三名法官組成的特別法庭審理，謂之小議會（*Sanhedrei Ketana*/**Small Sanhedrin**）。小議會的法官不僅都須獲得任命，也須符合其他嚴格標準。由於防止死刑判決的規定極為嚴謹，習慣上會先剔除可能無法保持客觀的法官。舉例來說，如果某位法官曾目擊犯案經過，法庭便將令其迴避，假定他會因義憤而影響公正審判的能力。此外，無子之人與老人也不得審理死刑案件，因為塔木德說他們「已忘卻養兒之苦」，可能更傾向嚴刑峻法，而不多考慮被告的情緒與動機。

對於大多數死刑案件，廿三人法庭都有權做出死刑判決，但某些案件特別重大，甚至連他們都無權審理。這類案件必須送交大議會，在聖殿掘石廳（Chamber of Hewn Stone）開庭審理。大議會相當於猶太人的最高法院，由七十一名法官組成，唯有他們有權審判假先知案件，以及賢士教唆人民違反律法的案件。嚴重冒犯大祭司和國王以致可能判死的案件，也歸大議會審理。和小議會不同，大議會不僅是司法機構，也被視為摩西所設之七十長老議會的傳人。❸換句話說，

❸ 譯注：七十長老加摩西共七十一人，故大議會由七十一人組成。

233

大議會不僅是最高法院，也具有最高宗教權威，有權宣戰、裁定其他法庭判決的合法性，以及頒布規範全體猶太人的新法令。我們必須切記：大議會的司法管轄範圍不僅限於巴勒斯坦，而是廣及全體猶太人。世界各地猶太小議會的廿三名法官，都是由大議會任命的，由此可知，大議會的影響力及於猶太人全體。

猶太法庭的運作方式與現代法庭大不相同，相關細節皆由塔木德詳載。雖然民事法庭的審議方式和證據標準都較具彈性，但還是必須遵循一套穩定的法律系統。大多數塔木德賢士認為：凡是妥拉討論過的案例，都須以同樣的審慎態度細心處理。然而，實際上要達成這項標準往往曠日廢時，而且未必能做出明確裁決，因此逐漸形成的共識是：法庭可以基於公益沒收財產，也能以更具彈性的方式協商財務問題；但在涉及身體刑的案件中，無論刑罰牽涉鞭刑或死刑，都須以更審慎、更嚴謹的方式處理。

第一項標準是證據採信。根據妥拉，證據須有兩名證人作證才能成立。證人必須是成年男性、無犯罪記錄，而且與當事人、法官及案件相關人士無關。證人必須親自出庭對質，不可以書面證詞代替。雖然在民事財產訴訟中會提出許多文件，亦公認「簽署文件之證人，視同其證據已獲法庭接受」，但這項規則不適用於刑事案件。刑事案件的證人必須被嚴格檢視並接受對質，如果彼此的證據或證詞明顯矛盾，則證詞全部作廢。在某些案件中，由於詰問十分嚴格而仔細，證人只好僅堅持相當確定的部分，其他細節則坦承遺忘。

另一個標準是被告自白的有效性。在民事案件中，只要被告承認指控，法庭便可直接依此宣判，不需進一步調查。這樣判決的原因並非假定被告所言屬實，而是認為人人有權將財產贈與他人。因此，如

果被告甘願承認指控、付出賠償，法庭也沒有求索真相的義務。同樣地，刑事法庭也不推定認罪自白有效，因為律法認為一個人不只屬於自己，因此，正如人無權傷害他人，人也無權傷害自己。所以在刑事案件中，被告自白既無法律效力，也不得作為判案根據。這項原則也被具體化為法條，成為排除被迫不實自白的有力武器。長達數百年的歲月中，不僅沒有人因為被迫自白而入罪，被告不利自身的自白亦無足輕重，不被法庭納為證據。

細究刑法內容，我們不得不敬佩塔木德熱切探求真理的精神。首先，法庭不接受間接證據（circumstantial evidence），即使除此之外別無合理解釋亦然。塔木德曾以一則很極端的例子解釋這種謹慎態度：如果證人目擊某甲持劍追趕某乙，後來雙雙跑進一棟建築，最後某甲獨自出來，劍刃滴血，某乙則被發現在建築中斃命。塔木德認為：即使如此，還是不能依目擊證人的證詞判某甲有罪。因為目擊證人只能道出他親眼看到的事實，其他推測、傳聞、理論都不會被法庭接受。除非目擊證人親眼看到犯案過程，否則犯罪相關證據不會被採納。

另一個重要面向是釐清被告有無犯意。依據妥拉，除非犯案人出於惡意故意犯罪，否則不可施加懲罰（如鞭刑或死刑）。那麼，該怎麼證明犯案者是否有犯意呢？大多數國家都是調查犯案者是否有預謀，但猶太律法不接受這種方法，更進一步要求提出犯意的實際證據──這便是訴諸「警告」（hatra'a/warning）法則的目的。「警告」法則的內容大致是這樣的：要做出死刑判決，證人不只要能指證犯行，也要能證明被告曾受警告，也就是說，在他犯罪之前必須獲知這項行為違法，而且知曉此等犯行可能判處死刑。甚至，能證明旁人曾提出警告還不夠，還要證明被告確實了解警告，並明示願意承擔後

果,說:「我知道了,我自己負責。」要證明惡意,這些要件缺一不可,如果無法滿足全部要件,便不能懲罰被告。

另一個維持中立、保障被告的機制,是法庭會盡可能站在被告那一邊。除非主張有罪的法官有三票優勢(例如十三比十),否則被告不能被定罪,所以即使主張有罪的法官剛好過半、只贏一票,被告也應無罪開釋。此外,如果法官們無法做出裁決,被告也能無罪開釋。另一方面,法庭裡的任何人都有權為被告求情,但只有法庭成員有權追訴。見解對被告有利的法官不得改變立場,反之則可。在重重約束下,要滿足所有條件而宣判死刑,自然極度困難,所以無怪乎有人說:七十年中曾判一次死刑的法庭,便可稱為「殺戮庭」。

由於法律嚴謹周密、限制重重,賢士們也不得不思考:要是因為約束太多,導致法庭難以懲治重大犯罪,該如何避免社會失序?要是對判刑過度謹慎小心,以致罰則形同具文,又該如何防止民眾目無法紀?這個問題早在第二聖殿期便已開始討論,賢士們也想出了實務上的兩種解決之道。第一種以君權為基礎:根據律法,君王可以自行設立特別法庭,而其主要任務便是維持公共秩序,該法庭享有特權,不必像一般法庭一樣對證詞層層設限。他們被賦予更大權力以保障百姓身家安全,若有犯罪行為發生,犯案者也將受到適當懲罰。

第二種方法的基礎則在於:猶太法庭(beit din)的功能其實比今日法庭廣泛得多。在某種程度上說,猶太法庭也是全國或地區性的管理機構,負責處理其司法管轄範圍內的諸多事務,確保猶太社會正常運作。因此,若猶太法庭判斷公序良俗或宗教事務有敗壞之虞,他們也能主動出擊、弭平危機。當猶太法庭化為行政機構而非司法機關之時,它的權威性頓時大幅提高,不僅能判處各式罰款,也能視情

況施以重刑，甚至死刑或鞭刑都有可能（摩西律法沒有入監服刑的懲罰）。後一類刑罰被稱為「叛逆刑」（*makot mardut*/punishment for rebelliousness），用以懲罰違逆或攻擊妥拉之人。

猶太法庭也有權判處極刑。因此，猶太法庭對某些問題的考量面向極廣，不僅要判斷被告在法律上是否有罪，也要考慮該不該用上妥拉的重懲原則之一：「汝當除去害群之馬。」由於猶太法庭具有這等權力，他們有時甚至會擱置律法規定，依情勢之緊急、嚴重程度判處重刑（這種裁決即所謂「雖無妥拉依據，亦非僭越妥拉」）。而且這些權力延續時間很長，並未隨議會衰亡而消失，到十四世紀仍在西班牙施行。猶太法庭還有權依情節輕重判處不同程度的「放逐」（*herem*/excommunication），輕則放逐七日到三十日，重則放逐終生，這項處罰到現代仍在實施。

塔木德也討論了法庭運作方式。以廿三人法庭為例，法官們圍坐成半圓形，每個人都能見到彼此。半圓形兩端各有一名書記，負責記錄法官之間的討論。學者們面對法官席坐成三排，席位先後依學術成就而定。如果需要任命新法官填補空缺，便從第一排的學者中挑選。

在某些案例中，學者們獲准參與討論、提出自己的見解，但判決時並無投票權。不論是什麼法庭，證人都必須在訴訟雙方及眾人面前接受檢驗，但在法官討論之時，無論是旁聽者、證人或訴訟雙方，都會被要求離席。獲准留下旁聽討論的學生會被告誡嚴格守密，不得透露聽到的隻字片語（就像他們在書院中參與閉門討論一樣）。即使是民事案件，法官對判決的不同意見也不會公開，但一致判決的措辭會略有不同。就像透露閉門討論內容的學生會遭受重懲一樣，洩漏法官討論之人也會受到重罰。塔木德裡提過一則案例：有人因為講出廿二年

前書院中的討論，便終生不得進入書院。

在猶太宗教法庭中，當事人不得委託法律專才代其訴訟。雖然當時希臘、羅馬已有法律諮詢的概念，但猶太人對此觀感極差，認為律師會給當事人不符誠信的建議，無異於扭曲真相。只有在相當罕見的情況下，被告能獲准指定另一個人在法庭上代其發言，這種情況有時是監護人代表孤兒提出抗辯。但在刑事案件中，訴訟兩方都不得委任他人代表，證人也只能就事論事，平鋪直敘自己見到的情形，不得表達自己對被告的看法。

在釐清證詞、交叉詢問過證人之後，法官便開始權衡輕重、思考證據有效性及相關法律問題。他們將一一提出個人見解，說明自己認為該判刑或是開釋。在刑事審判中，法官有責任找出有利被告的證據，並接受任何對被告有利的重要證據。

即使略過摩西律法中沒有提到的特殊懲罰，刑事相關律法與刑罰也已十分廣泛而周密。在法庭做出判決之前，嫌疑人會遭到拘留，等待判決結果。在此同時，法庭也被諄諄告誡：不僅要全力伸張正義、防止誤判，也要盡力避免「拖延正義」（*inui din*/delay of justice），亦即讓被告對自己的命運惶惶不可終日。法官們有速審速決的壓力，在可能判處死刑的案件中尤其如此。此外，重傷他人的人也會受到拘留，以便確認受害人是否因傷致死，若受害人死亡，則加害人將以謀殺罪起訴。

鞭刑是最常見的刑罰。妥拉對故意違反禁令的人（「禁令」即以「汝不可……」開頭的規定），鞭笞數固定為三十九下。但涉及財務的犯罪（如竊盜、搶劫等），以及「沒有行動的犯罪」（亦即沒有採取身體行動的犯罪），則不得處以鞭刑。這不僅包括意念之罪（例如憎恨雖

是重罪，但無法審理），也包括咒詛。原則上越嚴重的犯行，懲罰也越為嚴厲。鞭刑由法庭差役在醫師監督下執行，醫師的任務是隨時觀察受刑人是否仍有承受能力。叛逆罪亦由法庭量刑，懲罰有時是鞭刑。除此之外，法庭也不時需要審理妥拉沒有提及的犯罪，或是強制被告執行法庭判決。有一個著名的案例是法庭明確裁定離婚，但丈夫堅拒休妻。

終生監禁（kipa/life imprisonment）的判刑對象是叛亂犯，以及意圖鑽證據規則漏洞的人。舉例來說，如果法庭判定某人故意殺人，但他事先未被充分警告犯行後果，則判以終生監禁。

對於意外殺人（rotzeah bi'shegaga/accidental murderer），妥拉的規定相當特別。律法對「意外」的界定是不具惡意的疏忽或缺乏警覺。意外殺人者判處流放，流放地點則是專門收容這類受刑人的城市。待大祭司身故，遭流放者方可返回故里。

死刑之執行依犯行嚴重程度分為四類。最嚴重的是石擊處死，處刑對象是偶像崇拜者、褻瀆安息日者，以及情節嚴重之亂倫者（含強暴已有婚約之女性）。死刑由作證犯行者執行，自高處將受刑人推下，再丟下一塊重石。在這種情況下，很少有能夠完全證明有罪的證據呈交法庭。❹ 違反亂倫法情節較輕者，綁在樁上燒死；通姦者絞死；殺人犯斬首。

除上述刑法規定外，自衛權的律法也應在此一併討論。妥拉的基本立場是：「人欲取汝性命，汝可先殺之。」不僅如此，對於即將犯下重大罪行的人（如謀殺或強暴），人人有權格殺。事涉自衛，便沒有先

---

❹ 譯注：史坦薩茲拉比說明：由於法庭對證據的要求極其嚴謹，所以在這種情況下，幾乎沒人能提出可被接受的證據。

行警告法律後果的空間，也不限制反擊方式。但在此同時，「正當防衛」的概念也被一再提起：自衛所使用的暴力，不應超過當下情勢之必要範圍，亦應以最小程度為之。因此，要是某甲明明有其他方式避免某乙追殺，卻動手殺了某乙，某甲本身將被判謀殺。此外，要是有人向外族政府告發自己人，不論其所提證據屬於民法範圍、甚至涉及謀殺，此人形同自外於猶太律法，猶太族群人人得而誅之（甚至被鼓勵除去此人）。即使某些猶太聚落已廢除死刑，告密者仍會被處死。

　　耐人尋味的是：在中世紀西班牙，猶太法庭判處猶太告密者死刑之後，判決是由西班牙當局執行，即使告密者站在西班牙那邊也是一樣。數百年來，猶太法庭不斷以嚴厲手段懲罰告密者。在蘇聯和納粹佔領地區，很多人對猶太告密者遭處死的事件仍記憶猶新。

CHAPTER 23

— ● —

獻祭
Sacrifices

　　無論是成文律法或口傳律法，都以大篇幅詳述獻祭律法。雖然先知們嚴厲譴責不真心懺悔、只以獻祭虛應故事，但他們從未將矛頭直接指向獻祭，或斥責那些獻上瑕疵祭品的人。在第二聖殿時期，賢士們主張世界依三項事物而立：妥拉、聖殿敬拜，以及善行。即使在聖殿遭毀之後，對聖殿規儀的深刻情感也未曾稍減，猶太人不僅持續祈求重建聖殿、恢復敬拜與獻祭（見〈十八祝禱〉和儀式場合的補充禱詞〔Musaf prayer〕），也依舊繼續討論、修訂獻祭規儀。

　　雖然無論在歷史淵源或空間距離上，巴比倫賢士都與聖殿關係較遠，但他們依然深信自己具有窮究聖殿規儀的使命，因為「鑽研獻祭

律法之人，視同已親自獻上犧牲」。於是，巴比倫塔木德也有《神聖事物卷》專門討論此一課題。

塔木德討論獻祭的方式一如處理其他問題——毫無系統，我們只能透過散布文本各處的線索來了解相關議題，或參考長年以來汗牛充棟的大量評注。獻祭似乎有三項基本要素：奉獻、代價以及與神貼近。奉獻的意義是敬拜者付出自己的所有物，作為送給造物主的禮品。奉獻的基本信念是：「只要歸心於天，奉獻無分多寡。」既然重要的並不是犧牲的貴賤，而是奉獻者的心意，那麼窮人微薄的奉獻，可能比富人豪華的祭品更加貴重。

獻祭的另一個要素是代價：祭品替代獻祭者而犧牲、死亡。罪人本應為其罪惡而死，但妥拉給了他機會，只要他能體悟祭品象徵了自己的犧牲，他便能藉此彌補過犯。換句話說，祭品承受的犧牲原本應由獻祭者自行承擔。在米大示中已可看出這套思維，亞伯拉罕（亞巴郎）獻以撒（依撒格）的故事更清楚點出了這點：公羊代以撒上祭壇犧牲。塔木德賢士常提到的「以撒之土」（Isaac's dust）即祭壇之基，公羊代亞伯拉罕之子犧牲之處。但必須牢記的是，賢士們也一再強調：光是獻祭並無法贖罪，罪人也只有在悔過之後方可獻祭。若犯逆天之罪，須表達悔意並誓不再犯；若犯損人之罪，則須補償損失。

懺悔之後的贖罪祭，是最深刻也最根本的聖禮。獻上犧牲，灑其血於祭壇而焚其肉，是與上主共融的儀典，當獻祭者吃下祭品的肉時，更顯出與神的共融。在這時，獻祭者與神同在、與神相屬，祭司或其他獻祭者也在共食中象徵性地交融。

妥拉裡記載的獻祭律法既全面又複雜（利未記尤其如此），但並未窮盡細節。對於如何處理不同的祭品（包括規儀以及祭品可能會有的

種種瑕疵），歷代祭司必有極為詳盡的傳承。如果祭品本身有缺陷，或是獻祭人的意圖不正當，祭司可能拒絕獻祭，奉獻也因此無效。早在塔木德時期，獻祭律法即是塔木德賢士投入最多心血的主題，有位賢士還曾對弟子這樣比喻：「從嚴重性來看，這麼困難的問題簡直屬於獻祭律法的範疇。」

獻祭律法之所以複雜，不只是因為細節多如牛毛、錯綜複雜，也與賢士們看待獻祭律法的態度有關。舉例來說，解決民法問題的依據是理性，但討論獻祭律法的基礎是古老傳統與習俗，而這些傳統與習俗並沒有明確的解釋。塔木德強調：對待獻祭律法的態度應與其他律法不同，研究、分析時必須極其謹慎，對其他領域有效的研究方法，未必適用於獻祭律法，賢士們更引述大量例證，說明適用於其他領域的律法方法不適用於獻祭律法。簡言之，獻祭律法自成其類、獨樹一格。在此同時，鑽研獻祭律法的學者也試著整理出一套特別的邏輯，作為進一步深究獻祭律法的基礎。

律法依不同標準將各式各樣的獻祭予以分類。公共獻祭與個人獻祭有明顯區別：公共獻祭定時舉行，例如每日獻上的晨祭（tamid），以及安息日、節日的補充獻祭；私人獻祭則是敬拜者為贖罪或潔淨所獻（此時獻祭為必要之責），或是自由奉獻。祭品又有葷祭（zevah）和素祭（minha）之分，前者包括牛、羊、禽類，後者包括麵粉、小麥和大麥。此外，還有其他標準區分獻祭的神聖程度。最神聖的是贖罪日的贖罪祭，祭品的血須帶入至聖所；其他「聖中之聖」的獻祭，祭品的肉只有聖殿祭司可以吃；大部分的獻祭則「神聖性較低」，獻祭者可食用祭品的肉。

《神聖事物卷》不只討論獻祭或祭品瑕疵，對於必須獻贖罪祭的

罪的本質，也深入探討並釐清其分類原則。除了極少數例外，基本原則是：惡意傷害不可獻祭補贖。此等過犯應由人間法庭懲罰，除非罪證不足、法庭無法裁決，上天才代行天罰。簡言之，只有無心之過才可透過獻祭來補贖，故意犯錯不能。另外，如果一個人是被迫或因為無知而犯錯，也不必為犯行負責。不過，如果有人一時忘了禁令，無意間觸犯律法，仍需獻祭補贖，因為賢士們認為：在這種案例中，雖然人不必為犯行完全負責，也不應因此受審，但其健忘是內在缺陷所致，所以必須贖罪。

除了祭品之外，人們也會自發送禮給聖殿和祭司。有些送給祭司的莊稼幾乎與聖殿本身毫不相關，分類詳情收錄於塔木德《種子卷》內；有些致贈聖殿的禮物則是為了特殊目的。在摩西時代，以色列人需繳半舍客勒（*shekel*）作維持聖幕之用，奉獻目的即建造聖殿；❶但巴比倫流亡時期結束，以色列人返回巴勒斯坦建立第二聖殿之後，這筆款項的目的是讓全民共同參與聖殿維護，也規定每人捐贈聖殿的固定數額。

這項奉獻一直被稱作「半舍克勒」（雖然其價值因時而異），是聖殿開支的主要來源，舉凡修繕、公共獻祭或購買聖殿用品等等，都由這筆公款支付。時光荏苒，半舍克勒也成為全民族共同參與聖殿敬拜的象徵，不僅巴勒斯坦猶太人繳交，猶太散居地的僑民亦然。聖殿被毀之後，羅馬政府強迫其治下之猶太人繼續繳交半舍克勒——納入羅馬帝國稅收。

參與聖殿敬拜不僅限於奉獻財物，為了讓聖殿敬拜有適當人數出席，相關安排也早已確立。一般說來，聖殿儀典不需巴勒斯坦祭司

---

❶譯注：見〈出埃及記〉卅章十一至十六節。

全部到場。從大衛王時代開始，祭司和利未人即分成廿四組「守望隊」（*mishmarot*/watches），每隊的祭司群六個月輪值一次，每次輪值一週，負責聖殿服事。此外，在三大節日、重大朝聖期以及大型獻祭時，所有祭司都須來到聖殿。

除了祭司守望隊之外，賢士們也將敬拜者分組，建立值勤（*ma'amadot*/stations）制度：輪到某守望隊赴耶路撒冷輪值時，其部分執勤人員隨之進城，代表人民參加儀典，而留在家鄉的值勤人員，則在輪值當週祈禱、齋戒並集會。透過這種方式，敬拜儀式成為民族全體的共同責任，人民也因此對聖殿更具向心力，因為隨時都有人在聖殿代表他們。

除了半舍克勒奉獻之外，聖殿也有其他財源（例如個人額外奉獻等等），開支需受監督，監督者不僅要有可靠的財務管理能力，對聖殿資金也應嚴肅以對。妥拉本身就有關於聖殿資金的基本律法，例如罰金（加罰賠償金額五分之一）、非故意不當得利之補贖奉獻、為聖事奉獻之專款等。塔木德〈褻瀆篇〉（*Me'ila*）都在處理相關律法：裁定金錢奉獻分別為聖的精確時刻，在什麼情況下動用資金算是貪污等等。由於聖殿資金在用於特殊目的之前是屬於神的，所以也不怕被偷竊或搶劫。事實上，人們有時還把錢箱標為聖殿財產，以防失竊。

聖殿的資金不僅限於支付獻祭開支，在第一聖殿期，聖殿資產也算是國庫（第二聖殿期在某種程度上也是如此）。這些錢通常用來負擔每日祭儀和職工薪水。公庫通常不會支付職工和受任主管薪水，除非他們全部時間都用來處理公務，才能獲得領取聖殿基金的特殊許可。公庫不僅支付聖殿修繕的開支，也挪出一部分供維護耶路撒冷之用，畢竟它是聖城，某種程度上也具有神聖性。急難時若無其他資源可以

運用，聖殿資產也能轉作緊急基金，在沒有君王，大祭司同時兼為政治領袖時尤其如此。

聖殿的建築結構、儀典過程仍有許多證據可考，某些資訊亦可獲得約瑟夫・弗拉維斯佐證，他本身就是祭司，筆下描繪的聖殿祭儀即其親眼所見、切身所長。無獨有偶的是，米示拿賢士也認為應鉅細靡遺地記錄聖殿敬拜，以傳後人，他們寫了一篇短論描述祭儀，另一篇文章則記錄聖殿外觀。

第二聖殿其實是依兩個模型而建：一方面復刻第一聖殿，另一方面則依第三聖殿更動若干細節——那是先知以西結（厄則克爾）預言的未來的、代表真正救贖的聖殿。❷建造第二聖殿時財務寬裕、政治穩定，但即使希律王大興土木擴建聖殿，使它成為以色列地區最壯觀的建築，依以西結的異象建造聖殿的時機似乎仍未成熟。

在某種程度上，三座聖殿都與摩西在曠野中搭建的會幕相仿。聖殿所建之地摩利亞山（Mount Moriah）通稱聖殿山（*Har HaBayit*/Temple Mount），四周圍起高牆，分別為聖，就如西奈（西乃）曠野中的「利未營」。聖殿山牆內另有圍牆圈起較小區域，即聖殿所在，主要是一座開放式庭院（稱為 *azara*），備有許多房間供各式用途。某些房間為石砌，另一些則保留給祭司、做不同準備工作的人（如準備焚香、供餅之人），以及常駐聖殿、由大議會主持的法庭。

庭院裡的大部分區域保留給前來祈禱或參加祭禮的敬拜者，由於不分男女皆可待在這裡，此處也稱為「女院」（*ezrat nashim*/women's court）。前方一塊狹窄的區域稱為「以色列院」（*ezrat Yisrael*），保留給來獻祭的人，內有大祭壇，祭司需拾級而上，祭壇旁放有儀典所

❷ 譯注：見〈以西結書〉四十至四十四章。

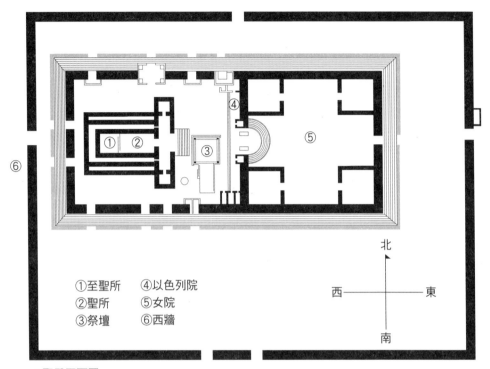

▲聖殿平面圖。

①至聖所　④以色列院
②聖所　　⑤女院
③祭壇　　⑥西牆

北
西───東
南

需的一切器具。這個區域的最西端即聖殿主體，高達五十呎，內分聖所（*kodesh*/Holy Place）及至聖所（the Holy of Holies）。聖所內為聖殿內部用具：置放供餅的金桌、七燈燭台（*menora*/seven-branched candelabrum），以及焚香台。

　　最前方是關閉的至聖所，第一聖殿期放置約櫃，第二聖殿期則是空的，只有大祭司能在贖罪日儀典高峰進入至聖所。聖殿座西向東，故入聖殿者面朝西方──最神聖的方向，而至聖所也位於聖殿西端。現在被稱為西牆（哭牆）之處，原為聖殿山西側外牆，最靠近至聖所。現代猶太會堂的方位則依以色列和耶路撒冷所在位置而定，隨地理相

對位置面向以色列。

聖殿中最重要也最神聖的工作由大祭司主持。古代雖無明文規定，大祭司的職位依例由少數祭司家族父傳子，後來才盡力選出每一代最傑出的祭司出任。哈斯摩尼家族當權時把持此一高位（他們本身即是祭司家族），多少破壞了古老傳統；進入希律王朝和羅馬總督主政時期，祭司任命過程更加腐化，大祭司一職有時甚至變成商品，交給願意出最多錢買下這個頭銜的人。

大祭司的主要任務有兩個：負責聖殿中最神聖的工作，也必須比其他祭司更嚴格奉行潔淨法及苦行。除了每天獻上特別祭之外（此為每日儀典的一部分），大祭司亦能自由選擇替代其他祭司獻祭。不過，大祭司最重要的任務還是贖罪日儀典，當天他必須獨自執行這些儀式，儀式相關細節則詳載於〈贖罪日篇〉及其他文獻。由於沒有大祭司出席就不可能進行贖罪日儀典，所以聖殿特別設有副祭司長（Deputy High Priest）一職，在大祭司無法履行職務時代行其職。除了儀典義務之外，大祭司也是聖殿的最高監督者，所有聖殿職工都由他任命、也歸他管理。在波斯佔領時期和哈斯摩尼時期，大祭司實際上就是國家領導。

聖殿的例行事務由副祭司長監督，副祭司長也同時負責維持秩序與風紀。聖殿事務可細分為獻祭、醫療照顧等部分，各由祭司中選出的特別職工分工處理；財務則由錯綜複雜的主管網絡管理，主要任務是防止舞弊，這個網絡包括兩名督導（*katoliki*/overseers）、七名財管（*amarkalim*/administrators）、十三名司庫（*gizbarim*/treasurers），司庫都有公庫鑰匙，但只有十三名司庫全部到場才能開公庫。聖殿職工動見觀瞻，必須誠實無欺、無可非議。

　　祭司之間有層級之分：守望隊長監督全隊；六名分隊長（*rashei bet av*）分別監督隊上六分之一隊員在輪值週執勤當日的情形；長老（elders）掌理祭司特別法庭；年輕祭司則一邊見習，一邊與利未人永遠守護聖殿的榮耀。

CHAPTER 24

— • —

飲食律法
Dietary Laws

　　飲食律法規範什麼食物能吃、什麼食物不能吃，牽涉的領域十分廣泛。某些食物不能吃的原因，可能是還沒分出十分之一來作為奉獻，可能是它直接或間接地涉及偶像崇拜，也可能因為它是偷來的或搶來的；它們可能含有酵母，所以在逾越節禁食，可能出自某種被視為不潔淨的動物，也可能是因為它沒按律法規定的方式處理，原因五花八門。

　　所有飲食禁令都有幾個共同律法特質，賢士們亦試圖歸納飲食律法（kashrut），將眾多主題整合為一個整體。以相當寬鬆的方式來說，食物禁忌大致上可以分成兩類，兩者通常（但未必）與主要禁令相關。

一類食物不准食用或利用，甚至不准賣給非猶太人從中得利，例如禁止一切涉及偶像崇拜的食物，逾越節期也全面禁止食用或持有含酵食物，這些食物必須毀掉，毫無轉圜空間，不論在任何情況下都不允許。另一類食物雖然不可食用，但可以持有、轉賣或從中得利，例如動物的血、腹部脂肪或以奶類烹煮的禽類。

禁令的起源及應用大致可分三類：有些東西是妥拉禁止食用或利用，例如豬或種植頭三年的果樹的果子；另一些食物之所以禁食，是因為未被適當處理，例如尚未分出十分之一的果實、未依律法屠宰的牛隻；第三類食物之所以禁食，是因為它們可能導致褻瀆或可憎之事，而妥拉有言：「凡可憎的物都不可吃。」（申命記 14:3）

除了食物本身有問題之外，大多數食用禁令毫無道理可言，賢士們也無意解釋。幾百年來，雖然有不少偽醫學的薄弱說明，但與米士拿或塔木德完全無關。飲食禁忌廣及動、植物界，無機物除非與偶像崇拜有關，否則沒有禁忌。大多數關於植物的禁忌，都出自妥拉對巴勒斯坦的規範，相關討論集中於《種子卷》（此卷各篇主要處理農業），但它們不太可能適用於巴勒斯坦之外。律法嚴格禁止食用未及第四年（orla）的果樹所結的果子，也禁止以某些方式混種種子（kilayim）。其他禁令與什一稅或安息年（Shemitta）有關，安息年須全面休耕，但人和野獸可食用自然生長的植物。在絕大多數情況下，尚未分出十分之一給祭司、利未人、窮人的食物嚴禁食用，直到分出十分之一為止。

動物性食物的相關禁令十分龐雜，無脊椎動物通常禁止食用，只有妥拉列舉的幾種昆蟲例外，但目前只有一個猶太社群維持此一傳統，偶爾食用昆蟲。而依據飲食律法，所有爬蟲類皆嚴格禁食。

妥拉亦舉出許多方式將魚類分為可食或不潔淨，只有既有鰭又有

鱗的魚可食，其他一律禁止。這項區分大致對應生物學的硬骨魚與軟骨魚之分，而後者是禁食的一類。但就生物學來說，還有很多魚介於硬骨魚和軟骨魚之間，這些種類的魚時常引起律法問題。塔木德試圖找出更精確的定義，說明哪一種鱗在分類上更具意義、應該長在哪裡等等。在此同時，還是有好幾種魚的分類在學派間爭論不休，長達好幾個世代。而土耳其猶太族群討論這個問題越久，這項爭議也越像是個人意氣之爭。

妥拉對魚的分類尚稱明確，對禽類則較為複雜。妥拉列出二十多種不潔淨的禽類，但早在塔木德時期即有辨識問題，因為其中幾種已無人能識。賢士們試著從生物特徵入手，找出可食禽類的共同點及其與不可食禽類之不同，他們根據外部特徵、解剖結構與動物行為，建立起某種自然生物分類。但即使如此，還是有許多邊緣案例有待深究，不過賢士們也很清楚：完美解答是找不到的。於是，賢士們乾脆只接受傳統上視為潔淨的禽類（如家禽），其餘一律禁止。

對哺乳類的分類則清楚明確得多。根據妥拉，唯有反芻又偶蹄的動物可食。從動物學角度來看，這是一個相當明確的分類，含括了牛、羊、瞪羚、公羊、長頸鹿和玁㹢狓（okapis）。另一方面，雖然對豬隻的禁令並不比對馬或駱駝更嚴，但食用豬隻卻尤其容易激起強烈反感，塔木德說：「養豬者該受詛咒。」賢士們對這項禁令之所以特別敏感，顯然有其歷史因素，但我們不得而知。有可能是因為塞琉古王朝強迫猶太人食用、獻祭豬隻，激起強烈反應；也可能是因為羅馬軍團的象徵之一是豬（在巴勒斯坦鎮守的軍團即是如此）。

除了禁食某些禽類與動物之外，律法也特別規定動物身上有某些東西不能吃，其中最重要的禁令之一是血液不可食用，妥拉強調：「你

們絕不可吃血，因為血是生命，不可把生命跟肉一起吃下去。」（申命記 12:23）就溫血動物來說，食用肉類之前須放盡血液再抹鹽（meliha/salting）去濕，肉類要到這個階段才算潔淨（kashered，此詞恰好未出現於原典），可以煮食。不過，還有另一種方式可以達到相同效果——燒烤。

動物身上另一個不能食用的部分是牛、羊的脂肪（helev），許多塔木德賢士細究此一問題，試圖以解剖學與生理學結構為基礎，正確區分哪些部分的油脂可食或不可食。血與脂肪的禁令與獻祭律法間接相關，因為各種獻祭都要將血和脂肪特別分出、獻於祭壇，不可食用。不過也有賢士以其他方式解釋這兩條禁令，並不認為它們與獻祭相關。

另一種禁令也和溫血動物有關：禁食被野獸撕裂的動物——「汰銳伐」（terefa）。❶ 妥拉只有稍稍提到這項禁令，❷ 但實務需求迫使賢士們延伸討論。禁食殘肉（carcasses）的規定，也適用於未依律法屠宰、從而不可食用的動物或禽類。妥拉並未詳述禮定屠師（shehitta/ritual slaughter），但〈申命記〉隱約提到他們的存在（「你可以照我吩咐地宰殺......」〔申命記 12:21〕）。這些律法似乎十分古老，連塔木德賢士都對其中幾個基本概念的意義缺乏共識。「汰銳伐」原指被野獸重傷、但未殺死的動物。賢士們廣義解釋這個字，以此指涉所有重病、重傷（無論是被野獸或人類所傷），而無痊癒可能的動物。

米示拿與塔木德評注以極大篇幅討論此一主題，立下幾條界定「汰銳伐」的重要原則。最基本的原則是：無存活可能的動物謂之「汰銳伐」（kol she'ein kamoha haya——terefa）。依此原則，賢士們進一步

---

❶ 譯注：terefa字源即「撕裂」。
❷ 譯注：參〈利未記〉七章廿四節；廿二章八節。

探究動物、鳥類的解剖學、生理學知識，以便判斷受哪些傷會讓動物無存活可能。於是，我們看到有些賢士研究動物，甚至收集「汰銳伐」標本，以便歸納分辨原則。

由於與「汰銳伐」律法相關的問題實在太多，中世紀時出現了專職的禮定屠師。禮定屠師必須通過嚴格訓練，從準備器具開始，接著學習分辨各種「汰銳伐」，有的肉品雖然稱不上正常，但還在可以接受的範圍內，另一些則踰矩過多而不可食。因此，雖然塔木德時代人人皆可宰牲，後來這項工作便託付給受過訓練的專家。禮定屠師的經驗與知識（kabbala）獲得特殊認證，在很多猶太社群中，禮定屠師的地位僅次於拉比。在某些社群中，女性亦可擔任禮定屠師。

另一個與禽肉、獸肉有關的禁令是奶與肉不可相混。妥拉有言：「不可用母羊的奶來煮小羊。」（出埃及記 23:19）從很遙遠的年代開始（最遲也是第二聖殿期中期），這句話便被解讀為不可以奶烹獸肉，幾百年後（約是希列家與沙買家的時代），這條禁令擴及禽肉。由於畏懼觸犯這條禁令，後來又延伸出各種律法與習俗以區隔肉品和奶製品，兩者甚至不可一起食用，吃了其中一樣，就得等上一段時間才能吃另一樣。關於飲食律法的例子很多，有位賢士曾說：「在這個問題上，我父親做得很好，我遠遠比不上他：他吃了肉以後，廿四小時內絕不喝奶，但我只有餐餐相隔而已。」為了避免奶和肉混烹，也讓猶太人有了餐具、廚具分兩套的習慣。

事實上，關於食物本身的禁令已相當龐雜，若想正確掌握，必須大量吸收資訊，每個細節也都不能放過，而且許多知識不能抽象理解，必須透過實務操作才能獲得。因此，鑽研飲食律法的學者一定要跟禮定屠師學習一段時間，以增進實際經驗。除了技術面向之外，飲

食還會遇上一些具有理論重要性的問題，例如不確定時該怎麼辦？不同物質相混時該如何處理？這些問題其實不僅與飲食律法相關，甚至可以說每個律法領域都會遇上類似問題。基本考量並不難理解：如果我們知道某個東西因為某項原因而遭禁，遵循不犯並非難事；但若不確定一樣東西是否違禁，又該如何處理呢？舉例來說：一塊來源、狀態不明的肉可不可以吃？更複雜的情況是：如果違禁品與合法物相混，應該怎麼處理？

像這種物品可能有違禁風險的例子，塔木德提到不少。從律法的觀點來說，有害生命的東西不能吃，有害生命的事也不可做，塔木德諄諄告誡，一再要求遠離這些東西和行為。如果某件事有犯禁之虞，賢士們通常從嚴看待，建議凡有存疑一概拒絕。但同樣地，實務上往往無法截然二分，賢士們還是需要依當時的環境判斷，仔細思考該物的違禁風險多高。舉例來說，若甲物合法，乙物違禁，甲、乙二物相混時，乙的比例要小到什麼程度才不致造成傷害，從而取用該混和物可視為不違禁令？

這類問題促使賢士們發展出獨特的機率理論，以及一連串釐清各式問題的方式，對於存疑情況，他們也運用了種種不同的思路。賢士們處理這類問題的基本原則是「多數為準」（the majority predominated），大多數案例都適用這個原則。不過，這項原則也必須隨適用對象而調整：有時合法物的比例只要佔簡單多數、略高於違禁物的比例，混和物即可視為合法；但在重要領域裡，合法物的比例須遠高於違禁物的比例，混和物才算合法。

與此相關的另一個問題，也在現代統計學中以另一種形式出現：關於「多數」、「少數」的判斷，抽樣樣本該怎麼找呢？取樣之後，哪

個樣本更為可靠？早在米示拿時期已可發現相關裁定。舉例來說：有個地方有好幾間肉鋪，大多數都賣潔淨合法的肉，但少數幾家會出售「汰銳伐」。如果在這附近發現一塊肉，這塊肉算是潔淨還是違禁的呢？此處有好幾個面向需要思考，例如該以這塊肉距哪家肉鋪最近下判斷呢？還是以此處販賣或購買潔淨肉品的人口比例下判斷？另一個問題則與隨機抽樣和樣品代表性有關：如果抽樣過程並非完全隨機，或是樣本之母體均質性不足，該怎麼判定孰為多數呢？賢士們對這個問題的看法是：如果抽樣顯然並非完全隨機，統計得出的多數便無參考價值，合法性依舊存疑。

混種（hybrid）的問題也同屬此一範疇。若違禁物揉雜合法物，該如何判定混和物合不合法呢？這裡的基本原則也是多數為準，少數從略；但在此同時，也必須確認混和物混得均勻，不必擔心其中一部分的合法物比例不夠高。液體與固體混和物的多數要求不同，在某些情況下可以以味道為準，檢查混和物是否明顯有違禁物的味道（在實務上，賢士們建議可以諮詢非猶太專業廚師）。

在某些領域，合法物只要佔簡單多數即可；另一些領域則對合法物比例要求極高，通常是六十比一；賢士們對某些案例標準更嚴，要求合法物需百倍於違禁物，甚至更高。對於某些嚴格禁令，賢士們甚至不容使用「多數為準」原則：「即使違禁物與合法物之比高達一比一千，仍不得視為合法。」賢士們對於有時間限制的禁令特別嚴格，❸由於這些領域不確定性高，所以也不適用「多數為準」原則。

由於這種種問題，原本其實並不複雜的飲食律法，漸漸膨脹為極其龐大的研究課題。即使是實際上相對單純的問題（例如煮過不潔食

---

❸ 譯注：例如果實是否出於種植四年之果樹。

257

物的廚具要如何清潔），都能引起學者漫無止境的討論，從某種東西會維持不潔多久的問題，到不潔食物的一小部分滲入廚具的問題，全部都在討論範圍（為回答後一種問題，賢士們又會窮究物理、化學證據，並仔細區分不同材料的廚具）。

賢士們還會追問：如果食物在烹飪過程中發生變化，它的本質改變了嗎？是否不必禁食了呢？為此，他們舉出一長串例子，說明若違禁物不致影響合法物，本身也被破壞到某種程度，則禁令可以撤銷。但接下來又再度引出混和物中違禁物與合法物之比例、違禁物之本質，以及完全與不完全混和物等種種問題。

關於飲食律法的問題，塔木德〈通法篇〉有長篇討論。由於其所牽涉的理論範圍極廣，觸及律法眾多領域，相關討論幾乎遍及塔木德所有篇章，構成一個深入而迷人的研究主題。

CHAPTER 25

——— • ———

禮儀上的潔與不潔
Ritual Purity and Impurity

　　對於禮儀上潔與不潔的律法,米示拿用了整整一卷加以討論,潔淨律法甚至比獻祭律法更能自成單元,或許也是塔木德中最深奧的部分。不過,雖然耶路撒冷和巴比倫塔木德都有討論這些律法,但除了深具實務需要的〈經期篇〉之外,並無篇章專門處理潔淨律法。出現這種明顯闕漏的原因之一是:潔淨律法幾乎只適用於巴勒斯坦及聖殿尚存的時代。聖殿被毀、無法獻祭之後,幾乎沒有恪守潔淨律法的理由,而既然無法獻祭,便也不再可能奉行全部潔淨律法。

　　潔淨律法是一套複雜而統一的法律網絡,以獨特的邏輯結構層層疊砌、環環相扣。雖然妥拉以相當篇幅列出潔淨律法,卻並未予以解

釋。據說在米示拿時代，約哈納·本·札凱拉邦 ❶ 曾機智地回答了一位非猶太人的問題，讓他對妥拉的價值心悅誠服。那位求教者走後，弟子們問他說：「老師，您可以用個含糊的答案打發他走，但同樣的問題，您會怎麼向我們解釋呢？」結果約哈納拉邦回答：這些事物非關理性，而是那唯一上主的決斷，祂的命令只應遵奉，不容追問原因。事實上，這些律法數量龐大，細節極其繁瑣，確實看似隨意而定、毫無章法。

然而在此同時，其實只要透過幾項基本原則，便可看出它們的整體結構。首先應該謹記的是：這裡的「潔淨」、「不潔」與乾淨或衛生無關。遵守潔淨律法或許能在某些方面增進衛生，但衛生不是潔淨律法的成因，更無法提供解釋。就基本架構來看，「潔淨」的概念主要關注兩個領域：生命與死亡——生命是關乎神聖之事的最完整表現（神聖被視為生命之源），死亡與虛無則是生命與神聖的對反。概括而言，健康而有生氣之物不含不潔，但越是接近死亡，越是不潔。

因此，依據塔木德的界定，「不潔之最」（avi avot hatuma）是屍體，痲瘋病人、淋病病人（zav）、動物殘骸和爬蟲類次之。不潔之物不僅本身不潔，還會汙染與它接觸的東西，而一物受汙染的程度越嚴重，進一步汙染他物的能力也越強。舉例來說，凡接觸屍體者皆受其汙染，受汙染嚴重者本身亦成為汙染源。汙染通常透過接觸而傳遞，然而有時僅運送但不接觸不潔之物也會受到汙染，嚴重者甚至同處一室即受汙染。

並不是任何東西都能被汙染：人或物越是敏感，接觸汙染源便更易受影響。某些食物或飲品很容易被汙染，木製品及紡織物較不易

❶ 譯注：關於約哈納·本·札凱拉邦，請參考第五章。

受影響，金屬對某些汙染更為敏感，人類則只會被特定程度的汙染影響。活的動物、生長中的植物和未成品不會受汙染。根據律法，不潔律法只對猶太人有意義（後來有稍微增修），非猶太人對汙染並不敏感，也無法進一步傳染人。

淨化汙染的方式不一，端視汙染源與受汙染物的性質而定。舉例來說，陶器受到汙染無法淨化，只能銷毀，但其他大多數用具都和人一樣能被淨化。各種淨化方式都有一個共同點：浸水。

妥拉提到：浸禮（immersion）❷應在水泉或其他水源（*mikveh mayim*/source of water）進行。*mikveh mayim* 後來簡稱為 *mikveh*（淨化池），指的是蓄水以供淨化之處。受汙染者浸入其中，便洗淨了一部分的不潔。但浸水未必能清潔身體，因為淨化之水是自然蓄集的，在古代，水源往往是洞穴裡的死水，不見得乾淨。米示拿時代以降，人們開始為浸禮建蓄水池，方便需要浸水的人。

雖然大多數淨化律法實際上已不被遵行，但浸禮的重要性依舊不減。女性月事及生產後的禮儀性不潔需以浸禮淨化，男性祈禱、研經之前也須以浸禮淨化。不過到塔木德時代，男性也不再受浸禮約束。雖然咸信浸禮之命出於以斯拉，但這項禮儀仍逐漸廢弛。後來主要受到卡巴拉思潮的影響，浸禮被賦予新的意義，成為靈性淨化的方法，在哈西德派中，浸禮也依然廣獲奉行。

所有淨化儀式都包括浸水，而除浸水之外，各式汙染也有其相對應的特殊儀式。淋病病人、痲瘋病人和產後婦女光是浸水無法完全淨化，還要另外獻上特別祭品(獻祭此時不是為了補贖，而是為了淨化)。

❷譯注：此處之「浸禮」，宗教意義不同於基督宗教之「洗禮」（baptism，亦稱「浸禮」），還請讀者留意。

接觸死者是最嚴重的汙染，卻也是最常見的汙染之一，唯一的淨化方式是灑混有紅母牛灰燼的水。妥拉對這項淨化儀式談得很細，但因為它非常重要，紅母牛又十分罕見，以致實行次數極少。根據米示拿，焚化紅母牛的儀式在猶太史上只舉行過八次。為了強調這個儀式的重要性，幾百年來，賢士們又加上了諸多條件與限制。

在聖殿尚存時，紅母牛是在聖殿對面的橄欖山焚化，這也是該地之所以被視為聖地的原因之一。聖殿山和橄欖山之間甚至特地搭橋，以免沿途受到任何汙染。紅母牛的灰燼被仔細保存（根據傳統，直到第二聖殿末期，部分最古老的灰燼還存在），以供與死者接觸而受汙染者淨化之用。聖殿被毀後好幾個世代（某些學者認為長達三百年），猶太人仍有剩餘灰燼可以舉行這項儀式。待灰燼用罄，這項淨化律法不再有奉行可能，與死者接觸的汙染也無法再獲得淨化。從中世紀開始，出現了無論直接、間接，「人人皆受死者汙染」一說，所以也不再可能奉行律法。

整體而言，淨化律法只與獻祭或聖物直接相關。除了祭司支族（kohanim/priestly tribe）之外，宗教律法並不要求人人保持潔淨。祭司族人不可碰觸屍體的禁令至今尚存，祭司支族的後裔仍須遵守（妥拉提到的特例除外，如家族近親的遺體或無人埋葬的路邊無名屍〔met mitzva〕）。受汙染者不得進入聖殿區，亦不可參與敬拜，違者重罰。祭司若受汙染，在淨化之前不得食用受贈之禮。由此即可說明，為何在聖殿時期，獻祭或朝聖之人進聖殿前必先淨化。祭司和家人在食用祭品之前，也必須先浸水淨化，而由於他們行禮用餐時間規律，甚至成了活生生的時間參考。

雖然大多數人沒有保持潔淨的義務，但有些人想讓生命更加

圓滿，還是自願恪守淨化律法，畢竟潔淨被視為完美狀態。在這些人中，有少部分人嚴格奉行律法，連食物的潔淨要求都和祭司一樣高，但多數人還是吃「符合潔淨律法的一般食物（hullin〔common foods〕）」。這群人顯然為數不少，足以自成一股宗教─社會運動，以「同修」（haverim/comrades）聞名，參與者只吃潔淨食物並嚴格奉行什一律法。同修團體各有特色，也發展出各自的入門禮（initiation ceremonies）。賢士門生多是同修團體成員，也只有書院院長不需入門禮即可入會。同修團體亦接納女性，有判例說：「同修之妻即為同修。」❸ 愛色尼派（Essene sects）顯然與同修團體關係密切，不同的是愛色尼派傾向苦修，同修團體則否。

　　紅母牛灰用盡後，淨化儀式無法完整奉行，實務上自然廢止。但在此同時，有兩種類型的潔淨律法依然適用：與女性月事和生產有關的律法，以及與祭司受汙染、重新淨化有關的律法。月事或分娩所造成的不潔會牽涉到婚姻關係，因為女性不潔期間禁止性行為。米示拿時代之後（甚至從米示拿時代晚期開始），淨化池大多是為這類浸禮而建。因此毫不令人意外的是：在《潔淨卷》中，唯一同時被巴比倫和耶路撒冷兩部塔木德評注的篇章，正是〈經期篇〉。

　　禁止祭司接觸屍體的律法也依然有效。這項律法之所以延續，同樣有其特殊原因：雖然近現代以來，祭司支族的命運就跟全體以色列人一樣，也都因為接觸死者或被他人傳遞而受汙染。但妥拉禁令規範的是祭司的行為（action）而非狀態（condition），因此即使淨化律法實際上已經失效，這項禁令還是受到遵行。

❸ 譯注：此句諺語原文同210頁之「學者（haver/scholar）之妻如其本人」。經信件詢問，史坦薩茲拉比說明：haver作「學者」解時，強調的是學者之妻學識如學者般淵博；作「同修」解時，則在指出同修之妻可視為同修一員。

CHAPTER 26

———•———

倫理與律法
Ethics and Halakha

　　律法（*halakha*）即法規（law），但就其結構而言，它也包含了倫理要素與某種人生觀；從它的內容與不易性（inflexibility）來看，它也類似於法典，無法靈活應對變化萬千的環境。

　　論及何以第二聖殿期人民言行正直、勤習妥拉，聖殿仍慘遭摧毀？塔木德的回答十分冷峻：「耶路撒冷片瓦不存，正因妥拉律法遍行其地。」這看似弔詭的評語其實有其深意：正因耶路撒冷只依妥拉評人斷事，不知仁恕，故遭重懲。換句話說：人固然應該遵奉律法，但律法並非毫無轉寰餘地，有時應該酌情寬憫。當權者若甘為法匠，不問可憫之處，只知斷案判刑，無異自招天罰。因此，律法其實只是

外在規範，背後還有很多面向必須深思，對於人際關係的規範尤其如此。猶太教固然十分看重正義，但多方權衡以膺律法之鋒，亦絲毫無損正義的價值。

猶太律法也需秉持的另一則妥拉誡命是：「不可在訴訟上偏袒窮人。」❶ 這則誡命禁止扭曲正義，即便是偏袒窮人也不可以。這可說是世界法典中獨一無二的命令，光是它的存在便足以說明法庭偏向窮人的風氣多盛，甚至需要特別予以告誡。在此同時，妥拉也說明正直的法官應該如何審理富人與窮人的訴訟：依法而行。如有必要，也應強制窮人還債——但法官應該自掏腰包貼補窮人。這種法外施恩稱作 *lifnim mishurat hadin*，字面意義是「在法律界線之內」（inside the line of the law），❷ 雖然並非普遍適用，但作為內心原則，有意追求更高靈性境界的人還是會勉力奉行。

值得注意的是：這項原則並不認同混淆是非、不問曲直，只是強調心存寬憫，必要時不如自己吃點虧。概括說來，這類倫理律法即所謂「聖徒之道」（*mishnat hasidim*），《損害卷》〈父長篇〉有時也以此為名。〈父長篇〉的倫理內容深廣，不僅限於道德原則，也延伸到最高法學著作米示拿，裡面的命令並不像一般律法一樣約束全體，而只規範有心深入律法核心、奔向「法律之內」的人。

塔木德對聖徒（*hasid*）的界定是：在「法律之內」立身行事的人。塔木德有則故事是很好的例子：賢士們詳談工匠對其作品的責任

---

❶ 譯注：〈出埃及記〉廿三章三節。
❷ 譯注：此處之「在法律界線之內」，意指更貼近法律核心、自我要求更嚴於法律，而不只是不違法而已。中文對道德與法律的想像是層級式的，故云：「法律是道德的底線」；拉比對道德與法律的描繪則是同心圓式的，道德更居核心。雖然兩者都認為道德規範嚴於律法，但表達方式有異，還請讀者留意。

之後，結論是工匠若有嚴重疏忽，便有義務賠償持有者的損失。塔木德接著說：有位賢士雇人搬運一批盛滿葡萄酒的陶壺，沒想到工人粗心大意打破了陶壺，這位賢士依法要求賠償，還先拿了工人們的衣服抵押。工人們跑去向偉大的詮者拉孚告狀，拉孚正好是這名賢士的老師，彼此也有親戚關係，遂要求他歸還衣服。這名賢士照著做了，但問拉孚說：「這有律法根據嗎？」拉孚回答：「有的，因為經上說『你當行正路』。」豈料工人們又來找拉孚訴苦，說他們原本就很窮困，但辛苦了一天卻一無所獲，於是拉孚要他弟子付他們薪水。那名賢士再次問他有沒有律法根據？拉孚說：「有的，因為經上說『祂必保守義人的路』。」拉孚這樣詮釋經文的目的，顯然是要告訴弟子：像他這樣身分的人，既然負擔得起損失，也有心以嚴於律法的標準自我要求，「聖徒之道」就不該是選項之一，而是應盡之責。

民法也常遇上道德責任問題。當法庭無法要求損害方負起法律責任，但損害方對受損害者具道義賠償責任時，損害方「雖免人間之法，但獲罪於天上之法」。雖然關於損害的律法有很多是道德規範，但有位賢士說：若想虔敬而行，只能全數遵守。

「止乎法」或「超乎法」的抉擇，在奉行律法優先性的基本問題上尤具張力。許多律法領域都有規定：在訴訟兩造都有應負之責時，應以特定人士的利益為先；可是另有一條律法原則是「自身權利先於他人權利」，也就是說，沒有人有義務損己利人。舉例來說，如果歸還失物會造成尋獲人時間、金錢上的損失，尋獲人便沒有義務奉行歸還失物的律法。延伸到其他利益衝突問題上，這項原則亦可導出「自身性命優先」。但賢士們亦諄諄告誡不應過度拘泥這項原則，也認為不同的人應盡不同義務。對一般人而言合法也適宜的行為，標準更高的人不

應將就。

塔木德裡有段評語，以人對財產的不同態度區分人的高下：「說『你的就是我的，我的還是我的』的人是壞人；說『你的就是你的，我的也是你的』的人是聖人；說『你的就是你的，我的就是我的』的人是中人——但也有人說，這簡直是所多瑪的主張。」「止乎法」或「超乎法」的張力由此可見：「你的就是你的，我的就是我的」固然合乎律法，但若在一切事務上盲目死守字面意義，則邪惡如所多瑪。

事實上，有則傳說就認為：所多瑪之惡未必是野蠻、腐敗，而是立下惡法，又過度拘泥其字面意義。要是一個人原本口頭承諾卻又反悔食言，雖然法庭無法強制他履行承諾，但他會被詛咒：「懲罰所多瑪的那一位，也會懲罰不守諾言的人。」一般說來，堅持行使自身法律權利剝奪他人財物、但不這樣做其實也沒有損失的人，會被斥為「所多瑪之流」（*midat Sodom*）。

遇上並無實質損失、只為主張法律權利而興訟者，法庭甚至會介入協助那位可能被剝奪利益的人。法庭有時強制支付，有時則是公開斥責那個頑固的人。在某些案例中，法庭對身負道德責任者更嚴苛；對於因為在法律上佔理而苛待他人的人，法庭往往毫不寬貸，並以平時罕用的嚴法重判。

一種難解的道德困境是：如果除了拋下另一個人之外，別無逃離威脅或危險的辦法，這時該如何抉擇呢？律法認為：如果某一群人受到生命威脅，若不交出其中一人將全體遭到殺害，那麼這群人應該慷慨就死，也不應拋棄任何一人；除非對方要的是特定的人，那個人也確實犯了罪，才可以將他交出。但即使是這種情況，賢士們也不認為問題已明確解決，道德抉擇也永遠還有討論空間。賢士們舉例說道：

有一個人殺了羅馬王妃，但成功逃亡、藏身某處，當局得知之後大軍壓境，威脅這裡的人如果不交他出來便一概處死。人人命懸一線之際，當地賢士去找了那名逃犯，跟他說明情況後，後者決定一人做事一人當，自行投案。

故事到此還沒結束，賢士們說：以利亞（厄里亞）先知原本天天向這名賢士顯現，但這件事情之後就沒出現了。這名賢士很是疑惑，便又是祈禱又是齋戒，希望以利亞再次現身。後來以利亞回來了，但跟他說自己以後不會再來見他，因為他讓那名逃犯送命。那名賢士大惑不解，辯白道：「但是，米示拿不就是這樣教的嗎？」以利亞一嘆：「聖徒之道豈是如此？」換言之，菁英的道德義務比其他人更高。

賢士們講述的另一則著名案例，也提出了一模一樣的問題：有兩個人正穿越沙漠，其中一個的水夠他撐到下一次補給，但若兩個人分，兩個人都會死在途中。他們該怎麼辦呢？米示拿賢士仔細討論過後的結論被納為律法：本於「自身性命優先」，水的所有人應該一個人喝，好讓自己活命。不過賢士們也說：這項律法結論只適用於一般人，如果兩個人都是學者，就該平分水喝，即使明知這樣一來兩個人都會死。

這些問題有時被視為「真理」（truth）與「和平」（peace）之辯，絕不可能輕易解決。關乎真理的正義比可以帶來和平的妥協更值得追求嗎？絕對的真理是否永遠遙不可及？有些賢士認為：妥協與正義的概念衝突，所以法官不應該建議兩造和解；另一些賢士則認為和解一定比裁決更好，因為無論裁決多公正，其中一方還是會蒙受損失。對於這個問題的律法結論大致是這樣的：法官在審理之前、或無從判定何方主張更為合理之時，可以建議和解；但若據他判斷誰是誰非十分

清楚，便不得提出和解。

「真理」與「和平」之辯其實也是兩項重要原則之爭：律法一方面嚴禁虛假，另一方面也強調避免傷害。因此，這個問題甚至具有形上學意義，賢士們說「真理是蒙福至聖唯一上主的印」，也說「和平是上主的名」。事實上，賢士們的確准許「為和平之故而改變說詞」，亦即為了避免傷害，或是兩造有和解可能，則容許作偽。

概括而言，法律與個人道德的關係可以這樣拿捏：律人以寬，標準盡量放低至法律界線（*shurat hadin*/the limit of the law）；律己以嚴，務求行於「法律之內」。除了這些律法規範之外，民法與人際關係中還有另一個重要概念：言行忍讓之人，上主的酬賞是寬赦他的一切過犯。律法認為理想的人是：「受辱而不辱人，聞惡言而不惡口，依愛而行，喜迎磨難，經上有云：『忠愛上主者燦爛如日』。」

CHAPTER 27

—— • ——

禮節

Derekh Eretz(Deportment)

在塔木德文獻中，*derekh eretz* 一詞有許多意義，其中最重要的意義是「處世之道」，亦即待人接物應有的禮節。律法未闢專章收錄禮節內容，而雖然塔木德對禮節的細節討論不少，但禮節相關律法並不具約束力，它們被視為進步的基礎而非法律。規矩固然因時、因地而異，但普遍的共識是人應依主流風俗而行，每個人都應該尊重禮節。

雖然賢士們不時責人胸無點墨，但他們還是不得不承認有些人即使沒受正式教育，還是言行得宜、進退有度。不過，賢士們對沒有禮節的人就毫不客氣了：「不習米示拿、聖經亦不知禮者，非文明之人。」換句話說，不遵守既定言行規範的人根本不入流，據說這樣的人甚至

沒資格當證人。

雖然人人皆應守禮,但學者更應重視禮節,原因有二。第一個因素是外在的:學者必須「為天所愛,為地所悅」,也就是說,學者的言行舉止應受人敬佩。換言之,要是學者視禮節如無物,不僅自取其辱,也讓妥拉蒙羞。因此,學者必須以身作則,讓周遭的人心服:「學過妥拉的人確實行為得體,堪為表率!」學者更強調禮節的第二個原因是:言行得宜也是「真知」(da'at/knowledge, wisdom)的一部分。所謂「真知」,不僅是知識的總和,也是經驗、常識、言行、思考等等的綜合體。真知既引導一個人理家待人,決定他的說話方式,也告訴他何時應該忍順、何時應該堅持。雖然真知並未形諸文字,但與妥拉長相左右的人,一定也領受了某種程度的真知。

與此相關的參考作品是「第五《完備之席》」(fifth Shulhan Arukh),❶ 這是該名著之補篇,專門處理不涉律法的人際關係,好幾個世代的學者都以此為本。賢士們相信真知是最珍貴的寶藏,他們說:「若得真知,夫復何缺?若無真知,夫復何有?」凡是學者都應追求真知,塔木德也說:「學者而無真知,賤於行屍走肉。」

真知很大部分是與生俱來的,有些人沒受過栽培或指導,還是天生就懂各種情況該如何應對。但沒有這份天賦的人,依然可以透過學習獲得真知,晉身學者之列。所謂「服事妥拉勝於鑽研妥拉」,指的就是人若有幸伺候一位偉大的賢士,即使做的都是些小事、雜事,還是比只來聽課的弟子學得多,有時甚至能獲得真知,明瞭面對不同人、事的態度。弟子們也時常詳記拉比的言行(未必與教學內容相關),這樣的軼事在塔木德中多達數百則。

❶ 譯注:關於《完備之席》,請參考第十四章。

　　塔木德時代的禮節與風俗收錄於〈禮節篇〉，雖然篇幅不長，卻是認識當時風氣的珍貴文獻。關於禮節的律法相當廣泛，觸及生活各個層面，舉例來說，有不少律法是關於正式用餐禮節的。因為當時宴客時間很長（客人往往斜躺在床上），而且充斥繁文縟節，然而這些律法確實有其重要性，其中不僅有一般常識（「用餐時不可說話，以免影響吞嚥」），也包括如何食用不同餐點的細節。

　　〈禮節篇〉也用挺幽默的方式說了一則阿奇瓦拉比的軼事：阿奇瓦拉比邀請兩名弟子來家裡用餐，想看看他們對禮節了解多少。他故意上了一道沒煮熟的菜，其中較知禮的那名弟子馬上發現不能吃，留在盤子裡沒動；另一名學生則使盡全力要把自己那一份食物撕扯下來。於是阿奇瓦拉比語帶嘲弄地對他說：「孩子，那樣沒用，你該踩上盤子用力拉。」

　　許多言行舉止的規範純粹是為了優雅，例如如何鋪桌子或吃某道菜；但也有一些具有實質意義，例如不可弄髒食物。這項原則源於禁止惡意破壞的律法，有妥拉依據，但賢士們也擴張了不少。此外，保持食物清潔也是為了尊重維繫生命之物。有則故事說：某人獲邀來賢士家作客，漫不經心地將盤子放在一片麵包上。賢士見狀，從盤子底下抽起麵包吃了，但這位客人還是沒意會他的暗示，於是賢士對他說：「我還以為用溫水就能燙到你，看來即使用滾水你也感覺不到。」接著教訓他說不僅食物壞了不能吃，不尊重食物也不能吃。

　　禮節的另一個重要面向是：賢士們認為，聖殿猶在時，祭壇為人贖罪；聖殿毀滅後，每個人的餐桌就是贖罪之處。這項主張的用意是鼓勵邀窮人作客，有他們同桌共食，就能減少進食自私、物質的面向，將用餐帶入神聖的層次。「餐桌即祭壇」的概念也影響了餐桌禮

273

節，因為進食不再只是滿足身體需求，也是生命的一部分、敬拜造物者的一部分。這個概念也促進了往後的猶太用餐風俗：每餐在餐桌上擺鹽，緬懷祭壇上放著鹽；餐後空檔先收去餐刀，呼應祭壇上不放鐵製品（因為鐵若製成武器可取人性命，而聖殿是保護生命之處，故聖殿周遭不可有鐵製品）。

禮節規範的另一個層面與妥拉有關：妥拉要求必須尊敬某些人，並以特殊的方式對待他們。妥拉最常提到的尊敬對象有父母（「當孝敬父母」）、學者以及君王，對待他們的方式雖然有異，但尊敬長輩與智者卻是律法通則，相關細節也在禮節規範中進一步發展，例如：誰在場時應該起立呢？某件事應該由誰先做？這些規範雖然大多不具約束力，但也逐漸成為正式律法傳統的一部分，在禮節相關律法中處理。大原則是榮譽的事由地位高的人先做，卑下的事反之。舉例來說：一群人中最重要的人先進屋，離開時則是地位最低的人先出門。

要求尊敬父親、拉比的律法所在多有，不斷強調上位者應受敬重。但當然，子女在日常家庭生活中也不可能太過拘謹，隨時嚴守一切大大小小的禮節（小孩子尤其如此），所以也有人說父親或拉比同意免禮即獲得敬重。不過君王和父親或拉比不同，不可自行降尊免禮，因為君王應得的禮敬不僅屬於他個人，也屬於整個國家。

相對來說，拉比的智慧屬於自己，父親的身分也屬於自己，所以他們有權免除禮節。因此，雖然照理說孩子不可坐父親的椅子、不可忤逆父親，父親在場時未得允許也不能做任何事（尤其是可能失禮的事），但這些要求並沒有被嚴格遵守，通常也是到孩子成年、本身也有心孝敬父母時才會照著做。

塔木德裡有則相當溫馨幽默的故事，正好說明了這件事：有個

父親留下一封奇怪的遺囑，規定要等兒子變成笨蛋，才能繼承他的遺產。結果不僅兒子大惑不解，賢士們也看得一頭霧水，於是他們去請教當時最偉大、也最聰明的耶何書亞‧本‧哈納尼亞拉比。❷ 他們到他家時，這位名聞遐邇的拉比正背著兒子到處爬，父子二人玩得不亦樂乎。賢士們恭敬地在外等待，唯恐打擾了他們拉比的玩興。等到終於可以進門求教了，耶何書亞拉比一眼就看懂了：「你們都看見啦！這位老爹的意思是說：等他兒子自己當了爹，就可以繼承遺產了。」

待人處世之道是真知的一部分，追求真知則是每一個人的責任，而就像賢士們一再強調的：所謂真知，也包括懂得分辨何時可以稍稍偏離常規，在律法規則中求權變。

❷譯注：關於耶何書亞拉比，請參考第五章。

CHAPTER 28

———•———

密契主義
The World of Mysticism

　　收錄在塔木德中的內容，往往是已在學院中討論好幾個世紀的議題，其中雖然也包括源於公共討論的律法與傳說（有些是偉人生活軼事，有些是賢士的講道或說過的故事），但它們終屬例外。塔木德主要仍是學院討論的公開紀錄，以及大師對弟子的教導，他們因學術成就非凡而廣受信賴。雖然塔木德確實紀錄了多位賢士的生活細節，但這並未改變塔木德的基本框架，因為賢士的私人生活也能提供啟發、也應加以研究，即使本人原本並不打算公諸於世。

　　有些課題可以與學院全體學生公開宣講，但某些主題只能在守密課程中討論。比方說，關於某些家系的討論通常秘密進行，雖然哪些

家族與猶太社群不法聯姻、哪些家族遭誣陷而受不白之冤，原本並不足為外人道，但每隔一段時間（大約七年），拉比們都會再講一次給弟子們聽，以免這些秘辛被遺忘。〈歷代志〉（編年紀）中的家系紀錄顯然十分細密，此卷的米大示亦半秘密地師徒相傳，據說某些人還根本沒資格學習。事實上，這部米大示最後也在塔木德時期亡佚了。

除了這些秘辛必須守密之外，密契主義與奧秘之謎亦不得公開，只能傳給少數蒙選之人，故有言：「〈創世錄〉不可傳二人；若非智慧過人、生而知之者，〈至聖座車〉一人不傳。」因此，拉比僅擇一弟子傳授秘傳之理（esoteric subjects），有時也只概括言之，不談細節。我們對密契主義的這個面向所知極少，只能在塔木德部分篇章中間接看到一點線索，但裡面也只提到賢士並未仔細說明其所處理的議題。

在這些領域裡，假設與推測重於事實與確定性，有時也根本不可能得到結論。關於密契主義的著作自古即有，某些據說是米示拿或塔木德賢士所著，但事實是否如此已不可考。中世紀時，對秘傳詮釋的嚴格限制逐漸放鬆，而自智者時期以降，相關論述已較為清晰。到了近代，卡巴拉進而成為猶太思想重要因素、甚至核心要素（卡巴拉〔Kabbala〕字意為傳統〔tradition〕或傳承〔transmittal〕）。我們之所以能推測塔木德賢士的秘傳世界是何樣貌，主要便是依賴這些文獻，是它們點出了塔木德裡的隱晦線索。

秘傳顯然古已有之，先知門人（「先知之子」）❶討論過如何做好領受預言恩賜的預備，也傳授理解相關事務的特殊智性方法。這些祕密團體到第二聖殿期仍持續活動，從某些塔木德外的文獻（如亞歷山卓的斐羅〔Philo of Alexandria〕、約瑟夫等人的作品）看來，我們似

❶譯注：關於「先知之子」，請參考第三章。

乎也能確定：許多愛色尼派團體也受到這些秘傳影響。傳承秘傳奧義的米示拿與塔木德賢士承先啟後，上承這份扎根於先知時代的傳統，並使它得以留存至今。

這些文獻認為猶太教密契主義（*torat hasod*/mysticism）分為兩部分：〈創世錄〉與〈至聖座車〉。〈創世錄〉更具理論性，討論創世與首批天啟；〈至聖座車〉則以以西結對上主聖座的描述為本，探索神與世界之間的關係，顯然也為後來的「實踐卡巴拉」（*Kabbala ma'asit*/practical Kabbala）播下種子。如前所述，這些內容以層層奧秘包覆。我們只知道頂尖猶太學者多半也研究秘傳，有些十分投入，有些以它為宗教修習的精髓。當然也有學者自認沒資格進入密契主義的世界，故淺嘗輒止。

在為人知曉的幾個秘傳主題中，其中之一是神的名字。自米示拿時期以降，神的顯名（explicit name）即不再於聖殿之外念誦，我們從《七十士譯本》可知這是古老傳統。不過，聖殿共禱時念誦的名字其實並不是真正的「顯名」，上主的名字只有極少數蒙選之人能聞。有位年輕時曾擔任聖殿祭司的賢士說過：在祭司祝禱時雖然會念誦這個名字，但祭司念誦時會故意讓利未人的吟唱聲蓋過，所以連年輕的祭司都聽不見。因此，除了卡巴拉之外，目前所知沒有其他傳統談及如何念誦上主聖名（從晚期卡巴拉作品看來，念誦方式顯然很多，而現代筆錄的嘗試毫無成功之望）。

此外，較為人知的四字母名雖然神聖，但並非顯名，其他還有十二字母名、四十二字母名、甚至七十二字母名，也都不是上主顯名。這些名字在塔木德中提過幾次，但毫無說明，即使是最重要的塔木德評注者可能都不解其意。大祭司顯然會在贖罪日念誦上主顯名，

但因為它長而複雜，幾乎不可能聽懂，可是它無疑令人肅然起敬，米示拿說：「祭司與民眾一聽大祭司念出那偉大可畏之名，盡皆跪地俯身讚美：『願祂尊貴王國之名永遠蒙福！』」塔木德說，能獲拉比傳授上主聖名的，只有極少數靈性超群、德行過人的弟子。

密契主義與秘傳之所以秘而不宣，原因很多。最根本的原因之一是：神的偉大高貴無匹，只有有資格知道的人才能認識。在此同時，學者們也擔心若所傳非人，隨知曉上主之名與創世秘密而來的力量會遭到濫用。賢士們認為：吸收「天地依其而造之字母」的知識，能讓凡人擁有參與創世的力量。他們甚至還說：「只要義人願意，就能創造世界。」

我們有時會讀到賢士們研究了「創造之書」（book of creation），便創造了許多東西。據說某位學者藉由念誦聖名造了人，這是芻偶傳說（*golem*）❷的起源，後來中世秘傳文獻也常提到相關傳說。「持名者」（*Ba'al Shem*/possessor of the name）創造——甚至毀滅——的力量既然如此之大，當然必須盡力防止惡意濫用，這也正好為嚴守相關秘密提供了堅實理據。

為密契主義學習設下高門檻的另一個原因是：修習秘傳不只是理論思考，也須具備深刻的密契經驗，但對準備不充分的人來說，這種經驗風險極高。密契經驗被稱為「進園」（*pardess*/entering the orchard），塔木德裡正好有則著名的故事，講述四名賢士「進園」後的遭遇：阿奇瓦拉比、西蒙・本・佐瑪（Shimon ben Zoma）、西蒙・本・亞翟（Shimon ben Azai）與以利沙・本・阿布亞（Elisha ben

---

❷ 譯注：*golem* 為猶太傳說中施法所造之人型塑像，可行動但無法言語，通常以泥土塑成，塔木德〈議會篇〉曾說亞當原本也只是芻像。

Abuya）四人，由最有智慧、最富經驗的阿奇瓦拉比引導「進園」。阿奇瓦拉比雖然事先提出警告，提醒他們此行會遇上哪些危險，但對於從未進入這個領域的人來說，這些話聽似毫無意義。於是，這一行人雖然有阿奇瓦拉比引導，卻還是未能逃過一劫：本・亞翟身亡；本・佐瑪發瘋；本・阿布亞則成了「失根植物」（uprooted plants），亦即變成異端，接受諾斯底思想；惟有阿奇瓦拉比「平安而去，平安而回」。關於涉入密契主義的危險，這是講得最仔細的故事，而相關敘述所在多有，都是為了強調密契之路險峰處處，必須慎之又慎。

〈至聖座車〉的內容則從未公開，永遠只傳一名弟子，而且弟子的資格未受嚴密檢驗之前，也只能聽概述，不得接受詳細教導。如此一來，如果他未展露過人天賦，本身也沒有深厚密契經驗，便不致為相關知識所傷。舉例來說，同樣是探索〈至聖座車〉，艾拉薩爾・本・阿拉喀（Elazar ben Arakh）拉比與其師約哈納・本・札凱拉邦討論相關問題時，約哈納拉邦十分驚訝他領悟如此之深，但當其他門生與約哈納拉邦談起相關心得時，他只回道：「這已在西奈對摩西說過了。」不過，這則故事也依循〈至聖座車〉討論不公開的原則，只這樣簡單交代首尾，其他弟子說的內容只模糊帶過。

不過，我們不能因此假設宗教知識分為「顯」、「密」兩個獨立領域。從某種程度上說，「顯」、「密」都被視為妥拉整體的一部分，一名圓通的弟子在吸收拉比教誨的同時，也一樣能學到秘傳智慧。常言約哈納・本・札凱拉邦治學嚴謹，師者所授「鉅細靡遺」，賢士注曰：「『鉅』謂〈至聖座車〉，『細』為阿巴耶與拉孚所言。」而事無分鉅細，皆含於妥拉之內。

同樣值得注意的是，塔木德不分物質界或形上界，一切世界視同

281

一體，彼此毫無藩籬。塔木德討論日常事務時，也常一躍而入形上領域。舉例來說，阿奇瓦拉比的弟子約瑟拉比講過一則故事：有一天，他到了耶路撒冷某處廢墟祈禱，離開時竟然看到以利亞先知在入口等他。以利亞問他：在廢墟中有沒有聽到什麼聲音？約瑟說：「有，我聽見一個神聖的聲音如鴿子般呢喃：『我好苦啊！我竟毀了我的房子，燒了我的宮殿！』」以利亞說：「其實不只現在聽得見，神每天都哀嘆三次聖殿之毀。」

約瑟拉比剛講完這段，馬上接著告訴弟子他從這段對話中得到什麼律法心得。換句話說，神聖的聲音與以利亞顯現，都只是他去廢墟祈禱的插曲而已，神聖界與物質界近在咫尺，層次夠的人自能漫步遊移、自由出入。塔木德裡常有以利亞向賢士顯現、與他們談論律法或秘傳的故事，它們常與律法有關，無論問題是深是淺。

日常俗務與秘傳智慧的緊密連結，是猶太秘傳文獻最偉大的特色之一。猶太密契者不遠離律法與實務問題，律法專家也常常就是密契者，精修卡巴拉者不但熱中密契問題，也同樣關心律法問題。其實從某個角度來看，秘傳文獻便是日常律法的詮釋與神學證成。

同樣地，猶太秘傳也不區分「理性」世界與密契世界，而把它們都視為整體的一部分。創造天地的字母不僅兼有無窮的創造與毀滅力量，它們也正是構成妥拉、無分鉅細道盡塔木德律法的字母。

人在世界中的地位很受重視，也被賦予永遠延續創造過程的責任。秘傳文獻的基本概念是「人依神的肖像而造」，人也具有獨立創造的能力。塔木德中最具想像力的故事之一，正好反映了這個領域的許多基本問題：對於禮儀上的潔與不潔，艾立澤爾拉比與眾多門生起了爭執，後者又以耶何書亞拉比為首。這場爭執起於一個看似很小的

問題：一個以陶器碎片拼起的烤爐能否視為破碎的容器，因此不受汙染？

艾立澤爾拉比認為可以，但大多數門生不接受，於是艾立澤爾拉比召喚大自然的力量證明自己是對的，高喊：「讓這長豆樹連根拔起！讓水流改變方向！」耶何書亞拉比吼回去：「長豆樹怎麼能當論據？」艾立澤爾拉比接著求天站在他這邊，證明他的論點是對的，於是天上傳來神聖的聲音：「你們想拿我兒艾立澤爾怎麼樣？他的判斷大家都該接受。」沒想到耶何書亞拉比還是堅持己見，向天吶喊：「妥拉如今不在天上，神已將它賜給了人，現在要由人來判斷！」大多數學者遂繼續堅持立場，拒不接受艾立澤爾拉比的主張。

這則故事生動訴說了塔木德的觀點——人是創造者。幾個世代之後，這個故事的結局終於出現：據說有位賢士問以利亞先知，上主當時說了什麼？以利亞回答：「神開口一笑，說：『好啊！我的孩子贏了我！我的孩子們贏了！』」

PART THREE
方法學

探討塔木德的方法學，細加審視塔木德的思維方式。

CHAPTER 29

——— • ———

米大示（律法釋經學）

Midrash(Halakhic Exegesis)

　　米大示（*midrash*）的字根為 *darash*，意思是「詢問」或「探究」，米大示哈拉卡（*midrash halakha*，律法釋經學）❶的內容是詮釋摩西律法，在文本中尋找相關佐證以增進理解。米大示只佔米示拿一小部分，但塔木德為詳盡闡明米示拿來龍去脈，還是時常引用米大示。塔木德大量引述米大示彙編，古代米大示彙編有些留存至今，其他巴萊塔（編外資料）❷選集則僅存於塔木德。

　　學者們對於米大示的基本問題是：律法體系是否真的源出於米大

---

❶ 譯注：為方便理解，本章將依文字脈絡，當 *midrash halakha* 指涉聖經詮釋方法時譯為「律法釋經學」，指涉塔木德賢士律法研究客體時譯為「米大示哈拉卡」。

❷ 譯注：巴萊塔（*baraitot*）是未收錄於米示拿的獨立律法評論，參第七章。

示——源出於檢視聖經文本及各式邏輯詮釋方法？以邁蒙尼德為首的一些重要學者認為：米大示（至少大部分米大示）並非律法的真正來源。他們主張律法的基本框架早已在口傳律法中浮現，米示拿律法裡的所有細節也已見於口傳律法。米大示只是代代相傳的詮釋方法，透過尋找經文與律法的關聯及寓意，建立起兩者的連結。

根據這種理論，米大示哈拉卡雖然是一套重要的記憶工具，但並非直接證成律法的實質證據。這個理論就跟邁蒙尼德的其他主張一樣，理路清晰，見解出色，而且能夠解決很多問題。然而，這個論點也同樣引發了新的問題，因為詳細分析米大示之後，可以發現他的解釋未必完全合理。

重量級的塔木德評注家（包括拉希、《補述》作者群及大部分西班牙評注者）則另持一說。他們認為從塔木德中可以看出，米大示分為兩種，一種是真正形塑律法的米大示，另一種是作為「旁徵」（*asmakhtot*）❸ 的米大示。他們認為有些米大示是律法真正的來源，而「旁徵」類的米大示只是幫助記憶的工具，用以連結拉比律法與聖經經文，但本身並未直接證成律法。賢士們有時也說自己雖然引聖經經文為旁徵，「但經文不可單作此解」。不過，這兩種米大示的差異未必明顯，因為正如賢士與評注者們指出的：兩者的構成（mechanics）可能幾乎相同。

最重要的釋經原則有：「以小見大」（*kal vahomer*）、「文句比對」（*gezera shava*）、「推敲通則」（*binyan av*）、「辨同殊、品先後」（*kelal u'perat*）、「權衡文脈」（*davar halamed me'inyano*），以及「化解矛盾」（*shnei ketuvim makhishim*）。「以小見大」是簡單而常見的推論

---

❸ 譯注：關於「旁徵」，請參考第六章。

方式，透過分析小的、輕微的例子，推想大的、嚴重的案例。塔木德舉例：據妥拉律法不可娶孫女為妻，因此由「以小見大」原則推論，顯然也不可娶女兒為妻（這個例子其實不盡理想，但我們暫時不加深究）。由於「以小見大」邏輯單純，有時也被簡稱為「原理」（*din*），原則上人人皆可運用，並藉此推導出新的律法。

然而在此同時，也有許多方法可以縮限「以小見大」的運用，例如指出其邏輯結構謬誤、推論結果可疑等等。大多數學者也都認為「以小見大」有一項但書：受推論之事實應與用以推論的案例對等（equalized），標準不可從嚴也不可從寬。賢士們在聖經中發現十個明顯運用「以小見大」之處，清楚證明聖經本身也運用了這個原則，此外，「以小見大」也有助於維持邏輯一致。

另一個基本詮釋原則是「文句比對」，或可視為語言學方法。如果某個字或某則律法意義不明，便比對另一處用字相同、文意清晰的段落加以釐清。「文句比對」基本上不難，但當某個詞彙運用於不同主題時，解讀其意便十分費神。「文句比對」的邏輯與破譯文本類似，都是以幾個特定詞彙為基礎詮釋句意。不過，因為很多詞彙時常出現在不同文句之中，濫用「文句比對」很容易曲解文意，誤讀的風險很高。

「文句比對」的基本限制是：除非習自老師，否則不應運用這項詮釋方法。因此，這個方法的根基其實是詞彙知識的傳承，而且只能用來爬梳、對照兩段相關的文句。除此之外，「文句比對」還有另一個限制：除非能證明不同段落的相同詞彙真的是刻意寫就，而且是無涉本文主旨的贅詞（superfluous to the text），才能使用「文句比對」的原則來詮釋詞意。所以，「文句比對」也有點像是注腳，用以提示文本段落間的關聯。

「推敲通則」與「文句比對」有類似之處，但邏輯結構不同。「推敲通則」的基礎是歸納法，試圖在類似脈絡的相似段落中找出共通之理。同樣地，「推敲通則」也有其變化與限制。

「辨同殊、品先後」的形式很多，基本上只要段落中出現通則，即可依其文句先後推出核心要旨。若通則先出現，個別案例後來才出現，代表「凡通則所含者，無一不備於個別案例」，亦即通則只提供了整體邏輯框架，其他細節有待個別案例補充。❹相反地，以論及失物的律法為例：「你的弟兄若遺失了驢，你找到應該交還；你的弟兄若遺失了衣服，你找到應該交還；無論你的弟兄遺失了什麼，你找到都該交還。」❺也就是說，若通則出現於個別案例之後，代表個別案例所列的細節只是舉例，而通則無一例外地適用於類似情形（例如此處之交還失物）。

「權衡文脈」是相對簡單的文本詮釋方式。舉例來說，「不可偷竊」的誡命出現了兩次。第一次出現在十誡，文脈十分肅穆，緊接在不可殺人和不可姦淫的誡命之後，因此賢士們認為它在這裡隱喻不可綁票，而綁票的刑罰是死刑。這條誡命第二次是與公平交易的律法一起出現，賢士們認為它在此代表禁止偷竊財物。

另一個詮釋原則是「化解矛盾」，用以處理兩段具有明顯或潛在衝突的段落。遇上這種情況必須找第三段相關經文判斷，藉此化解矛盾，將原本看似衝突的段落帶往不同方向。

律法釋經學運用的方法極其縝密，因為賢士們相信妥拉記載律法、言行的方式既精確又深具意義，絕無一處閒筆，所以每個細節

---

❹ 譯注：例如〈創世記〉一章廿七節已道出「神創造人」的通則，第二章再補充創造亞當、夏娃的細節。請參考：http://www.yashanet.com/studies/revstudy/hillel.htm
❺ 譯注：參〈申命記〉廿二章三節。

都有深意。即使某個字看似多餘或無關宏旨，仍必須加以深究，事實上，贅字可能正隱含了強調之意。如果兩個主題的段落十分接近，即使討論的內容並不相關，兩者之間很可能仍有相當程度的關係。總之，無論看似多無關緊要的地方都有其意義，舉例來說：如果某句話以連接詞字母 *vav* 開頭，就可能意味著它與前句有重要關係。

雖然這些釋經方法相對簡單，但米大示通常不只擇一運用，而是同時使用多種方法。除了獻祭律法之外，米大示還會比較同一主題的不同經文，再依其獨特方式一一解釋（獻祭律法本身即被視為主要證據，幾乎毫無例外）。雖然米大示哈拉卡在某種程度上顯得僵化，不免有斧鑿之嫌，但這是因為聖經經文被視為首要法源依據，所以字字句句都須嚴肅看待，就像重要法典的每個細節都應詳加研究一樣。

除了前述幾種釋經原則外，詮釋方法還有很多：以實邁爾拉比的書院發展出獨門詮釋方式，阿奇瓦拉比門下則以細膩而全面的釋經風格見長，許多賢士與學派的釋經方法也各有特色。舉例來說，《巴比倫塔木德》認為只有妥拉具有約束力，所以只引妥拉為律法證據；若引聖經其他經卷的經文為證，則一定要滿足種種條件，而且這些經文往往只作「旁徵」，用以輔助其它證據。另一方面，《耶路撒冷塔木德》更倚重其他經卷，因此對於《巴比倫塔木德》深入鑽研的許多理論，常常傾向簡化處理。

雖然詮釋經文的基本規則並不深奧，但對於米大示的內容、不同規則間的相互關係，以及它們的精確定義與應用（有些例子會用上兩個規則），塔木德梳理得十分詳盡，塔木德與米大示的評注者亦著力極深，投入了大量心血。

CHAPTER 30

—•—

塔木德的思考方式
The Talmudic Way of Thinking

　　塔木德不僅主題特別，它的討論方式或許更加獨特。後世律法與卡巴拉著作雖然也討論相同問題，但採取的方式卻與塔木德大相逕庭。很多學者都曾想過：塔木德是否有其獨特邏輯？如果前提與假設維持不變，但改用另一套邏輯方法，是否會導出不同結論呢？

　　塔木德在某些面向上與米大示哈拉卡類似，有其不同於其他邏輯系統的分析模式與釋經原則，但學者們真正好奇的是：塔木德賢士是創造了獨特的邏輯結構，亦或只是使用了特別的論證方式？不一樣的主題有時的確需要不同處理方式，在某個領域有效的方法也未必適用於其他領域。事實上，塔木德本身即已依分析與討論方法來區

分主題。舉例來說，獻祭律法構成獨立單元，因為塔木德認為它的主題與證據都自成其類；傳統上視為「摩西於西奈頒布的律法」也自成一類，因為這類主題不能用一般律法釋經方法討論，即使邏輯上可以成立亦然；此外，某些領域不得以邏輯推演（*ein lemedim min hadin/* logical manipulation）為律法法源，但可使用傳統上許可的其它方法。

　　儘管有這些限制，塔木德的思考與論述方式依然結構特殊，可以從不同角度理解，但不能以其它方法研究。對於抽象概念的態度是其基本特質之一：塔木德就像大多數猶太傳統思想領域一樣，刻意避免以抽象概念進行抽象思考。即使是運用抽象概念更易於討論的主題，賢士們還是寧可用其他方式分析，就算論證過程因此笨拙累贅亦然。塔木德以「範式」（models）替代抽象概念，並以範式為基礎建構出獨特的邏輯系統。

　　在討論民法時，我們已談過「角」、「足」等範式，它們既非例證、亦非譬喻，作用更類似於今天的數學或科學模型。運用範式必須遵循一套傳統認可、界定清晰的步驟，舉例來說，「以小見大」即是運用範式以推出另一範式。這種思考方式是高度機械式的，過程中並不試圖釐清實務或邏輯本身的問題；它們被視為完整的實體，它們的結論也具有實務或邏輯意義，但其錯綜複雜的推論過程卻未必能讓人理解。

　　以這些假設為基礎，便能了解一種特殊的論證方式——「由不可能推導可能」（*danim efshar mishe'i efshar/* deducing the possible from the impossible）。這種方式是選擇特定段落，再運用其脈絡中允許的方法推出另一個議題的律法結論。讀到的人的第一個反應是這項推論「不可能」成立，因為第一個例子（即範式）的重點似乎與推論風馬牛不

相及。舉一個這種論證的例子：可否皈依猶太教而不行割禮？有位賢士想證明可以，指出女性皈依猶太教即不行割禮。反對者馬上提出異議：就生理來說，女性本來就不可能行割禮。但這名賢士認為這並未撼動上述論證的有效性，因為：「雖然女性不可能行割禮，但這項事實的確是不容忽視的證據。」換句話說，證據既有範式為本而且循理推論，其他面向可不列入考慮。

現代許多領域都已使用這種推論方式，但很少運用它來思考日常問題。塔木德賢士相反，他們以這種方法處理世間萬事。他們習於這種思考方式的事實，正反映他們的世界觀裡充滿各種範式，鮮活而細膩的例子發揮了抽象概念的作用，而這些例子都有深意，其豐富意涵不能以表象論斷。

運用範式的最大好處，就是能不斷檢驗論證方法的有效性，這是抽象概念難以做到的。基本而相對單純的範式提供了檢證基礎，不僅能藉此推論，也能隨時檢驗是否在抽象思考模糊議題的過程中，偏離了根本性議題。所有抽象思考都有不斷創造新概念的缺點，而既然除了運用同樣模糊的詞彙之外，別無界定這些新概念的辦法，所以我們也難以判斷它們是否已偏離主題、或是仍舊相關。因此，塔木德裡幾乎看不到抽象詞彙，即使討論脈絡其實需要使用抽象詞彙也是如此，其他法律體系會引入抽象概念的討論議題，塔木德往往依舊堅拒抽象討論。諸如權威（authority）、紀律（discipline）、框架（framework）、靈性（spirituality）這些詞彙，直到晚近才從其他語言或哲學轉譯到希伯來文裡。塔木德極少使用這類詞彙，但它還是經常討論這些詞彙所指涉的議題，只不過方法與其他哲學或法律體系判然有別。

除了避免抽象之外，塔木德的另一個獨特面向是實事求是的態

度。塔木德賢士一向認為，他們的討論不是為了形塑社會法律意義下的「律法」，而是為了釐清重要事實與實際處境。這種態度對塔木德的樣貌影響深遠，特徵之一是不區分「大問題」、「小問題」，也不論斷某個討論「有用」或「無用」，對於一個問題是否「實際」或「有意義」，賢士們也不作價值判斷。他們的目標很單純：發掘真理，而真理是一整體，無法切割為重要性不一的片段。需要討論實際問題的解決方案時，會加上某些限制條件，以維持純粹的律法討論形式。不過，塔木德也不限於尋找實際問題的律法解決方案，凡是有待釐清、發掘真理的問題，賢士們都認為值得好好分析。

前已述及，塔木德常討論在過去很重要、但如今已無發生可能的情境，不過，探究遙不可及的主題有時還是能得到極具實際價值的結論，但這只是意外收穫，討論的主要目的還是求真理。所以，賢士們的討論範圍甚至比「純科學」還廣，因為他們不僅探究純理論問題，連明顯謬誤的方法也通盤分析。何以如此？因為謬誤的方法或許也有助於探求真理，所以賢士們還是仔細研究其內在價值與真確性。據說，有位賢士曾對某個被駁斥的律法方法流露輕蔑之意，在別人向他解釋那種方法的內在邏輯之後，他特地去了發展出那種方法的人墳上，請他們原諒他的不敬。

這種熱切追求真理的態度也表現在論證方式上。賢士們總努力追求數學般的精準，而不僅止於「合理」或「高度可能」。對於自然科學或法律來說，也許論證「合理」就夠了，但塔木德賢士不以此為足，他們希望能進一步確認結論的有效性，不僅要消除可疑之處，更希望能排除其他解釋——這就是塔木德為何包含大量反駁之道的原因。往往某位拉比提出合理論點之後，另一位賢士——甚至提出論點者本

人——馬上會開始找其他解釋，而第二個論點即使牽強，還是有可能推翻第一個論點，促使賢士們繼續發展更堅實的論證。塔木德稱這種論證態度為「尚易」（*shinuya*/change），亦即即使其他論點邏輯曲折、高度牽強，但只要第一個論點仍有不足之處，塔木德便不予接受。

塔木德辯證推理（*pilpul*/dialectical reasoning）最突出的一點，莫過於不接受簡單而顯然合理的證明，寧可繼續尋找完美而毫無疑義的證據。尋求無可非議的解釋往往讓結論相當保留，也大大縮限了律法適用範圍。這種方法並未被刻意鼓勵，賢士們也不斷嘗試提出合理又與原典一致的解釋。常見的評論是：如果傳道們刻意形塑了一條具有全面性的律法，他們可不希望那只適用於某個特殊情況。但只有在主題本身讓賢士們不得不作出怪異結論時，這種評論才顯得合理。畢竟，塔木德就像科學或專門知識領域一樣，並沒有多少全體適用的通則，對它們來說，空泛的通則過於膚淺，無法回答深刻的問題。

塔木德的另一個獨特之處，是不斷將種種方法、見解應用於不同問題，許多討論也都能看出這個特色。無論任何問題，賢士們都會盡力避免爭議，將方法與見解間的差異降到最低，並盡一切可能找出共識。舉例來說，當某位傳道的觀點切合某則米示拿的修辭與內在邏輯時，以前者的觀點詮釋該則米示拿並不困難。但賢士們通常會窮盡各種方法，以多種角度解釋每則米示拿與律法格言。為了盡可能增加解釋方法，連看似牽強的詮釋途徑他們也會採用。這種方法的內在邏輯似乎也適用其他領域，其寓意在於律法並不遙遠、疏離，而是貼近經驗、切合現實，不只是空想而已。

現代科學預設研究者忠於真理，塔木德亦然。因此，如果不同實驗的結論矛盾，研究者會試著提出一套全體適用的理論，以便涵融所

有實驗結果。學者當然可能在邏輯或操作上失誤,但塔木德盡可能不拋棄任何一種方法,即使尋求共識或交集有時十分困難,建構的理論往往也極其錯綜複雜。

塔木德也是這樣看待學者們的治學方法,預設他們都試圖運用各種思考方式探求真理,所以他們的結論應該都具真實性,在某種程度上應該也能與其他學者的見解相互整合。因此,即使不同學者的看法顯然有落差,塔木德賢士還是會加以調和,盡可能降低差異。常見的方式是選擇兩個看似相斥的方法,讓提出者相互辯詰,以顯示兩者在細節處其實大多相合。如果這種做法成功,便代表雙方看法有異並不是因為思考方向南轅北轍,而是因為基本理論有些微差異,或者只是雙方風格不同而已。

不過,賢士們對史實興趣缺缺,也無意重構早期學者的思想歷程,因為前人的真實想法並不是他們真正關心的問題。畢竟,如果將律法論證視同科學實驗,而每則律法都是經驗事實,那麼該用心深究的自然不是誰做了實驗,而是該如何提出最周全的解釋,向真理更進一步。

CHAPTER 31

———•———

古怪問題
Strange and Bizarre Problems

熟悉塔木德方法能讓我們更加理解某個奇特的現象：塔木德有時會很認真地討論稀奇古怪的問題。雖然賢士們縝密思考、嚴謹處理的問題，多半是實際而常見的疑問，他們提出的答案有時也相當實用。但塔木德偶爾也會討論相當怪誕的問題。這些問題不是極不可能在日常生活中發生，就是完全不切實際。相關討論往往顯得十分荒謬，因為為了討論某些微不足道的細節，賢士們竟然願意投入不成比例的龐大心血。

不過，了解塔木德思考模式的人不會為此詫異，因為他們知道：細加爬梳基本問題絕非虛擲心力，其重要性亦不容小覷。在塔木德文

本中，有些問題似乎無法解決，但在尋找答案的過程裡，學者們還是
會舉出例子、範式，並試著藉由它們釐清問題的本質。對於這種現象
的另一種解釋是：整體而言，塔木德並不特別側重實務應用，所以每
個問題都被賦予同等重要性。塔木德在意的不是立刻找出答案，而是
發掘問題的內在價值。因此，在拉比圈裡，某個問題實不實際並不重
要。我們不時能看到錯綜曲折、環環緊扣的複雜理論，幾乎想像不出
如何可能付諸實踐——但那又怎麼樣呢？賢士們深信：「這是妥拉，
當然值得認真研究。」

　　賢士們還說，由於某些律法實際運用的限制太多，因此「以前沒
用過，以後也不會用」，「那麼，為什麼要樹立這些律法呢？研究吧！
你會得到報償。」這種觀點認為，即使是妥拉律法也可能窒礙難行，
但這完全無傷它的價值。另一方面，雖然運用律法可能有種種侷限，
詳加檢視這些律法及其意涵則毫無限制，而且思考討論這些律法不只
是智性練習而已，也被視為真正的研究，因此也自有報賞。

　　舉例來說，塔木德裡有段極其複雜的討論，是關於一隻老鼠把麵
包屑帶進已為逾越節除酵的屋子（麵包屑屬於發酵物）。賢士們逐一分
析老鼠本身、牠進屋前後屋裡麵包屑的數量、後來又有另一隻老鼠進
屋的可能性、其他可能發展……等等。關於這小動物的討論幾乎佔了
塔木德整整一頁，充滿有趣的理論和基本的證明，而這些討論都是為
了解決老鼠是否留下麵包屑的問題。

　　另一處關於生產的深入討論，則是與生得權（birth rights）❶有
關。在討論過程中，賢士們不僅延伸探討胎兒被換到另一個子宮
的問題，甚至談到傳說中的魁偶（golem），分析它是否可以算作會

----

❶譯注：孩子生而獲得的權利，如繼承權。

眾（*minyan*）之一。❷

不過，這些問題雖然既怪誕又天馬行空，其中卻有很多與實務律法相關，因為討論推導出的原則與判斷可以運用在其他地方。既然對於老鼠和芻偶的討論，都可以詳盡而精確如分析實務問題，其結論在某種程度上當然可以應用於其他議題，最平凡的問題有時甚至只能透過這種方式解決。純理論研究也是這樣，即使探索的問題看似遙遠而微不足道，但成果往往能運用於實際問題。塔木德賢士與學子也早已明白：研究未必與現實相關，也不一定能獲得結果。

探究這些古怪問題，未必能立竿見影地見到實際效用。有些當時看來荒誕不經且毫無意義的討論，在科技長足進步之後卻變得非常重要。由於塔木德對各式各樣的問題開放，許多原本看似毫不實際的問題一躍而為當前議題的先聲，便也不足為怪。舉例來說，塔木德有個討論主題是「空中樓閣」，幾百年來，相關討論總被視為想像力過於豐富的例證。當初參與討論的賢士，絕想不到有朝一日真的能在空中建樓閣、造森林，他們也並不特別在意技術上該如何達成。但既然其中一位賢士提出了這個問題，他們便停下來熱烈分析種種可能性。現在看來，這些討論一點也不荒謬或遙不可及，而且還能幫助我們解決一些相當實際的問題。

同樣地，塔木德賢士也花了很多功夫討論人工受孕，以及母子在這種情況下的法律與倫理關係。這些討論差不多到兩千年後才發揮實際效用，而另一些在目前看來仍不具意義的討論，或許未來也能為某些重大問題提供答案。舉例來說，對於芻偶的討論旁及人類本質與限制的界定，其中有些部分則觸及極其怪誕的問題。舉例來說，《耶路撒

❷ 譯注：「會眾」是公共敬拜的最小單位，最少十人。參第十六章。

冷塔木德》曾分析獸首人身與人首獸身之別，而結論類似今日所稱之「人格分裂」。這個問題在律法上僅與畸胎間接相關（塔木德對畸胎討論甚多），並非焦點問題，但它被用來回應當代問題的可能性卻不容輕忽。

無論如何，賢士們不太關心問題的實用面向，因為他們本來就是為研究而研究，解決人類問題原本就不是他們的目標。他們雖然以現實世界裡的事物為範式，但討論的問題往往不切實際。塔木德裡最常提出的問題之一是：*hikhi dami*？——這種狀況到底應該如何描述？當賢士們想更精確、更深入地釐清一件事，但相關律法太空泛或太抽象時，他們就會提出這個問題，而唯一的解決之道就是建立範式，藉此確認真理。範式是很好的思考工具，對於某些從抽象層面看來單純、實用的律法，範式常能點出它在應用上站不住腳，需要進一步修正。

在爬梳理路的過程中，更能突顯運用範式的優點。即使範式是結合兩種方法而成（塔木德的理論是：不同意見應該盡可能調和），或是不斷舉出具體案例以解決抽象問題，其結論縱使笨重或怪誕，還是比抽象分析更為可行。建構範式能檢視問題的每個部分，亦能一併留意它與其他議題的關聯。

因此，無論那些脫離現實的解釋多麼怪誕都不足為怪。在塔木德思想中，它們不僅十分重要，有時甚至能引出最好的解決方案。這些討論的實用性有時很讓後人驚艷，原本看似荒謬的主題竟能預示未來的方向，不得不歸功於塔木德獨特的思考方式。

CHAPTER 32

—•—

研究方法
Methods of Study

　　塔木德內容廣泛、面向多元，猶太學者為之殫精竭慮數百寒暑，傳授方式亦因時、因地而異。北非塞法迪（North African-Sephardi）傳統與法語系阿胥肯納齊（Franco-Ashkenazi）傳統的區別，❶主要在於求知目標與釋經方法重點不同：北非塞法迪傳統傾向整體性思考，法語系阿胥肯納齊傳統則注重窮究細節。

　　塞法迪傳統多半關注律法問題與律法裁決，而律法結論既為焦點所在，便須發展出詮釋與組織議題的特殊方式。即使有些討論並不以發掘實際律法解答為直接目標，塞法迪傳統還是會仔細檢驗各種可能

❶ 譯注：關於塞法迪傳統、阿胥肯納齊傳統與下段提及之「覆函」，請參考第十章。

結論。因此，塞法迪傳統雖然絕不忽視論辯中更有力的見解，但它念茲在茲的是尋求共識，亦即具實務意義的結論。循塞法迪傳統研究塔木德之人，在遍覽各式理論與見解之後，會提出的標準問題是：「從這些推測中，我們可以做出什麼結論呢？」一般說來，凡是想為自己的特殊問題找出解答的學者，常常都會將其他領域的討論運用在他所關注的主題上。塞法迪傳統即是如此。這批西班牙賢士及其傳人，時常會以塔木德為本提出實務性建議，連塔木德中的傳說部分，也常成為他們的立論根基。

在猶太人於一四九二年被逐出西班牙後，這種律法研究方法隨之式微。法典編纂者（codifiers）長期以來必須透過這種方式整理資料，但重要法典與「覆函」（responsa）中的這種文類不再受廣泛研究。許多阿胥肯納齊賢士很欣賞這種塞法迪方法，嘗試將其引入阿胥肯納齊猶太族群，希望它能獲得更多運用。這些賢士中最有名的莫過於布拉格的馬哈拉爾 ❷，他和弟子們認為這種方法有益於引導思考、找出結論，也以這種方法寫了不少作品。然而儘管這些學者投入甚深，這種方法還是沒能在阿胥肯納齊猶太族群中生根。

法語系阿胥肯納齊方法很不一樣。某種程度上說，它算是延續了塔木德的思考方式，志在創作一部「塔木德的塔木德」——換言之，塔木德本身成為研究對象，學者們則致力於比較、分析其文獻與見解，試圖融通諸說，說明整體內容高度一致。《補述》作者群（ba'alei tosafot）❸ 是這種方法的典型代表，也將這種方法推展至近乎完美，他們的弟子也繼續延續同一條路。在中世紀後期兩百年間，這種方法進

❷ 譯注：關於布拉格的馬哈拉爾，請參考第十一章。
❸ 譯注：關於《補述》作者群，請參考第十章。

一步獲得拓展，並將代表性評注人的著作納入討論。在中世紀時，不僅有研究塔木德的作品，也有研究塔木德拉希評注的專著，這是學者們試圖理解、詮釋拉希研究方法的產物。

各個學派的方法都有其特色，例如奧斯堡（Augsburg）方法與紐倫堡（Nuremberg）方法（各以其發源地為名），在研究時提出的主要問題便有所不同。不過，這些方法都朝同一個大方向精緻化，最終形成所謂「辯證決疑法」（*hilukim* 或 *pilpul*/dialectical casuistic method）。

辯證決疑法之父是雅各‧波拉克（Ya'akov Polak）拉比，十六世紀日耳曼猶太人。辯證決疑法務求調和矛盾，並以相對僵硬的原則解釋問題（但這些原則未必與塔木德本文有關），欲善用此法必須極具機鋒。這種方法常以「問者」（*makshan*/questioner）、「答者」（*tartzan*/answerer）的形式出現，事實上，塔木德裡也常採對答形式：甲賢士（答者）申明主張，乙賢士（問者）提出質疑，並援引論據支持自己的見解，接著甲賢士再發言辯護原先的論點，如此反覆辯詰。

舉例來說，運用辯證決疑法的辯論形式可能是這樣的：在問者第一次提出質疑後，答者說：「你沒有弄懂我的看法，我講的是另一回事。而且你不但理解錯了，連方法都錯。」問者馬上接口：「不，你的論點我清楚得很，雖然你說我質疑得不對，但我問得切中要點。就算我承認你說我沒弄懂你的主張好了，我的提問方向還是沒錯，跟你的論點息息相關……」雙方就這樣你來我往，漫無止境地辯論下去，長度則依塔木德中的問題與解釋數量而定。

辯證決疑法顯然需要相當敏銳的思辨能力，而值得一提的是：這種方法並不是到中世紀才憑空出現的，在塔木德中亦可發現它的痕跡。塔木德裡有時會提到類似的場景：一名賢士其實並未完全瞭解另

一名賢士的論點，卻急著提出不甚相干的質疑。不過，辯證決疑法雖然門檻極高，唯聰慧機敏之人方可應對，但它有時卻像是機智遊戲，缺乏理論重要性。

辯證決疑法廣受歡迎，因為它讓學者們有機會大展身手、一顯機鋒。學者們常用它考掘類似方法與格言間微不足道的差異，並建構極其複雜、有時並不足以認真看待的複雜邏輯。接下來幾個世紀，關於這種方法的小故事紛紛出現。最有名的軼事之一是：有位拉比問他弟子：「為什麼 korah 一定要有 peh（p）這個字母呢？」弟子回答 korah 根本沒有 p，但拉比還是堅持問道：「我們就先假設 korah 有 p。」弟子大惑不解：「可是，為什麼 korah 一定要加 p 呢？」拉比說：「這不就是我問你的問題嗎？」這個故事也暴露出辯證決疑法的潛在問題：忽視塔木德文本依據，以致推想出的結論往往經不起檢證。

於是，辯證決疑法也引起許多學者反彈，認為它只是鼓勵小聰明而已，如果只是想玩智力遊戲，與其曲解妥拉還不如學下棋。馬哈拉爾 ❹ 對辯證決疑法的看法即是如此，其他學者也強烈反對以這種方式走偏鋒。塔木德詮釋家由「馬哈夏」許木埃爾‧艾德爾斯拉比領軍，重新引入更具系統的詮釋方法，同時也將《補述》納入精讀、比較題材。為了盡可能汲取塔木德精髓，也為了在推導結論、解決問題時審慎持重，他們也盡可能模仿《補述》作者群筆法。辯證決疑法依舊風行了好幾十年，運用者主要是波蘭學者，他們多半是學界翹楚，對辯證決疑法也嫻熟精通，不過，他們通常只是以此消遣，並未認真將它看作研究方法。

到了十六、十七世紀，許多學者對律法重新燃起熱情，雖然他們

---

❹ 譯注，關於馬哈拉爾及下文所述之馬哈夏，請參考第十章。

對塔木德的研究不限於律法，但他們的努力有助於抑制辯證決疑法，並再次引入更為嚴謹的研究方法。馬哈拉爾和十八世紀「維爾納智者」艾利雅胡拉比 ❺ 建立了學派，可惜都未發展至頂峰。這些學者開始對他們熟悉的文本產生興趣，也證明即使不用曲折牽強的辯證決疑法，只要找出更好的切入點，還是可以解決複雜難解的問題。

維爾納智者延續了《補述》作者群的工作，為塔木德畫出更好的區分，也提出了更卓越的研究方法：有些時候，放棄調和差異、依提問人的方法分析問題本身，反而更能釐清主題。

雖然這種方法並不完美，但它成為絕大多數近現代塔木德研究者的利器，而他們主要關心的是編輯問題，以及文本內容與後世評注家的關係。這種方法之所以沒有完全發展成熟，主要是受到更具吸引力的方法排擠。頂尖學者傾向批判方法，以文本分析為基礎，也特別關注根本性問題的基本討論。

隨著諸多塔木德古代抄本被發現、出版（例如赫赫有名的慕尼黑抄本），早期評注家的作品亦紛紛出版問世（主要是西班牙學者的作品），這種方法也獲得進一步發展。這些評注家的作品重現天日，提供了塔木德詮釋的豐富資源，讓學者們對文本有了新一層的認識，也深化了他們對塔木德釋經的批判性研究。

西班牙和阿胥肯納齊社群都試著以自家方法理解塔木德。數百年來，整理「塔木德規則」（rules of the Talmud）的作品紛紛出現，而爬梳「塔木德規則」，指的就是研究塔木德賢士處理各式問題的方法。有些文獻難度很高，過去只有頂尖評注家和法典編纂者使用，但它們如今老幹生新枝，提供了一種以塔木德本身的方法分析它的工具，也提

❺ 譯注：關於「維爾納智者」，請參考第十四章。

供了分類、界定這些方法的方式。許多傑出學者既鑽研又運用塔木德方法，不過這種治學方式始終不普及。

許多研究方法都受到邁蒙尼德律法著作啟發。邁蒙尼德的特色是行文不引塔木德或評注為據，但每個觀點都植根於塔木德，這種方法幾乎前無古人後無來者。正因如此，他的著作很快成為研究對象，學者們試圖找出他的依據何在？挑選論據的方法又是如何？每代學者都以當時的釋經方法進行這項研究。剛開始時，他們的目標是找到明確論據，某些評注家也無意反駁邁蒙尼德同代人對他的批評。要到後來，學者們才不僅止於解析邁蒙尼德的論證，也試著進一步加以強化、補充。他們如今不只想找出邁蒙尼德論點的根源，也想將塔木德見解適用於當代，並設法調和其中的不一致之處。於是，原本對於邁蒙尼德論證的研究，漸漸啟發了許多方法，而這些方法如今成為塔木德研究的重要部分。

很多地方（尤其是匈牙利）持續深化對照整合法（leshitato）。這種方法的目的是闡述米士拿與塔木德賢士的見解，形式是匯集某位賢士在不同作品中的言談，並使用某種程度的辯證決疑法將它們銜接起來。這種方法相當古老，塔木德本身也使用這種方式，透過整合某位賢士對各式議題的見解，拼湊出他的基本律法立場。

十九世紀也見證了立陶宛方法的崛起，這主要歸功於布里斯克（Brisk）的約瑟夫・杜孚（Yosef Dov）拉比，他的很多弟子都採取這種方法，但有些人用得過於極端。

這種方法運用各式律法解釋不同議題、調和矛盾主張（某些律法出於塔木德），試圖從邏輯面為不同塔木德問題作出更廣泛、更抽象的界定。這種方法區分「賠償」（haftza）與「征服」（gavra），亦即賦予

「物」（object）的義務與人的義務，或稱「雙重律法」（two *dinim*），這是為了區分某項行為或義務的兩種理論要素，例如正面面向與負面面向。

這些學術方法由各個學院深化發展，每個學院也都繼續革新，並各自引入獨特的分類方式。這些方法有點類似法理學研究方法，運用於塔木德時往往能帶給學生相當大的啟發，讓他們能以全新的方式了解許多概念。不過，這些方法雖然廣受近現代書院歡迎，卻也被批評違背塔木德內在方法與思考模式。近幾十年來，某些頂尖塔木德學者重新轉向，改用其他更悠久、也更少臆測的研究方法。

CHAPTER 33

—————•—————

塔木德與律法

The Talmud and the Halakha

　　與米示拿相較，塔木德的主要內容並不是律法，但它無疑是有史以來最重要、也最權威的律法資源。歸根究底，所有律法都依於塔木德，每有疑問，塔木德也一定是重要參考。換句話說，塔木德雖是猶太律法的首要資源，本身卻不是律法作品。以塔木德為司法指引時，光是擷取與實際問題相關的部分還不夠，同樣重要的是運用注疏者與智者歸納的原則。

　　從塔木德推導律法的方法，某種程度上已內在於塔木德本身，智者們只是進一步拓展，並添上其他規則與方法。傑出的猶太法典編纂者不僅創發新法、擴展律法面向，也會持續考掘額外的原則。

　　塔木德包含大量裁定，相關辯論與未決爭議甚至更多。《耶路撒冷塔木德》明確表示律法裁定應切合實際：「（作裁定時）不應仰賴米示拿條目（mishnayot）、補述（tosafot）、傳說（aggadot）或米大示（midrashot），而應本於實際律法。」換句話說，塔木德的內、外資源都不具律法約束力，光是指出某個問題已在某個文獻裡解決還不夠，更重要的是了解此一裁定在整體律法脈絡中的意義。某則米示拿的結論可能與另一則米示拿相互矛盾，相互調和後，可能又產生第三則米示拿。因此，只有學者作出裁定並說明其律法基礎時，裁定才具有約束力。

　　塔木德不常提出這種具約束力的律法，也未必都有明確的結論。不過，塔木德賢士始終以此為念，初代詮者即已試圖整理米示拿律法裁定的規則，舉例來說，他們分析、歸納米示拿中不同的表達方式。多名重要賢士贊同「律法隨米示拿」（halakha ki'stam mishna），意思是米示拿中每則匿名記錄的裁定都應納為律法。雖然這無法解決一切問題，但依此原則，確實更易於推導基本方法。賢士們補上許多附加規則，以處理匿名米示拿與爭議間的特殊關係，也開始思考如何解決不同傳道間的爭議。

　　賢士們也為某些案例樹立固定規則，例如：「若約瑟夫拉比與耶胡達拉比意見不一，以前者為準；若邁爾拉比與耶胡達拉比主張不同，以後者為準。」後來的學者也以相同方法解決塔木德賢士間的爭議。在某些根本議題上，可以看到或多或少相對固定的規則，顯然是由評注者們建立的。舉例來說，若拉孚與許木埃爾見解不同，事關祭儀以拉孚為準，事涉民法則採許木埃爾之說；如果阿巴耶和拉瓦意見相左，除少數例外概依後者裁定而行。這些規則雖然數量不多，卻為重

大裁定奠定基礎。

除此之外，賢士們也建立了其他基本準則，比方說：在某幾個世代之內，弟子的見解不得推翻老師的裁定；但從某個世代以後，裁定則以「晚近學者」的意見為準，因為賢士們認為他們之所以質疑前輩的裁定，必然有充分原因。這些規則結合後適用範圍很大，大多數塔木德爭議都可循例處理，在塔木德並未提供律法之處，學者們亦可依此推導律法。除了這些簡單的原則之外，還有其他規則是依文風研判，或是在塔木德特別重視細節之處找尋線索。

如果某個問題在塔木德中未獲解決，亦不知主張不同的學者是誰，上述規則都不適用，學者們便可能訴諸智者或初代賢士建立的原則。塔木德裡每個「未決之疑」（*teko*/problem without satisfactory solution），都被歸為待解爭議個別處理。如果有疑義之處涉及妥拉，律法從嚴認定；如果只是拉比之間見解不一，則標準可以放寬。事涉禁令通常從嚴，若為民事訴訟，原告須負舉證責任。

以塔木德的編輯方法為基礎，大多數學者認為：如果塔木德對特定問題提出兩個解決方案，第二個具有律法約束力。從理論層次來看，這項準則十分實用，即使在不同裁定毫無高下之分時依然適用。另一類問題是：當塔木德的見解有所衝突時，應以何者為準？若有這種情形，實際與此一主題相關的結論具律法優先性。

在所有細密而固定的規則之上，還有一個更重要的原則，塔木德本身便相當重視，可謂檢證裁定有效性的根本之道，亦即：對照塔木德對於該問題的所有裁定。不過，這項工程難度不小，因為塔木德的立場未必清晰，有時唯有通讀各式主題，才能判斷哪些是塔木德的基本假設，哪些假設雖未遭明確拒絕，但原則上不會被運用。

　　光是運用簡單、固定的方法，並不足以解決這類幽微問題，必須輔以嚴謹、出色的治學方法，才可能推導出有效結論。有時文獻似乎傾向特定方向，但另一處文字卻與之衝突，賢士們的律法爭議大多起於這類問題。有時同一段有兩種詮釋方式，有時同一則律法可以適用於好幾個案例，但發掘真理的方式未必顯而易見。數百年來，律法文獻都致力在各種主張之中找出具約束力的答案。學者之間的許多爭議，都源自於對同一提問的不同見解：哪些律法具約束力？又該如何詮釋它們？

　　舉例來說，塔木德及其他文獻的律法優位性就是最激烈的爭議之一，學者們激辯在涉及同一個主題時應以何者為準。智者們提出的問題是：若《耶路撒冷塔木德》與《巴比倫塔木德》見解不一，或《耶路撒冷塔木德》能補充《巴比倫塔木德》之不足，在何種程度上可採取《耶路撒冷塔木德》的主張？一般說來，智者們認為《巴比倫塔木德》有兩個長處：一是成書較晚，二是編輯嚴謹而負責。不過，律法領域裡最常見的問題之一是：若《巴比倫塔木德》對某個問題存疑未決，但《耶路撒冷塔木德》曾對此作出裁定，該如何取捨？包括邁蒙尼德在內的許多賢士認為：若遇這類情況，皆可採《耶路撒冷塔木德》裁定，但並非所有賢士皆認同此說。

　　另外，對於律法地位、以及米大示哈拉卡（律法釋經集）與米大示亞卡達（傳說釋經集）的重要性，賢士們也沒有共識。在律法層面與實務層面，這些問題始終是爭論中心。

　　概括而言，律法研究的基本方法仍是討論、分析塔木德，畢竟學者們將塔木德視為具整體性的律法作品，是律法推演的重要資源。在精研某則律法、嘗試解決律法未明確討論的問題後，學者們還是會追

本溯源，回到塔木德本身。此外，學者們也能參照上述規則、比較不同文獻、持續古老辯論，以便找出適當結論。由於這種種原因，塔木德本身雖非律法作品，卻成為律法討論的主要資源。

CHAPTER 34

—•—

塔木德中的傳說

Aggada in the Talmud

　　《巴比倫塔木德》約有四分之一的資料可歸為「傳說」（aggada，亞卡達），《耶路撒冷塔木德》中傳說的比例稍低，但篇幅還是不少。由於為傳說下一個令人滿意的定義極其困難，我們通常是以排除的方式界定傳說：塔木德中非關律法或律法討論的資料，皆屬傳說。傳說難以定義的原因之一是形式不一，它們架構多元、類別繁複。

　　部分傳說與米大示有關，用以詮釋那些無法推導實務律法結論的聖經經文；另一部分的傳說則是對各式主題的倫理訓誨。賢士們不僅對律法事務提出看法，也就倫理、行為提出建議，米示拿〈父長篇〉即是這類訓誨的合集，而其他篇章也都有收錄這類議題。塔木德傳說

也包括偉人軼事,但分為聖經人物的言行傳說(有時會加上適切經文為證),以及米示拿與塔木德賢士的故事。此外,還有一些傳說是關於非關律法的神學、宗教問題,例如神人關係、彌賽亞降臨等等。傳說也包括當代流行的軼聞、格言、俗語,由於舉凡太陽底下之事,學者們盡皆關心,所以傳說既有旅途見聞、語言風土,也有經商建議、醫學知識以及歷史。

雖然這些領域無法以「傳說」一詞概括,賢士們還是在律法與傳說間畫出了界線,但值得注意的是,他們的定義很大程度上是個人之見,並非全體一致。有些賢士幾乎完全投入律法研究,對傳說興趣缺缺,但另一些賢士則被稱為「傳說賢士」(*rabbanan de'aggadata*/ *aggada sages*),因為他們對傳說釋經集用功極深。

這種區分主要與個人興趣與環境有關,大多數頂尖學者都同時精研律法與傳說,例如巴比倫的拉孚、巴勒斯坦的約哈納拉比,還有阿巴耶、拉瓦、拉維納和亞西拉孚,他們對傳說評論甚多,廣泛程度絕不下於律法見解。但也有賢士不是對傳說沒興趣,而是自認不夠資格深入傳說。有位賢士曾被問道:「為什麼十誡的第一塊石板裡沒有ט(*tet*)這個字母?」賢士回答:「如果你想知道為什麼那塊石板沒有ט,你該先問的是那塊石板是否真的沒有出現。可是我對這個不熟,所以你最好去問另一位熟悉這個主題的專家。」

事實上,塔木德賢士真的對這個問題提出不少解釋。即使是那些自認資格不夠,並未深入研究傳說和文本詮釋的學者(同樣地,也有學者認為自己沒有解決律法問題的天分),還是認為傳說極為重要。

當然,也有長於研究傳說的學者。以凱撒利亞的阿巴胡為例,他為一位學者辯護時說:「我認為他律法知識豐富,所以我說他是個人

才，但這並不代表他精通傳說。」有人問他為什麼成為文本詮釋專家，他說他覺得自己有責任與基督徒和無信仰者辯論，❶所以應該比其他學者更熟悉傳說。據說他曾與另一名學者同往凱撒利亞，另一名學者發表了一篇很深刻的律法演講，阿巴胡拉比則暢談傳說，結果大多數聽眾都來聽阿巴胡拉比講道，只有少數人去聽律法演講。

為了化解這難堪的場面，阿巴胡拉比對另一名學者說了個寓言：「你知道，如果兩個人到鎮上做買賣，一個賣金條，另一個賣針線，大多數人都會去針線那攤。」換言之，律法就像沉重而昂貴的金條，不是每個人都識貨或買得起，傳說則好懂得多，所以更受人歡迎。據說猶太人後來因為經濟、政治雙重壓力，變得更愛聽輕鬆的傳說，而較無心深究複雜的律法。

不過，這並不代表傳說比較不重要。律法與傳說都是妥拉，各自反映真理的不同面向。賢士們曾將律法比作肉，傳說比作酒，強調兩者之別只在肉為提供營養的食物，酒是提振精神的飲品。事實上，傳說常被視為提升精神層次的道路，有句話說：「欲認識那出言創造天地萬物之唯一上主，且用心鑽研傳說。」傳說不斷從秘傳傳統獲得啟發，被視為大眾化的秘傳教導，與專供頂尖學者深究的〈創世錄〉與〈至聖座車〉不同。因此，傳說主題與概念的發展其實與秘傳密不可分，但傳說既以寓言或簡單形式示人，便也不致洩漏奧秘，不過反過來看，它也無法滿足靈性需求。

賢士們在會堂講道時，常同時搭配律法與傳說。有些賢士學習傳道邁爾拉比的做法：每次講道三分之一談傳說，三分之一講律法，三分之一說寓言。講道開始往往先談傳說，吸引聽眾注意，接下來再講

❶ 譯注：阿巴胡拉比為國際貿易商，故有此語，請參考第二、第八章。

律法，主題有時是實際律法問題，並不時援引相關傳說或訓誨。即使是在正式場合，或是對學院弟子講解律法問題，學者們通常還是會以輕鬆的話題（甚至俏皮話）開始，等到氣氛沒那麼嚴肅了，才開始談較深的律法問題。

拉比們看待傳說的態度，就像面對與妥拉有關的任何問題一樣嚴肅，但這並不代表他們不能展現幽默感或以輕鬆的方式講授，在談笑論道時，他們也不認為僭越妥拉。猶太學子的一貫態度是：即使是「學者間閒話家常」，一樣值得研究，很多時候，賢士們也認為從大學者看似無關的對話中，可以引出律法見解、甚至重大律法結論。雖然禁止開玩笑（取笑偶像崇拜例外，這時甚至鼓勵開玩笑），但學者們還是幽默談論問題，或是偶爾諷刺一下別人。不過學者們也強調：不可濫用「幽默」惡意攻擊他人或瀆神，日常對話也不應輕佻下流，即使與律法無關的談話也應具有意義。

輕鬆是對人生、對世界的正面態度，也隱含了世上沒有任何事物是完全負面的，也沒有什麼問題不值得關心。即使是無關緊要的事也應受重視，但拉比們特別強調某個問題值得討論時，也並不代表不能幽默以對。若文獻裡引用俗語，賢士們通常會仔細研究，並找出它與聖經的相應之處。這代表常民自有展露智慧之道，絕不遜於飽學之士。當某位賢士被問道：「為什麼所有生物都勝過老鼠？」他並未忽略這個問題，反倒以幽默方式回應——他引了〈箴言〉廿六章四節：「回答愚蠢的問題，等於跟發問的人一樣愚蠢。」這句經文要人別理會蠢話，不過只限於不回應風俗或禮節上的狂言妄語，若事涉妥拉，即使是愚蠢的問題也應該回答。簡言之，沒有問題不值得回答，雖然回覆愚蠢問題可能同樣愚蠢。

聽眾們也接受這種平等看待萬事萬物的態度，因此賢士們也能自由選擇講道主題，無論該主題多冷僻皆然。約哈納拉比某次公開演講就以壞血病治療為題，因為他認為事關公眾利益的事就該公開宣講。講者們有時會將奧秘隱喻轉化為謎語或寓言，讓頭腦最簡單的聽眾也能聽懂，只要講者認為不會對任何人造成傷害，他們會毫不猶疑地釋放這類信息。正因如此，大量傳說文獻只能以隱喻方式理解，而賢士們之所以不闡明它們的寓意，可能是因為不願深入秘傳領域，也可能是認為學識不夠的聽眾聽了反而有害。

幾乎可以確定的是，塔木德生動的文風也影響了賢士，讓他們把上主與天使的故事也說得活靈活現、充滿人性。雖然聽眾們未必聽得懂整篇講道，但他們還是能愉快地學到一些知識，在此同時，較深的內容也能讓學者們受益。

拉巴・巴爾・巴爾・哈納的旅行札記，是塔木德廣為人知的故事之一。除了暢談自己飄洋過海、橫越沙漠的種種見聞之外，他的很多故事其實是關於信仰、政治或其他問題的寓言，例如這段文字：「我曾見過城樓般大的青蛙，有隻鱷魚一口吞了牠，又有一隻渡鴉飛來吞了鱷魚，最後這隻渡鴉停在樹上休息。啊！那棵樹多有力啊！」另一位賢士則語帶譏諷地評論道：「我當時不在場，我才不信。」這段故事當然是寓言，寓意是王國不斷更迭，江山多次易主，但猶太人就像那棵樹，幾經曲折卻未曾裂解，不可不謂奇蹟。而那位賢士顯然看法不同，在他看來，他的民族命運可沒這麼順遂。

傳說常依當代風俗來重新詮釋先賢列祖，聖經人物常被描述得像米示拿或塔木德時代的賢士。這些段落無意考究歷史細節，主要目的是以大眾都能理解的方式介紹人物與現象。從教育角度來看，塔木德

賢士無意重現另一個時代的風土，反而更希望以切合民情的方式引介歷史人物，讓聽眾對古人產生親切感，從而理解他們的問題、效法他們的榜樣。重視理解甚於史實，是塔木德賢士的一貫作風。

對傳說的評注雖然時而撲朔迷離，有時甚至比律法釋經集的文本詮釋更為抽象，但它們都有固定的框架，不僅詮釋規則齊全，也明確傾向揭示文本的倫理與靈性意義。雖然在某些案例中，詮釋角度甚至無意依循「直解法」（peshat，以單純、簡單的方式詮釋文本），但即便如此，它仍是很好的「旁徵」、很好的記憶工具。聽眾往往聽講解說就能熟悉聖經，並將經文與倫理訓勉、抽象概念等連結起來。

傳說釋經集無意提出律法裁定或具明確約束力的結論，但這不足為奇，因為即使是在律法領域，討論的主要目的也不是做出結論，而是研究本身。由於倫理與靈性的範圍原本就模糊難定，具實用性的結論自然不易產生。

然而，這絕不代表傳說只是興之所至的清談臆想，正如推導律法結論有其方法，塔木德中的傳說與傳說釋經段落亦有運用之道——講道時引述道德訓誡的目的並非增加說服力，而是提點聽眾何謂行止得宜。舉例來說，學者們講道時可能更動〈父長篇〉的陳述方式，但對其所欲傳達的言行規範，彼此都有高度共識。雖然爭議問題依然存在，但學者們就像面對律法爭議時一樣，總是致力調和差異，在分歧不大時尤其如此。以「傲氣」為例，有些學者認為賢士該有「一丁點」傲氣，以維持他身為社群領袖的地位；另一些學者則認為賢士「一絲」傲氣都不該有，因為人盡皆知不可驕傲，自傲者應受譴責。

對於實際倫理問題的不同見解，學者們必嚴肅討論、深入詮釋（後塔木德時代的學者確實如此），但大家對基本問題的態度明顯一致。當

然，從聖經經文詮釋到重大神學問題，詮釋分歧必然存在，但無論爭議問題為何，學者們總嚴肅以對，並努力平衡觀點、保持謙和，在此同時，也接受某些問題確實無法解決

詮者時期之後，賢士們持續闡述傳說，大多數評注者也對此深感興趣，往後也不乏飽學之士同時精通倫理與律法問題，其他學者則多半在律法與傳說間擇一主題全力鑽研。不過，最傑出的學者往往律法、傳說皆通，他們深信兩者都是妥拉整體的一部分，而妥拉不僅包含理論規範，也提供了實際指引。

CHAPTER 35

---·---

何謂學者？
What Is a Scholar?

　　每個文化都有菁英，亦即體現他人極力仿效、追求之典範的人。在猶太文化中，這種貴族階層無疑是學者 —— 智者之徒（*talmidei hakhamim*/pupils of the wise）。每個猶太人都夢想實現這個典範，如果自己無法達成，便寄希望於子嗣。在猶太社會中，學者地位崇高，有如貴族，在各方面都能獲得禮遇。大多數時期，猶太社會皆由飽學之士領導，社群領袖也從最傑出的學者中挑選。即使在猶太社會飽受其他因素影響之時，學者還是具有一定的領導威望。

　　學者是真正的貴族（aristocracy），他們符合 *aristos* 一詞的原始意義——「人中之傑」。學者總鼓勵其他人加入他們的行列，從不封閉，

唯一的門檻只有學術能力。賢士們從不排外，數百年來，他們的圈子不斷吸納普羅家庭的聰慧子嗣。塔木德裡有些賢士甚至感嘆：「學者之後竟無學者！」他們甚至認為這有形上意義：由於學者之子除出身之外別無過人之處，故人盡皆知「知識無法繼承」，但眾人亦知不可輕看窮苦人家的孩子，「因為知識常出自他們」。

不過，代代人才輩出的書香門第並不是沒有（例如希列家族），有些家族亦保持獨特門風數代之久（拉希家族是最好的例子），只是他們的顯赫地位與權力富貴無關，而是源自於卓越的學術天分。無論個人出身如何，一概皆以學術成就為社會地位判準。以阿奇瓦拉比為例，他成年以後才開始求學，最後不僅晉身士林，更執學界牛耳。❶ 他的經歷確實罕見，但並不是因為他出身低微而一躍龍門，而是展露學術潛力的孩子往往能獲得社會栽培，成年之前都不必為生計中斷學業。

大多數的塔木德賢士都是自己努力成才，並未受到家族庇蔭。學者圈的開放性就是有力的鼓勵，讓可造之才可以專心學業、發揮天分。猶太社會期許人人努力向學、成為學者，而學術成就亮眼之人，也一定能在上流社會中得到一席之地。因此，猶太社會可謂真正的貴族之治。

那麼，學者又該如何定義呢？最重要的標準是具備理解、研究妥拉的能力，而這項條件需要高度才智。不過，這也只是成為學者的基本條件之一，要成為博學而敏銳的學者，也必須具備靈性與人道精神，並廣受肯定為高尚之士。一個人只要言行不一，無論是道德有虧還是不嚴守原則，就不能視為學者，而且他們的社會觀感會比粗魯無文之人更糟。賢士們自己也說：「粗人故意犯錯可視同無意，學者無心

❶ 譯注：關於阿奇瓦拉比的生平，請參考第五章。

之過則應視同故意。」學者們光是能談經論道還不夠，更應實踐所言，若言行不一，便不足以稱為學者。

　　此外，社會亦期待學者依其所學而行，因為他的一言一行都代表妥拉。有句俗話這樣批評不檢點的學者：「他的妥拉光出張嘴。」猶太人相信，人若真正習得妥拉，不僅能學有所成，言行舉止也必反映妥拉。這不只是抽象的道德原則，也是相當實際的律法規定。法典編纂者不僅以此自我要求，也認定一個人若言行可鄙，無論再博學也不值得尊重，反而應該受人唾棄。塔木德裡也常常提到類似實例：飽學但道德有虧之人，不僅受到懲罰、責備，甚至會被放逐。

　　因此，「學者」不僅要學有所成，也須高風亮節，足堪象徵妥拉，他的整個存在都應是妥拉的同義詞。正因如此，我們也更能理解為什麼學者這麼熱切師法賢士，埋首研究他們的一言一行，因為他們相信賢士的行止必是後人表率。關於學者應該具備的特質，描述得最詳盡的莫過於這則巴萊塔：

　　妥拉重於祭司與君王，君王需具備三十種特質，祭司需廿四種，妥拉則需四十八種：朗讀自如、咬字清晰；能解曲折之理、能辨幽微之別；知畏持敬、溫柔敦厚、常存喜樂；能與賢士為善、親近同儕、引導弟子、從容穩重、通聖經解米示拿；行事謙讓、處世謙卑、取樂有節、睡眠有度、談笑謙和；寬容大度、善心慈悲、信服智慧、虛心受責、自知其份、感恩所有、言語節制；不求己利、為人愛戴、渴慕上主、博愛人群、急公好義、心向廉正、聞過則喜、聞譽則辭、不炫才智；不因定奪爭議而喜，但求同擔重軛；論人溫厚、揭示真理、安撫人心、精進向學、勤於發問、樂於作答、專注聆聽、不吝增補加

添；為授業焚膏繼晷、為實踐皓首窮經；求學則增益其師、凝神聽講，引文必稱作者之名。

這份清單明確顯示：整全的人格是學者的必備條件。

我們若能了解對於學者的要求十分嚴苛，便也不難明白學者為何彼此敬重、以禮相待——學者不僅是博學多聞的人，更是妥拉的化身，敬重他即是敬重妥拉。此外，學者們也都受教應「敬師如敬神」，從某個角度來說，晉身士林之人的確配得這樣的敬重與愛戴。有句話說：「如今欲獻初熟果子之人，應贈學者為禮。」❷ 不過不少學者出於種種原因堅辭不受，勉為接受者也只收下象徵性的小禮物。

對學者的道德要求確實很多，對他們學術成就的要求也同樣嚴格。既稱「學者」，當然必須嫻熟妥拉，但何謂「嫻熟妥拉」亦有其明確定義：精通聖經、甚至精通聖經與米示拿者，還不足以被尊為學者，要成為眾所公認的學者，還必須熟讀塔木德，甚至熟讀了塔木德也還不夠，學子必須「陪侍學者」一段時間，學習各種研究方法（主要以革馬拉為本），至此，才能被真正視為學者。

塔木德本身也認為學者有不同類別，依風格與研究方法而分：有些人博聞強記，有些人思考特別敏捷；有些精通辯證決疑法或邏輯推論，有些長於論辯，卻不太能推導具實務意義的結論；還有些人善於裁定，但對其他領域的見識稍嫌不足。雖然學者們各有所長，但他們在學術能力與研究方法上都須符合基本要求。精熟整部塔木德口傳知識的人當然有治學優勢，但光是這項專長，還不能讓他自動成為傑出學者；同樣地，善於提出犀利問題的學生，也未必能卓然成家。

❷ 譯注：因聖殿被毀，無法再獻初熟果子於聖殿，故有此語。

　　頂尖學者必須同時具備幾項特質：首先，他必須相當熟悉基本資料，如果連這些知識都不夠，當然無法思考更深的問題（或者只能憑空臆測）；其次，塔木德學子必須能分析各種研究方法，這樣才能完整了解其中傳遞的訊息；此外，學子本身必須具備一定天分，以便在脈絡中了解塔木德問題，並善巧加以處理。這種天賦當然與智力有關，但不能等同於聰明機敏。畢竟有些人很善於處理別人提出的問題，本身獨立研究的水準卻不甚出色，而真正的學者不但要精熟塔木德賢士及其方法，更要能「化身」為賢士，浸潤在他們獨特的世界裡。

　　要區分一般學者與具有潛力更上一層樓的學者，有一個關鍵要點：凡是可造之材，應該都能掌握塔木德的內容，但具有學術潛力的學者在大量精讀之後，還能自行進行獨立研究，這便是中人與高人的差異所在。從某種角度來看，研究塔木德的天分就好似藝術天分：同樣是喜好這項技巧的人，有人只能被動吸收，有人就可以主動創造。要在學術上登峰造極需要天賦，正如藝術成就需要天分。光是懸樑刺骨，並不足以在塔木德上自成一家，想在學術上出類拔萃，還是必須仰賴個人稟賦。

　　雖然人數不多，但總是有菁英學子既能被動欣賞塔木德知性之美，又能主動融入經典，為往聖繼絕學。塔木德的獨特之處在於：除非主動參與創造過程，否則不可能完全掌握它。塔木德學者必須熱切投入提問與作答，並敏銳地意識到一個主題會如何發展，也隨時能將討論引至特定方向。

　　因此，真正的學者必然是塔木德的一部分，他藉由研究、創新，親自參與了塔木德的創造。學者們之所以不只研究，還不斷提出新的詮釋，這就是最好的誘因 —— 在創新的過程中，他們不單增進了理

解，更延續了經典的命脈。雖然並不是每位學者都能提出獨立詮釋，在看似有所突破時，往往又會發現前輩學者已提出此說，但塔木德研究不像其他知識領域，並不要求詮釋一定要是全新、原創的。

從某種程度上說，學者們甚至會試著證明他們的見解不是全新的，反而已隱含於前輩學者的論述中。畢竟對學者來說，最大的榮耀莫過於發現自己獨自創發的想法已由前輩道出，因為這證明自己延續了塔木德思想，運用的研究方法也未僭越真知的範圍。塔木德說道：「傑出學者創發的每一個新概念，都已在西奈對摩西說過。」這句話並不是要挫學者銳氣，而是要強調一切真創新都已內在於妥拉，只是有待發現而已。

妥拉研究和科學方法在這一點上很像：研究物質世界的人並不是在找新東西，而是揭示已經存在的真實；塔木德學者也一樣，他們努力考掘、發展、強調的觀點，其實都已保存在塔木德裡。數百年來，學者們孜孜矻矻、努力不懈，無非是為了尋找自己與其他學者的理論共同點，有人說：「上主蒙福！我和偉大學者的看法一樣！」正明確傳達了這種治學態度。因此，無論是新觀點或新論證，都是互補而非衝突，而每位學者也都窮盡所能，全力追求「西奈的妥拉」。

CHAPTER 36

———•———

塔木德對猶太民族
的重要性

The Talmud's Importance for the People

　　從歷史上看，塔木德是猶太文化的中心支柱。猶太文化雖有許多面向，但每個面向都以某種方式與塔木德結合，不僅直接處理塔木德詮釋的文獻如此，猶太所有創作皆然。律法文獻當然完全以塔木德為本，猶太哲學也從塔木德中獲得啟發。不了解塔木德，就不可能認識聖經詮釋、猶太哲學，更難以一窺秘傳哲學之堂奧。

　　即使是表面看似與塔木德無關的作品（如詩歌、禱詞），其實都有透過種種方式受到塔木德的啟發。學子在詳讀塔木德之後，常會發現自己對某些文獻的理解其實十分膚淺，忽略塔木德這個基本資料，很難參透許多作品的意義與重要性。

　　數百年來，猶太文化都是由深受塔木德影響的學者所創造的。即使他們創作與塔木德不相關的作品，其中的概念、原則、表達方式還是難以擺脫塔木德的影響。一位中世紀學者曾說：「我讀邁蒙尼德的律法作品時，原本以為我都看懂了。但細讀之後，才發現我真正讀懂的部分，只有那些我能運用自己的塔木德知識的段落，其他地方其實完全不懂。」認識塔木德是讀通猶太文獻的前提，律法文獻尤其如此，不具塔木德基本知識的人，甚至無法察覺自己對該作品的理解有限。

　　塔木德不僅對猶太的智性發展、文字風格影響極深，也深具社會－歷史意義。欠缺塔木德研究能力的猶太社群不可能長久延續。有些社群因為貧苦而無法栽培學者，有些缺乏適當人才，有些則是本身漠視教育，無論原因何在，這樣的社群都難以長久延續。

　　在猶太歷史發展過程中，曾有許多社群在沒有塔木德學者的情況下試著維繫猶太信仰，有些甚至為此僵固地嚴守傳統，可是結果都一樣：他們的猶太信仰基礎動搖、分崩離析，各式議題的深層意義被淡忘，乃至無人能解；在此同時，他們可能又為了力挽狂瀾而提出不恰當的詮釋，雖然維繫傳統立意可嘉，但這樣的社群遲早會衰退、消亡。雖然崩解的過程可能拖長，但沒有賢士賦予傳統新意，傳統將越來越徒具形式，最後不可避免地與其他族群同化；有時因為外部壓力的關係，許多猶太社群也無法堅持傳統，遂拋棄猶太信仰，社群也迅速消亡。

　　塔木德之所以影響深遠有兩個因素。第一點前面已經提過：塔木德是猶太各知識領域的支柱，要是塔木德研究不存——或是被惡意打壓，或是迫於環境難以延續——各領域間的連結將受嚴重破壞，接著逐漸解體。知識整體性一旦破碎，人也將各隨己意只擷取自己感興趣

的部分。

　　塔木德影響深遠的第二個要素是研究方法傑出。如前所述，塔木德研究不僅止於背誦、持續創新，也需要研究者主動參與，並在智性與情感上投入其中。一個人或許能死背律法、不違誡命，或許能被動吸收猶太教許多領域的知識，但被動式學習轉移了經驗重心，可能導致詮釋天馬行空、隨心所欲。這樣的人可能也勤讀聖經或卡巴拉，或機巧或拙劣地帶入與其身處時空有關的概念。但不需多久，便可看出他的論述雖然貌似猶太教，實質內容卻已天差地遠──絕非塔木德。塔木德雖看似不多要求內在信仰或敬畏之心，但它需要高度主動參與。想自外於塔木德而加以研究是不可能的，因為有心研究的學子，一定也將化為塔木德的一部分，成為猶太創造生活的主動參與者。

　　某些世代的學者告誡不應過於鑽研聖經本身，也勸誡不可研究哲學（猶太哲學亦然），憂心學子在無人指導下研究卡巴拉。他們的看法是：學子在深入這些領域之前，「應該先熟讀塔木德與法典」，打好基礎之後，才能繼續探索其他領域而不為私見所惑。由於塔木德對猶太人具有這樣的根本意義，每位猶太學者都必須精讀，長久下來，塔木德也反過來形塑了猶太社會的面貌。

　　我們很難暫時略過其他因素，單獨談論塔木德對猶太人的影響，但可點出幾項基本事實。首先，塔木德研究在某種程度上是自我矛盾的，它是一種「神聖的智性主義」（sacred intellectualism），同時結合信仰與理性。它相當看重人類思維的推理、分析、批判能力，塔木德研究者必然看似懷疑論者──它的研究方法即以一連串提問為基礎，更鼓勵學子自行提出問題、闡述疑慮。

　　然而在此同時，塔木德研究也不只是智力訓練或抽象思考練習，

它有其內在神聖面向，不僅是世俗知識而已。提問、探索、持懷疑態度的人，不但不會被排除在信徒之外，反而會成為猶太宗教的代言人、律法與日常言行的榜樣。正是這樣的交融，讓深刻的信仰與批判的質疑合而為一，成為猶太民族獨一無二的標誌。不斷地自我批判，同時始終覺察在批判之外、有一個必須順服的真實，遂成為猶太人的核心主題。

有則有趣的故事是這樣說的：某位學者遭遇一連串不幸之後，感到信仰有所動搖，於是去找當時最重要的賢士之一尋求指引。賢士從《補述》裡挑了個難題問他，學者答對了；賢士又問了他另一個問題，他也順利解決了。這樣問答一段時間後，賢士說：「你看，雖然他們提出這麼多問題，《補述》仍是真理；雖然我們不斷提出質疑，至聖唯一上主——願祂蒙福——也仍是真裡。」這個回答看似詭辯，實則不然，因為它正反映了塔木德的人文教育：既珍視提問的能力與權利，又重視調和差異、創造和諧的才氣。

因此，塔木德研究引導學子——亦即每個有治學天賦的猶太人——探求真理，不畏任何障礙持續思考，不斷尋找解決現存問題的更佳方案。追求真理的精神不僅體現於塔木德本身，也反映在學子們埋首研究的各個生活領域中。

這種態度也能說明：為什麼學者總是不斷追究事物的不同面向？為什麼總是持續尋找看待問題的不同方法，永不以簡單結論為足？塔木德常出現的「或許反過來才對？」（*ve'dilma ipkha*/perhaps the opposite is true）、「反過來也有道理」（*ipkha mistabra*/the opposite holds），無疑也有助於形塑這種批判態度。批判式的思考方式後來也延伸到社會、科學、經濟各領域，有時就這樣擦出火花，拓展出「全

新的可能性」，撼動既有規則。

塔木德也是促進冷靜思考的有力武器。猶太精神世界總處於社會、經濟、智性高壓下，而這些壓力也往往是極端主義的溫床——有些人開始只關心物質面，另一些人則逃往密契主義，一心脫離日常世界。在這失序、裂解的世界裡，塔木德始終發出諤諤之聲，形成一股穩定、清醒的力量。

塔木德討論的主題、使用的範式一向取自現實世界，賢士們思辨、探索的永遠是真實事物，從不脫離平凡無味的真實生活。然而在此同時，賢士們也絕不畫地自限，止步於實務問題。因此，我們也總能在討論中嗅出妥拉的偉大奧秘，感受到超越凡塵的行動與思考企圖。無論對猶太民族或個別猶太人來說，這種結合都幫助他們遠離極端，既不陷於唯物論的泥沼，也不逃往虛無縹緲的神秘世界。塔木德之所以能發揮節制力量，不只是因為它是中道，也是因為它在某種程度上以獨特的方式綜合了兩者。

CHAPTER 37

———— • ————

塔木德未曾完結
The Talmud Has Never Been Completed

　　就歷史角度嚴格來看，塔木德未曾完結，也從未被正式宣告定稿、不再需要增添。相較之下，聖經則是經過好幾個階段的編修，但完成之後，便明確宣告不得增訂（米示拿也是一樣）。雖然某個版本的塔木德被公認為權威版，但猶太學界從未正式宣告它已完成或成為定版，並就此開啟猶太經學新的階段。

　　塔木德的「完成版」或可喻為有機體進入成熟階段。以樹為例，雖然它長成特定形式之後不太可能大幅改變，但它仍將持續生長茁壯、開枝散葉。縱使有機體形式已定，它仍能從根處汲取養分，發出新芽。認識塔木德時，這幅老幹新枝的圖像比它的歷史更為重要。「塔

木德未曾完結」，代表的是學者們永遠有責任持續創作，永遠應該為它付出心血、添上新意——即使這項工作永無止境。

塔木德由亞西拉孚編輯，但它不是他的作品，而是全體猶太人的心血結晶。塔木德裡沒有主角，也沒有中心人物總結所有主題與討論，它就是長達數百年的創作過程。塔木德最偉大的評注者之一馬哈夏常在評論之後加注「待考」，明確提醒此一主題未有定論，還有增補、討論的空間，鼓勵後生晚輩深入研究。某種程度上說，整部塔木德處處「待考」，每個問題都能持續追問、探索，並發掘新的面向。

這是嚴格的學術挑戰，讓研究者不可能只是被動學習；但這也是塔木德的魅力所在，不斷吸引學子投入其中，化為它的一部分。最重要的是，塔木德邀請學子進入它的世界，盼望他們發自內心產生共鳴，但在此同時，它也不強求熱切信仰。這種不先要求閱讀者接受某些原則的做法，在宗教經典中極為罕見。事實上，塔木德學者對讀到的內容也不必照單全收，若有質疑或異議，他有權利、更有義務坦誠提出。

另一方面，世上也少有作品要求學子具備如此廣博的學識。賢士們預設閱讀者博學多聞，豐富例證信手捻來，毫不顧慮學子們也許並不熟悉相關知識。有人說塔木德本來就不是有系統的教科書，而更像生命實然，它不分初學者、進階生，閱讀者不論程度如何，開卷即已置身問題核心，必須勤加研讀、融會貫通，才可能了解問題。

概括而言，讀得越多，便越能領略其中深意，隨著不斷精研，理解也將更為深入。有兩位學者三十年前合作研究一篇艱深的文章，詳讀四十遍之多，但他們直到讀了第四十一遍，才開始覺得有些領悟。他們並非過於謙虛，也不是要強調那篇文章多麼深奧，他們只是忠實

道出一貫的信念：每次重讀同一個問題，必能發現新的面向。的確，一篇文章只要讀個幾遍，大多數主要問題都能想通，但在此同時，新的問題也將一一浮現。一般說來，塔木德研究不限於某個主題的單一面向，也永遠向新問題開放，它應該呈螺旋狀不斷發展、攀升，每次重讀同一個段落，體悟都會比前次更高。

綜觀兩千年的塔木德研究史，投身其中的學者數以千計，猶太民族最傑出秀異的學者，都在塔木德研究上奉獻了一生。因此，並不令人意外的是，學子們有時認為他們不可能有新貢獻了，因為塔木德裡的每個主題、每個疑問、每一句，都已被頂尖賢士與學者從各個角度徹底爬梳。然而塔木德未曾完結，每一天、每一刻，學者們都能發現新的研究主題、新的切入觀點。雖然不是每個學子都能建構出獨特的思想體系，但他特殊的人生際遇與想法，必能讓他以新的眼光玩味某處細節，無論那處細節多微不足道。

這本集學界數代心血、編輯嚴謹精確的巨作，縱然投入研究的學者已達數萬，但它直到今天仍持續提出挑戰。對於〈詩篇〉的這句話：「我看萬事都有限」（119：96），有位賢士評注道：「萬事皆有盡，天地亦有終，唯妥拉永恆無垠。」

希伯來文名詞簡釋

- **aggada**（亞卡達）：猶太民間故事、傳說與軼聞，主要以《希伯來聖經》為本。

- **aggadic midrashim**（亞卡達米大示）：本於聖經故事、隱喻與倫理的格言、講道與典故。「米大示」原意為「詮釋」、「闡述」，為講解聖經的佈道集。

- **amora/amoraim**（詮者）：原意為「詮釋者」，此指在革馬拉中被引述的賢士。「詮釋時期」約為公元二三〇年至五百年。

- **baraita/baraitot**（巴萊塔）：未收入米示拿的口傳律法或教導。

- **gaon/geonim**（智者）：才智超群之人。「智者時期」為公元五八九至一〇三八年。

- **gemara**（革馬拉）：對米示拿的討論與解釋，塔木德的一部分。

- **halakha**（哈拉卡）：字面意義為「正道」，指猶太律法。

- **midrash**（米大示）：原意為「詮釋」、「闡述」，為講解聖經的佈道集。米大示包括兩種內容：詮釋律法及其適用者稱為「米大示哈拉卡」（midrash halakha），宣講聖經故事、寓意者稱為「米大示亞卡達」（midrash aggadah），亞卡達中亦包含民間傳說，更具趣味性。

- **Mishna**（米示拿）：口傳律法纂編，以希伯來文寫成，是塔木德的一部分。

- **nasi**（納西）：猶太議會領袖，複數為 nesi'im。

- **pirka**（皮爾卡）：巴比倫尼亞猶太族群節慶時的大型講道活動。

- **piyyutim**（皮尤丁）：儀式用詩。

- **sevara**（瑟瓦拉）：對革馬拉的解析與評論。

- **Shas**（夏斯）：塔木德「卷」的頭幾個字母，有時以此代稱塔木德。

- **sidra**（西德拉）：猶太會堂中的每週定期講道。

- **Talmud**（塔木德）：猶太賢士對口傳律法的研究概要。

- **tanna/tannaim**（傳道）：在米示拿中被引述的賢士。「傳道時期」約為公元十年至二二〇年。

- **Targum**（塔古姆）：妥拉之亞蘭文譯本。

- **terefa**（汰銳伐）：重病、重傷而無痊癒可能的動物；禮儀上不潔的肉品。

中外名詞對照

A

Abahu 阿巴胡

Abba 阿巴

Abba Arikha 阿巴‧阿瑞哈

Abba ben Ibo 阿巴‧本‧依波

Abba ben Rav Hamma
　阿巴‧本‧拉孚‧罕瑪（=Rava）

Abbahu 阿巴胡

Abbaye 阿巴耶

Ablat 阿布拉特

Adar 亞達月

Aelia Capitolina 艾利亞‧卡匹托利納

aggada 亞卡達

Aggripa 阿格里帕

ahrayut nekhasim/responsibility for property
　財產責任

Akiva ben Yosef 阿奇瓦‧本‧約瑟夫

Akiva Eger 阿奇瓦‧艾格爾

Alexander Severus 亞歷山大‧賽弗勒斯

Alexander Yannai 亞歷山大‧楊內

Alexandria 亞歷山卓

almana tzaymanit/ascetic widow
　苦修的寡婦

Ami 阿米

amora/amoraim 詮者

Antoninus 安東尼努斯

Antwerp 安特衛普

Aquila 亞居拉

Aramaic-Hebrew jargon
　亞蘭—希伯來方言

arba'ah minim/four species 四種

Arba'ah Turim 《四部法典》

Arikha, Abba 阿巴‧阿瑞哈

aron hakodesh 聖約櫃

Arukh 《集成》

Arye Leib Yellin 阿爾耶‧萊布‧葉林

asekhet/tractate 論

Ashi 亞西

Asher ben Ye iel
　阿舍爾‧本‧耶西耶爾（=Rosh）

Ashkenazi 阿胥肯納齊

asmakhta/support 旁徵/無意履約

Assi 阿西

Augsburg 奧斯堡

Av 亞布月

Av beit din 法庭長

avi avot hatuma 不潔之最

Aviv 亞夫月

Avoda 〈敬拜篇〉

Avoda Zara 〈外邦崇拜篇〉

Avot 〈父長篇〉

avot/principle categories 大類

Avot of Rabbi Natan
　〈拿單拉比論父長篇〉

Avraham ben David 阿孚拉罕‧本‧大衛
　（=Ra'avad）

Avtalyon 雅夫塔隆

azara （聖殿區的）庭院

B

Babylonia 巴比倫尼亞

ba'alei tosafot 《補述》作者群

Bar Kokhba 巴爾‧科赫巴

Bar Nafa a 巴爾‧納法哈

baraita/baraitot 巴萊塔

Bava Batra 〈最後之門〉

Bava Kamma 〈第一道門〉

Bava Metzia 〈中間之門〉

Bayit Hadash 《新房》

Beit HaBe ira 《貝特‧哈貝希拉》

Beit Midrash 妥拉經學院

Beit Vaad Gadol/the Great Meeting Place
　大議會廳

Beitar 拜塔爾

Beitza 〈蛋篇〉

Ben Azai 本‧阿翟

Berakhot 〈祝禱篇〉

berakhot hanehenin 感恩祝禱

Berurya 蓓露雅

betula tzalyanit/devoutly praying maiden 獻
　身祈禱的單身女士

Betzalel Ashkenazi 貝札雷爾・阿胥肯納齊

Betzalel Ronsburg 貝札雷爾・榮斯堡

Bikkurim 獻初熟果子

Bilsk 畢爾斯克

bina 智力

binyan av 「推敲通則」

Bomberg, Daniel 丹尼爾・邦裴

Book of Ben Sira 〈本西拉書〉

boule 布列（希臘文之「議會」）

Breslau 布列斯勞

Brisk 布里斯克

C

Caesarea 凱撒利亞

can be replaced 「可以賠償」

cantillation marks 吟唱符號

Chamber of Hewn Stone 掘石廳

chapters 章

Charles V 查理五世

codifiers 法典編纂者

Council of Sages 賢士會議

Council of Seventy Elders 七十長老會議

custom of the land 當地風俗

D

da'at/knowledge, wisdom 真知

danim efshar mishe'i efshar/deducing the
　possible from the impossible
　由不可能推導可能

davar halamed me'inyano 「權衡文脈」

Derekh Eretz/Conduct 〈禮節篇〉

Diaspora 猶太散居地

Dimi 底米

dinei memonot/monetary law 金融法

divrei sofrim/the words of the scribes
　文士之語

Dosa ben Harkinas
　多撒・本・哈爾及納斯

E

early notes 注記日期提前

Eduyot/Testimonies 〈見證篇〉

ein lemedim min hadin/logical manipulation
　邏輯推演

Ein Mishpat 《公義之泉》

Ein Ya'akov 《雅各之泉》

Ein Yisrael 《以色列之泉》

Elazar ben Arakh 艾拉薩爾・本・阿拉喀

Elazar ben Azarya
　艾拉薩爾・本・阿扎爾亞

Elazar ben Pedat 艾拉薩爾・本・裴達特

Elazar Moshe Horowitz
　艾拉薩爾・摩西・霍洛維茲

elders 長老

Eliezer ben Erekh 艾立澤爾・本・艾瑞可

Eliezer ben Hyrcanus
　艾立澤爾・本・西爾卡努斯

Elisha ben Abuya 以利沙・本・阿布亞

Elul 以祿月

eruvin 混揉

Essene sects 愛色尼派

Ethnarch 民族領袖

etrogim/citrons 香櫞

Evreux 埃夫勒

exilarch 流亡領袖

explicit name 顯名

ezrat Yisrae 以色列院

ezrat nashim/women's court 女院

F

festivals of doubt 存疑節日

G

Galicia 加利西亞

Gamliel 迦瑪列

Gamliel ben Rabbi 迦瑪列・本・拉比

gaon/geonim 智者

Huna 胡納
Huna ben Rav Yehoshua
　胡納‧本‧拉孚‧耶何書亞
huppa/canopy 蓬蓋

I

initiation ceremonies 入門禮
inui din/delay of justice 拖延正義
Ishmael ben Elisha 以實邁爾‧本‧以利沙
Isaac's dust 以撒之土

J

Jerusalem Targum 《耶路撒冷塔古姆》
Jezdegerd II 耶斯德格二世
Josephus Flavius 約瑟夫‧弗拉維斯
Julius III 儒略三世
Justinian of Venice 威尼斯的查斯丁尼安

K

Kabbala 卡巴拉
Kabbala ma'asit/practical Kabbala
　實踐卡巴拉
Kahana 卡哈納
kal vahomer 「以小見大」
Karaites 卡拉派
karmelit 園子
kashered 在律法上潔淨的食物
kashrut 飲食律法
kavana/intention 意圖
Kedusha 〈至聖篇〉
kelal u'perat 「辨同殊、品先後」
ketuba 婚契
kiddush/sanctification 祝禱
kipa/life imprisonment 終生監禁
Kirouan 凱魯萬
Kislev 基斯流月
Kitzur Piskei HaRosh 《羅希法學精要》
Knesset Gedola/Great Assembly
　群賢（時期）
Kodashim 《神聖事物卷》
kodesh/Holy Place 聖所

kohanim/priestly tribe 祭司支族
Korban Netanel 《拿單疏義》
kuntresim/separate pamphlets 小冊

L

late notes 注記日期延後
Leo X 良十世
leshitato 對照整合法
Leyden manuscript 萊頓抄本
Levi 利未
lifnim mishurat hadin
　法外施恩（lit.在法律界線之內）
litrof/to take prey 獵捕
Lunel 呂內爾
Lydda 利達

M

ma'amadot/stations 值勤
Ma'ariv/the evening prayer 晚禱
Ma'aseh Bereshit，Act of Creation
　〈創世錄〉
Ma'aseh Merkava/Divine Chariot
　〈至聖座車〉
Macabee 馬加比/瑪加伯
Maftea Manulei HaTalmud
　《塔木德重門之鑰》
Maghreb 馬格里布
Maharal 馬哈拉爾
Maharam 馬哈朗（= Meir of Lublin）
Maharsha 馬哈夏（= Shmuel Eliezer
　Edels）
Maharshal 馬哈夏爾（= Shlomo Luria）
Maimonides 邁蒙尼德（= Rambam）
Mainz 美茵茲
makot mardut/punishment for
　rebelliousness 叛逆刑
Makkot 〈鞭笞篇〉
Ma'or HaGola 猶太散居地之光
Mar Zutra 馬爾‧蘇特拉
Marcus Aurelius 馬庫斯‧奧理略
Marino, Marco 馬爾谷‧馬利諾

Masoret HaShas 塔木德傳統

Mattathias 瑪塔提雅

matza 無酵麵餅

Mazdak 馬茲達

Megilla 〈卷軸篇〉

Mehoza 美和撒

Me'ila 〈褻瀆篇〉

Meir 邁爾

Meir Abulafia 邁爾‧阿布拉非亞

Meir of Lublin 盧布林的邁爾（=Maharam）

Meir of Rothenburg
　羅滕堡的邁爾拉比（= Morenu）

mekom petur/exempt location 例外區域

melekhet avoda/physical work 體力勞動

melekhet ma shevet/intentional work
　有意圖的工作

meliha/salting 抹鹽

menora/seven-branched candelabrum 七
　燈燭台

met mitzva 無人埋葬的路邊屍

mevalei olam/wastrels
　獻身祈禱的單身女士

mezuzot 經文盒

midat Sodom 索多瑪之流

midrash 米大示

midrashei aggada/aggadic exegeses
　傳說釋經集

midrash halakha/halakhic exegesis 律法釋
　經學/集

mikdash me'at/little temple 小聖殿

mikra'ei kodesh/holy convocations 聖會

mikveh 淨化池

mikveh mayim/source of water 水源

Milhamot HaShem 《上主之戰》

Minha 暮祭/素祭

minim/heretics 異端

minyan 會眾

mishmarot/watches 守望隊

mishna 米示拿

mishnat hasidim 聖徒之道

mishnayot 條目

Mishneh Torah 《妥拉集要》

Mo'ed Katan 〈小節日〉

Mordekhai ben Hillel Ashkenazi 莫德凱‧
　本‧希列‧阿胥肯納齊

Morenu 摩瑞努（= Meir of Rothenburg）

Moshe ben Na man 摩西‧本‧納賀曼（=
　Ramban= Nachmanides）

Moshe ben Maimon 摩西‧本‧邁蒙
　（=Maimonides=Rambam）

Moshe of Coucy 庫西的摩西

Mount Gerizim 基列心山

Mount Moriah 摩利亞山

Musaf prayer 補充禱詞

muktzeh 排外

N

Nachmanides 納賀蒙尼德

Nahman bar Isaac 納賀曼‧巴爾‧以撒

Nahman bar Ya'akov 納賀曼‧巴爾‧雅各

Nahmani ben Kaylil
　納賀馬尼‧本‧凱利爾（=Abbaye）

nasi 納西

Natan the Babylonian 巴比倫人拿單

Natan ben Ye iel 拿單‧本‧耶西耶爾

Nazir 〈苦行者〉

Nedarim 〈誓言篇〉

Nehardea 內哈爾德雅

nehutei/those who go down 下行者

Ner Mitzva 《聖約之燈》

nesia 內西亞（主席）

Nezikin 《損害卷》

Nidda 〈經期篇〉

nikhsei melog/usufruct 嫁妝

Nimukei Yosef 《約瑟夫釋義》

Nisan 尼散月

Nissim ben Reuven 尼辛‧本‧琉玟
　（=Ran）

Nissim Gaon 智者尼辛

Nuremberg 紐倫堡

O

okapi 獾狐狓
oneg Shabbat/Sabbath delight
　安息日之樂
Onkelos 昂克洛斯
Oshaya 歐沙亞
Ostrog 歐斯托格

P

Pappa 帕帕
parashat ha-shavua/the portion of the
　week 每週功課
pardess/entering the orchard 進園
Parthians 帕提亞人
Pax Romana 羅馬太平
Peroz 裴洛茲
perush hakuntres/pamphlet commentary
　小冊注釋
Perush HaMishnayot LaRambam
　《拉姆邦姆米示拿釋義》
Perushim/Pharisees 法利賽人
Pesah/Passover 逾越節
Pesahim〈逾越節篇〉
peshat 直解法
Pesikta 裴希克塔
Pfefferkorn, Johannes
　約翰尼斯‧波夫費爾科恩
Philo of Alexandria 亞歷山卓的斐羅
Pilgrim Festivals 朝聖節
pilpul/dialectical reasoning 辯證推理
Pinsk 平斯克
pirka 皮爾卡
Pisarro 皮薩洛
Piskei Tosafot《補述綜覽》
Pius IV 碧岳四世
piyyutim 皮尤丁
Posen 波森
Posquieres 波思齊耶爾
Provencal 普羅旺斯方言
Ptolemy 托勒密
Pumbedita 龐倍迪塔

Purim festival 普珥節

Q

Quietus 奎圖斯

R

Ra'avad 拉瓦德（=Avraham ben David）
Rabba bar Avuha 拉巴‧巴爾‧阿夫哈
Raba Bar bar Hana
　拉巴‧巴爾‧巴爾‧哈納
Rabbana Nehemia 拉巴納‧尼希米
rabbanan de'aggadata/aggada sages 傳說
　賢士
rabbeinu hakadosh/our sainted rabbi 我們
　聖潔的拉比
Rabbeinu Hayyim 哈因拉比
Rabbeinu Hananel 哈納內爾拉比
Rabbeinu Peretz 裴瑞茲拉比
Rabbeinu Tam 棠姆拉比（= Ya'akov ben
　Meir）
Rabbeinu Yitzhak 伊茲哈克拉比
Rabbeinu Yona of Gerona
　赫羅納的約拿拉比
Rabbi Yose 約瑟拉比
Rabbinical Courts 拉比法庭
Rabin 拉賓
Rambam 拉姆邦姆（=Maimonides）
Ramban 拉姆邦（= Moshe ben Nahman）
Ran 朗恩（= Nissim ben Reuven）
Rashash 拉夏希（=Shmuel Strashun）
Rashba 拉希巴（= Shlomo ben Adret）
Rashbam 拉希邦（=Shmuel ben Meir）
rashei bet av 分隊長
Rashi 拉希（= Shlomo Yitzhaki）
Rava 拉瓦
Ravina 拉維納
Resh Lakish 瑞西‧拉吉許
　（= Shimon ben Lakish）
resh kalla 助教
reshut harabim 公共場所
reshut haya id 私人場所

許木埃爾・凱達諾維爾

Shmuel Strashun of Vilna 維爾納的許木埃爾・史特拉雄（=Rashash）

shnei ketuvim makhishim「化解矛盾」

shinuya/change「尚易」

shofar 角號

shohet/ritual slaughterer 禮定屠師

Shulhan Arukh《完備之席》

shurat hadin/the limit of the law 法律界線

sidra 西德拉

Slavuta 斯拉武塔

sofrim/scribes 文士

Soncino 松奇諾

Sota〈淫婦篇〉

stam mishna/plain mishna 理所當然的米示拿

sugiyot/subject 主題

Sukkot 住棚節

Sura 蘇拉

Symmachus 西馬克

T

Ta'anit〈齋戒篇〉

Talmidei Rabbeinu Yona《約拿拉比門生合集》

Talmud 塔木德

tamid shel shahar/morning sacrifice 晨祭

Tanhuma 坦胡納

tanna/tannaim 傳道

Tarfon 塔爾豐

Targum 塔古姆

Targum Yonatan《塔古姆約拿單》

Tefilla/prayer〈祈禱〉

tefillin 經文匣

Teharot《潔淨卷》

tehum Shabbat/Sabbath boundary 安息日邊界

teko/problem without satisfactory solution 未決之疑

terefa/terefot 汰銳伐（被野獸撕裂的動物；重傷無救的動物）

the Holy of Holies 至聖所

Tiberias 提伯利亞

Tiferet Shmuel《許木埃爾新釋》

Tishrei 提示黎月

toladot/offspring 子項

Torah Or 妥拉之光

Torah shebe'al peh 口傳律法

Torah shebikhtav 成文律法

torat haim/teaching pertaining to life 關乎生命的教導

torat hasod/mysticism （猶太教）神秘主義

Torat Kohanim〈祭司概述〉

tosafot/additions《補述》

Tosafot Sens《桑斯本補述》

Tosafot Touques《圖克本補述》

Tosafot Yeshanim 古代補述

Tosefta《補述》

Totafot 經文匣

Touques 圖克

Trajan 圖拉真

Troyes 特魯瓦

Trent 天特

Tzedokim/Sadducees 撒都該人（撒杜塞人）

tzitzit 四角縫流蘇的罩袍

Tzvi Hayyot 茨維・哈由

U

Ulla bar Ishmael 烏拉・巴爾・以實邁爾

uprooted plants 失根植物

V

Vespasian 維斯帕先

Vilna 維爾納

W

Widow and Brothers Romm 羅姆遺孀與兄弟

Y

Ya'akov ben Meir 雅各 · 本 · 邁爾
Ya'akov Gaon 智者雅各
Ya'akov Polak 雅各 波拉克
Yannai 楊內
yarhei kalla 大會之月
Yavneh 亞夫內
Yefei Einayim 《美麗之眼》
Yehezkel Landau 耶赫茲凱爾 · 朗道
Yehuda ben Ila'i 耶胡達 · 本 · 以拉伊
Yehuda ben Natan 耶胡達 · 本 · 拿單
Yehuda HaNasi 耶胡達 · 哈納西
Yehuda Nesi'a I 耶胡達 · 內西亞一世
Yehoshua Boaz 耶何書亞 · 波阿斯
Yehoshua ben Gamla
　耶何書亞 · 本 · 嘎瑪拉
Yehoshua ben Hanania
　耶何書亞 · 本 · 哈納尼亞
Yehoshua ben Levi 耶何書亞 · 本 · 利未
Yeshayahu Pik Berlin
　耶夏雅胡 · 匹克 · 柏林
Yeshuot 《救援卷》
Yevamot/Levirate Marriage 〈轉房婚〉
Yoel Sirkes 約珥 · 席爾克斯
Yohanan Hyrcanus 約哈納 · 希爾卡努斯
Yoma 〈贖罪日篇〉
Yom Kippur/the Day of Atonement
　贖罪日
Yom Tov 〈佳期篇〉
yom tov sheni shel galuyot/second day of
　festivals in the Diaspora
　猶太散居地節期第二日
Yoma 〈贖罪日〉
Yose HaKohen 約瑟 · 哈可罕
Yosef Caro 約瑟夫 · 卡羅
Yosef Haviva 約瑟夫 · 哈維瓦
Yosef Kappa 約瑟夫 · 卡帕赫
Yosef Dov 約瑟夫 · 杜孚
yeshivot 書院
Yiddish-German 意第緒德語
Yirmiyahu 以爾米亞胡

Yitzhak Alfasi 伊茲哈克 · 阿爾法希（=Rif）
Yitzhak ben Asher 伊茲哈克 · 本 · 阿舍爾
Yitzhak ben Avraham
　伊茲哈克 · 本 · 阿孚拉罕
Yitzhak ben Shmuel
　伊茲哈克 · 本 · 許木埃爾（=Rey）
Yitzhak Nafa a 伊茲哈克 · 納法哈
Yohanan ben Zakkai 約哈納 · 本 · 札凱
Yohanan HaSandlar 約哈納 · 哈山德拉爾
Yom Tov 〈佳期篇〉
Yose bar Halafta 約瑟 · 巴爾 · 哈拉夫塔
Yose bar Hanina of Caesarea
　凱撒利亞的約瑟 · 巴爾 · 哈尼納

Z

zav/victim of gonorrhea 淋病病人
Zera ya HaLevi 澤拉希亞 · 哈里維
zevah 葷祭
Zhitomir 日托米爾
Zholkow 邱爾谷
Zippori 奇伯利
Zira 奇拉
Zohar 《佐哈》
Zoroastrian 祆教
zugot/pairs 雙賢

Shefa
Let My People Know

謝法基金會（Shefa Foundation）成立於一九七五年，負責管理本書作者史坦薩茲拉比所有的機構與出版品。「謝法」在希伯來文中意指「豐盛」，基金會以此為名，主要職志即在實踐、推行拉比的願景——「讓萬民知曉」，讓世界上更多的人能接觸、親近猶太知識寶庫。

謝法基金會與阿勒夫協會（Aleph Society）等全球代表機構合作，齊心協助拉比的所有活動，包括出版拉比的著作與教示、創立教育中心、規劃教學課程，並管理、贊助全體機構網絡。各機構皆盡心協助於各地出版、流通史坦薩茲拉比的著作與文章，贊助拉比的巡迴講座與課程，並投入基金會募款工作。謝法基金會亦架設網站，資料豐富，隨時更新，內容包括演講影片、文章、新聞，以及互動式學習平台。

謝法基金會總部位於耶路撒冷的史坦薩茲中心，中心為史坦薩茲拉比全球活動與倡議的靈魂所在，於二〇〇三年開幕。中心為拉比的教育與學術計畫提供永久場地，亦歡迎一般大眾與未來學者到訪，研習拉比的教導與研究方法。

中心內含拉比私人圖書館、經學院、演講廳、教室、拉比辦公室、檔案資料室及研究機構，可謂猶太教學研究中流砥柱。史坦薩茲中心的熱情所繫，便是協助實踐拉比「讓萬民知曉」的遠大願景，讓拉比的豐富創作廣為流通。

謝法基金會當前的計畫包括：
- 完成英文、法文版塔木德的翻譯與出版
- 修訂全套希伯來文塔木德，並數位化
- 發行拉比對整本《希伯來聖經》的注釋
- 發行新版米示拿全本
- 發行新版邁蒙尼德《妥拉集要》
- 網路教育與學習資源
- 維繫史坦薩茲拉比的學校與教育計畫運行
- 建立猶太研究高等教育機構
- 建立拉比著作之網路資料庫

國家圖書館出版品預行編目資料

塔木德精要 / 亞丁·史坦薩茲(Adin Even-Israel Steinsaltz)作；朱怡康譯. -- 初版. -- 臺北
市：啟示出版：家庭傳媒城邦分公司發行, 2015.09
面；　公分. -- (Knowledge系列；14)
譯自：The essential Talmud

ISBN 978-986-91873-2-9(精裝)

1.猶太民族 2.民族文化

536.87
104015037

Knowledge系列014

塔木德精要

作　　者／亞丁·史坦薩茲 Adin Even-Israel Steinsaltz
譯　　者／朱怡康
企畫選書人／彭之琬
總　編　輯／彭之琬
責任編輯／李詠璇

版　　權／吳亭儀
行銷業務／何學文、莊晏青
總　經　理／彭之琬
發　行　人／何飛鵬
法律顧問／台英國際商務法律事務所羅明通律師
出　　版／啟示出版
　　　　　台北市104民生東路二段141號9樓
　　　　　電話：(02) 25007008　傳真：(02)25007759
　　　　　E-mail:bwp.service@cite.com.tw
發　　行／英屬蓋曼群島商家庭傳媒股份有限公司 城邦分公司
　　　　　台北市中山區民生東路二段141號2樓
　　　　　書虫客服服務專線：02-25007718；25007719
　　　　　服務時間：週一至週五上午09:30-12:00；下午13:30-17:00
　　　　　24小時傳真專線：02-25001990；25001991
　　　　　劃撥帳號：19863813；戶名：書虫股份有限公司
　　　　　戶名：英屬蓋曼群島商家庭傳媒股份有限公司城邦分公司
訂購服務／書虫股份有限公司客服專線：(02) 2500-7718；2500-7719
　　　　　服務時間：週一至週五上午09:30-12:00；下午13:30-17:00
　　　　　24時傳真專線：(02) 2500-1990；2500-1991
　　　　　劃撥帳號：19863813 戶名：書虫股份有限公司
　　　　　讀者服務信箱：service@readingclub.com.tw
　　　　　城邦讀書花園：www.cite.com.tw
香港發行所／城邦（香港）出版集團有限公司
　　　　　香港灣仔駱克道193號東超商業中心1樓；E-mail：hkcite@biznetvigator.com
　　　　　電話：(852) 25086231　傳真：(852) 25789337
馬新發行所／城邦（馬新）出版集團 Cite (M) Sdn. Bhd.
　　　　　41, Jalan Radin Anum, Bandar Baru Sri Petaling, 57000 Kuala Lumpur, Malaysia.
　　　　　Tel: (603) 90578822 Fax: (603) 90576622 Email: cite@cite.com.my

封面設計／李東記
排　　版／極翔企業有限公司
印　　刷／韋懋實業有限公司
經　銷　商／高見文化行銷股份有限公司、華宣出版有限公司

■2015年9月1日初版　　　　　　　　　　　　　　　　　　　Printed in Taiwan
■2023年2月22日初版7.5刷
定價550元

城邦讀書花園
www.cite.com.tw

版權所有，翻印必究　978-986-91873-2-9

© Adin Even-Israel Steinsaltz and Milta Ltd. 2006
First Published by Koren Publishers Jerusalem Ltd.
Rights Arranged by Peony Literary Agency Limited through Asia Publishers Int., Israel (asia01@netvision.net.il)
Complex Chinese edition has been translated from Maggid edition, 2010
Complex Chinese edition © 2015 by Apocalypse Press, a division of Cité Publishing Ltd.
All rights reserved.